戦国の忍び

平山 優

角川新書

はじめに

いま、忍者は、大ブームの只中《ただなか》にある。思い起こせば、立川文庫《たつかわぶんこ》で猿飛佐助《さるとびさすけ》や真田十勇士《さなだじゅうゆうし》が登場し、市井を熱狂させた大正時代を起点に、戦前・戦後の昭和時代にも、何度かの大きな忍者ブームがあった。

江戸時代においても、忍者は、歌舞伎、人形浄瑠璃《じょうるり》などの演目における重要な登場人物であった。彼らは、変幻自在な妖術《ようじゅつ》（忍術）使いや、超人的な身体能力、技術を持つ人物として描かれた。とりわけ、天竺徳兵衛《てんじくとくべえ》、仁木弾正《にっきだんじょう》、児雷也《じらいや》、石川五右衛門《いしかわごえもん》、犬山道節《いぬやまどうせつ》などは著名である。こうした、江戸の演劇文化の伝統を底流に、大正時代の立川文庫において、猿飛佐助、霧隠才蔵《きりがくれさいぞう》らの真田十勇士が造形された。この近世演劇の伝統と、大正娯楽を融合させ、新たな媒体を通じて、それをわかりやすく視覚化したのが、戦後の映画、漫画、そしてテレビの世界だった。この媒体を通じて、忍者ブームは、戦後の一九五〇年代末から六〇年代に大きなうねりとなった。「忍《しの》びの者《もの》」を「忍者《にんじゃ》」と呼ぶようになったのも、昭和三十年代といわれる。

私も、このブームの洗礼を受けた世代の一人である〔昭和三十九年〈一九六四〉一月生まれ〕。アニメの「少年忍者風のフジ丸」〔白土三平原作、一九六四〜六五年〕、「サスケ」〔同前、一九六八〜六九年〕、「忍風カムイ外伝」〔同前、一九六九年〕、特撮番組「仮面の忍者赤影」〔横山光輝原作、一九六七〜六八年〕、NHK人形劇「新八犬伝」〔曲亭馬琴原作、一九七三〜七五年〕、同「真田十勇士」〔柴田錬三郎原作、一九七五〜七七年〕などは、特に印象深く、懐かしく思い出される。私の、忍者や忍術などのイメージは、これらの圧倒的な影響のもと、少年期に形成されたのは間違いない。

私よりも年下の世代は、「忍者ハットリくん」〔藤子不二雄Ⓐ原作、一九八一〜八七年〕、「忍たま乱太郎」〔尼子騒兵衛原作、一九九三年〜現在〈途中、中断あり〉〕が印象深いであろう。それ以上に、忍者人気を不動のものにしたのは、岸本斉史《きしもとまさし》『NARUTO―ナルト―』〔一九九九〜二〇一四年連載〕の影響が大きい。

この『NARUTO―ナルト―』は、アニメ化され、海外にも紹介されたことから、忍者ブームは、一挙に世界に広まった。現在の忍者ブームが、ただのブームではない、ムーブメントの様相を呈しているのは、そのためである。そして、これが一過性のブームではないのは、忍者を町おこしや観光の柱にし、それを国の内外に広く発信するだけでなく、相互の連携によって、息の長い財産にしようという考えが定着しつつあるからである。

かくして、実在の「忍の者」は、「忍者」へと変貌《へんぼう》を遂げ、やがて「Ninja」に成長し、彼らは、超人的な身体能力、手裏剣を始めとする幾多の武器、忍術などを駆使して、諜報《ちようほう》活動、暗殺、破壊工作などで敵と戦う人物というイメージを不動のものとした。

しかしながら、フィクションとしての「忍者」「Ninja」のイメージが膨張すればするほど、実在した「忍の者」の実像は、遥《はる》かに霞《かす》んでいき、それを解き明かそうという動きは、とりわけ戦後歴史学では皆無となった。ある人物や事件などのテーマが、大衆の人気を高揚化させると、歴史学の世界では、それを扱うことを逆に敬遠するようになることは、往々にしてある。そのテーマの一つが、実は「忍者」だったのは確かである。史料も稀少《きしよう》で、忍術なぞ扱えないという先入観が、歴史学の参入にブレーキをかけていたと思料する。そもそも、「忍の者」は、隠密《おんみつ》の活動を任務とするので、表に出てくることは、つまり史料に記録されることはほとんどないと思われていた節がある。

では、実在した「忍の者」は、まったく知られていなかったのかといえば、そうではない。戦国の「忍の者」は、いま世界で知られているほどの知名度はなかったが、その存在と、驚異的な活動、それを裏づける技量は、すでに中世において、外国に知られていたようだ。李《り》氏《し》朝鮮第十一代国王・中宗《ちゆうそう》の時代に、日本の「忍び」が、『朝鮮王朝実録』に記録されている（村井章介・一九九六年）。同書の中宗七年（一五一二年、日本の永正《えいしよう》九年）五月戊申条に、朝鮮側が、日本の花加大（博多）に「時老未」（しのび）が住んでおり、彼を島主（対馬《つしま》国宗《そう》盛順《もりより》）が雇って、巨済島《コジェ》を攻撃する計画があるとの情報を摑《つか》んだとする記録が残されている。これは、一五一〇年に、朝鮮の三浦《さんぽ》（釜山浦《ふざんぽ》・薺浦《せいほ》〈乃而浦《ないじほ》〉・塩浦《えんぽ》）で発生した、恒居倭人《わじん》（日本人居留民）とこれを支援する対馬宗氏が、朝鮮側と軍事衝突した事件（三浦の乱）が背景にあった。この事件後、宗盛順は朝鮮王朝との和睦《わぼく》が実現しなければ、巨済島を攻撃すると決意していると噂されていた。それに備えて、宗氏は、博多で「時老未」（しのび）を雇ったらしい。

> 深遠の国花加大国に在る所の時老未なる者、能く形体を変作し、陣中に入帰する時は、則ち鼠に似たり、還出する時は則ち烏鳥の如く、変行窮まり無し、稠人例びて左右に在りと雖も、解見するを得ず、此の人を求請して城柵・屋舎を焚焼せんと欲して設計すること、津島の人紛紛として開説す、予、乃ち聞知して出来せり

この記事から、①「時老未」（しのび）は、博多に居住しており、②自らの技量を、宗氏に買われていたこと（傭兵《ようへい》であったこと）、③その技量とは、様々な変装を得意とし、④警備する者がいるにもかかわらず、気づかれることなく、陣中を出入りできること、⑤それは鼠か鳥のような早業であったこと、⑥彼らの任務は、潜入だけでなく、城柵《じょうさく》や屋舎に放火し、これを焼失させることにあったこと、などを指摘できるだろう。朝鮮側は、捕虜にしていた

倭人要時羅（与四郎）を尋問していた通詞《つうじ》が、彼からこの情報を聞き出し、急ぎソウルに報告したのだという。彼らの存在は、朝鮮王朝をも恐れさせたのであり、まさに、戦国時代に各地で活躍した「忍び」の様子が、ありありと伝わってくる。

だが、こうした「忍び」の研究は、史料の稀少性という先入観もさることながら、テーマそのものが歴史学では際物扱いされ、まったく顧みられることはなかった。その潮流に変化が訪れたのは、一九九五年のことである。

藤木久志《ふじきひさし》氏は、戦国時代を、災害、凶作、飢饉《ききん》のうち続く時代情況下で発生した争乱と捉《とら》え、耕しても食えぬ人々や、主家を失った牢人《ろうにん》たちが流民と化した時代であることを明確にした。そのうえで、流動化した彼らは、各地の戦国大名や国衆に、傭兵として雇用され、相当規模の足軽衆が編成されることとなった。また村や町の住人も、年貢や公事《くじ》の給恩化の特権を得て、在村被官として参陣することも一般化した。その足軽（雑兵）のなかに、忍びと呼ばれる人々が含まれ、活動していたことが指摘されたのである（藤木・一九九五年）。こうした戦国期の時代相を、藤木氏はその後、精力的に明らかとし、戦国時代研究を一新させた（参考文献一覧参照）。

これを契機に、中世の伊賀《いが》、甲賀《こうが》の分析などを通じて、傭兵として他国に赴く人々（足軽）こそが、「忍び」ではないかとの研究成果も生まれた（長谷川裕子・二〇〇九年・二〇一六年他）。

そして忍者研究は、二〇一〇年代に本格化する。とりわけ、『伊賀市史』『甲賀市史』『三重県史』などの編纂《へんさん》事業が相次ぎ、基礎研究が飛躍的に進んだことが大きい。さらに、三重大学が、二〇一二年から三重大学伊賀連携フィールドを設置し、忍者をテーマに幅広い共同研究が始まった。こうした研究を踏まえて、高尾善希《たかおよしき》、藤田達生《ふじたたつお》、山田雄司《やまだゆうじ》、吉丸雄哉《よしまるかつや》氏が、忍者に関する著書、編著、論文を相次いで発表し（参考文献一覧参照）、怪しげで好事家《こうずか》しか手を出さぬテーマとして、いわばタブー視された忍者研究を、歴史学の重要なテーマとして世に問うた。

この動きは、二〇一七年、三重大学に国際忍者研究センターが設置され、二〇一八年には、国際忍者学会が創設されたことで加速し、同学会の学術雑誌『忍者研究』も刊行されるに至った。なかでも、山田雄司『忍者の歴史』『忍者の精神』は、歴史学の成果として記念碑的な労作である（山田・二〇一六年・二〇一九年）。

ここに、忍者をみる視座は、「Ninja」から「忍者」、そして「忍の者」へと据え直されることとなった。彼らの実像を分析すべく、史料調査と実証を基盤とした研究活動が大きなうねりとなって、今も続いている。

ところが、忍びが最も活躍した戦国時代における、彼らの活動とその様相を、幅広い地域を対象に、最新の戦国期研究の成果を踏まえ、まとめて提示された成果はまだ出現していない。忍者研究の新たな地平が開かれたいま、戦国時代の忍びの登場からその全盛期、そして消滅までを見通した基礎研究の提示は、それなりの意義があると考える。

本書は、こうした意図から書かれたものである。「Ninja」でも、「忍者」でもない、戦国の「忍の者」（本書では、「忍び」で統一）の実像を、可能な限り追いかけてみたい。そのため、「Ninja」や「忍者」が駆使する、忍術や武器については、まったく言及していない。当時の史料には、まったく登場せず、検討の仕様がないからである。そこのところを知りたいと思われる方のために、誠に遺憾ながら最初からお断りをしておく次第である。

また、歴史にあまりなじみのない方々にも手にとっていただき、忍びたちの実像を知っていただきたいと願い、本書では根拠となる史料の引用にあたって、工夫をしてみた。戦国の忍びに関する、本格的な専論がない現状で、本書は初めての試みとなる。そのため、史実とそれにもとづく叙述の根拠となる史料を、できるだけ提示しなければならない。だが、それでは一般の読者には、読みづらく、敬遠されることになりかねない。そこで、史料を引用する際には、原文のあとに、できるだけ読み下し、もしくは現代語訳や、内容を紹介する文章を書き加えておいた。そうすれば、史料になじみのない一般の読者は、原文を読み飛ばしても、内容を把握できるからである。史料が掲載されているからといって、尻込《しりご》みせず、ぜひ読み進めて行ってほしい。

もちろん、叙述の根拠となる史料を重視する方々は、掲載されている原文を吟味し、本書の内容を検証する手掛かりにして欲しい。それでは、戦国の忍びの世界を、ご堪能《たんのう》いただきたい。

目次

第三章　草、野臥、かまり

凡例（本文中の史料出典略記号は以下の通り）

資料名	略記号
『伊賀市史』第四巻資料編古代・中世	伊賀＋史料番号
『出雲尼子史料集』	尼子＋史料番号
『織田信長文書の研究』下巻	信長下＋頁数
『静岡県史』資料編7中世三	静岡⑦＋文書番号
『静岡県史』資料編8中世四	静岡⑧＋文書番号
『信濃史料』第十五巻	信⑮＋頁数
『上越市史』別編1・2　上杉氏文書集一・二	上越＋史料番号
『戦国遺文今川氏編』	戦今＋文書番号
『戦国遺文後北条氏編』	戦北＋文書番号
『戦国遺文佐々木六角氏編』	戦角＋文書番号
『戦国遺文真田氏編』	戦真＋文書番号
『戦国遺文下野編』	戦下＋文書番号
『戦国遺文武田氏編』	戦武＋文書番号
『戦国遺文房総編』	戦房＋文書番号
『戦国遺文三好氏編』	三好＋文書番号
『仙台市史』伊達政宗文書集1～4	仙台＋文書番号
『栃木県史』史料編・中世一	栃①＋頁数
『豊臣秀吉文書集』	秀吉＋文書番号
『福島県史』第七巻資料編2　古代・中世資料	福島＋頁数＋史料番号

第一章　江戸時代における忍びの認識

一　忍びとはどのような人々であったか——『武家名目抄』

忍びの定義

江戸時代の人々は、忍びをどのような人々で、かついかなる活動をしていたと認識していたのだろうか。それを知る手掛かりとして、『武家名目抄《ぶけみょうもくしょう》』の記述は重要であろう。

同書は、江戸幕府の命により、文化三年（一八〇六）、和学講談所が編纂《へんさん》した武家の故実書である。当初の編纂主任は、塙保己一《はなわほきいち》であった。彼の没後は、同所の中山信名《なかやまのぶな》・松岡辰方《まつおかときかた》らによって、編纂、校訂事業が引き継がれ、全三八一冊となった。その内容は、武家に関わる名称品目を、職名・称呼・居処・衣服・公事《くじ》・文書・歳時・儀式・弓箭《きゅうせん》・甲冑《かっちゅう》・刀剣・旗幟《きし》・輿馬《よば》・術芸・軍陣・雑の十六部門と付録に分類し、それらに関連する史料を引用、網羅したうえで、考証を加え、記述したものである。当時の武家社会における、百科全書のような役割を果たし、江戸時代の武家社会の歴史や、名称品目の意味および認識を知る重要な手掛かりであるばかりか、史料集としても貴重である。

『武家名目抄』では、他の項目と同じく、忍びについて、様々な文献をもとに考察が記されている。同書において、おもに立項されているものとしては、「忍目付」（職名部卅四上）、「忍物見又称芝見、カマリ物見」（同卅四中）、「物聞《ものぎき》又称聞物役、耳聞、外聞聞次」「遠聞《とおぎき》」「訴人」「忍者又称間者、諜者」「透波《すっぱ》」（同卅四下）などである。

そのうち、まず「忍者」の項目の解説部分を提示しよう。これらの記述は、戦後の歴史辞典類における忍者や透波などの項目の、底本となっており、その原文を紹介することは意味のあることであろう。

按《あんずるに》 忍者はいはゆる間諜《かんちょう》なり、故に或は間者《かんじゃ》といひ、又諜者《ちょうしゃ》とよふ、さて其役する所は、他邦に潜行して敵の形勢を察し、或は仮に敵中に随従して間隙を窺ひ、其余敵城に入て火を放ち、又刺客となりて人を殺すなとやうの事、大かたこの忍かいたす所なり、物聞、忍目付なといふも多くはこれか所役の一端なるへし、もとより正しき識掌にあらされは、其人のしな定まれることもなし、庶士の列なるもあり、足軽同心又は乱波《らっぱ》、透波程の者もありしとみゆ、京師に近き所にては、伊賀国又は江州甲賀の地は、地侍多き所なりければ、応仁以後には各党をたてゝ、日夜戦争を事とし、竊賊《せつぞく》、強盗をもなせしより、おのつから間諜の術に長するもの多くいてきしかは、大名諸家、彼地侍をやしない置て、忍の役に従はしむる事の常となりてより、伊賀者・甲賀者とよはるゝもの諸国にひろこりぬ《(かカ)》、これ鉄炮組には多く、根来者を用ふるたくひなり（下略）

右によると、忍者とは間諜、間者、諜者と同義であり、彼らの役目は、他国に潜入して、敵の情報を探ったり、敵中に紛れ込んで隙を窺《うかが》い、敵城に放火したり、刺客となって暗殺を行っていた。物聞《ものぎき》とか、忍目付《しのびめつけ》などの役職も、彼らの任務の一端に他ならない。ただ、こうした職掌は、正規のものではなく、しかも忍者の出自も一様ではなく、庶民であったり、足軽・同心や、乱波《らっぱ》、透波《すっぱ》の類《たぐい》の者もいたらしい。

京の都に近いところでは、伊賀国や近江《おうみ》国甲賀には、地侍が多く、応仁《おうにん》以後は、彼らが各地で党を結成し、日夜合戦に明け暮れたばかりか、竊賊《せつぞく》、強盗なども働いたことから、間諜の術《すべ》に長じるようになった者が多かった。この技能に着目した大名諸家が、彼ら地侍を召し抱え、忍びの任務を課すことが恒常化したため、彼らは伊賀者・甲賀者と呼ばれ、全国に広がっていた。こうした伊賀者・甲賀者は、江戸時代の大名諸家には鉄炮《てっぽう》組に多く、紀州の根《ね》来者《ごろもの》と同様である、と記述されている。

『武家名目抄』の記事は、簡潔であり、かつ要点をよく捉《とら》えており、江戸時代の人々が、忍者をどのように考えていたかをよく示している。

透波とは何か

透波といえば、人の隠し事や秘密を暴くことを意味する「すっぱ抜く」という言葉で、現代人にもなじみがあることであろう。このマスコミ用語は、すっぱ（忍び）が、思いがけないところに立ち入り、情報を摑《つか》むことに由来するといわれる。では、武家故実書には、どう記されているか。透波の項目について紹介しよう。

透波又称乱波、突破（中略）按、透波或は乱波といふ、これは常に忍を役するもの丶名称にして、一種の賤人なり、た丶忍とのみよへる中には、庶士の内より役せらる丶もあれと、透波とよはる丶種類は、大かた野武士、強盗なとの内よりよひ出されて、扶持せらる丶ものなり、されは間者、かまり、夜討なとには、殊に便あるか故に、戦国のならひ、大名諸家何れもこれを養置しとみゆ、透波よみてすつはとし、乱波これをらつはと云、さて其名義は当時の諺に、動静と丶のはす首尾符合せさる者をすつはといひ、事の騒かしく穏ならぬをらつはといひしより起れるなるへし今俗にとつは、すつは、又らつひなという詞のあるは、この遺言なり、さるはこの間諜に役せられ、又夜討、強盗のふるまひをなすものは、人をあさむくか常なれは、おのつから起居正しからす、狐疑の形状をあらはし、言辞も首尾せさる事多かる故に、かく名つけられしとみゆ、すつは業とは真実ならぬをいひ、すつはぬきとは、猥に刀剣などぬく事をいへるを思ふへし、透波、乱波一種のものゝとなへなるは勿論なれと、わけていはゝ、関東にては大かた乱波と称し、甲斐より以西の国々は透波とよひしとみえたり

これらの記述によると、「透波」とは、「乱波」「突破《とっぱ》」と同義であるという。彼らは、忍びを任務とする者の名称で、一種の賤人《せんじん》であったとされる。しかしながら、忍びと呼ばれる者の中には、庶士（軽輩）の中から役に立つ者が任命されたものもあるが、透波とはそのほどんどが野武士や強盗などから登用され、扶持《ふち》を与えられたものであるため、間者、かまり、夜討などを実行するためには、特に頼りになるため、戦国の習いとして、大名諸家は、どこも彼らを雇用していたらしい。透波と書いて「すっぱ」とし、乱波は「らっぱ」という。

その名前の由来とは、当時の諺《ことわざ》に、人を欺き、素行不良で、言動に一貫性がない者（ウソつき〈すっぱ〉）に由来する。「乱波」は、騒がしく動き回ることで、敵を翻弄《ほんろう》するところに由来する。こうした特性を買われ、間諜を命じられたり、夜討や強盗の活動を行う者たちは、人をだますのが当たり前になっているので、素行不良であるばかりか、猜疑《さいぎ》心が強く、それでいて人を騙《だま》すことを何とも思わず、言動も嘘ばかりであることが多いことから、このように名付けられたと思われる。江戸時代には、すっぱ業《わざ》とは、虚偽ばかりであること

をいい、すっぱ抜きとは、むやみに刀剣を抜くことを指すという。

こうした透波、乱波とは、同じ業種を指すものと言えるが、あえて区分すれば、関東ではおおかた乱波と呼ばれ、甲斐《かい》国以西の国々では透波と呼ぶという傾向がみられると指摘されている。なお、すっぱは、「素破」「水破」「出抜」「透波」など、いくつかの当て字があるが、本書では『武家名目抄』の用例に従い、「透波」で統一することにしたい。

二 忍びのマニュアルと心構え――『軍法侍用集』

家康が賞賛した軍学書

本節で紹介する『軍法侍用集《ぐんぽうじようしゆう》』は、戦国末期から近世初期を生きた軍学者小笠原昨雲《おがさわらさくうん》（勝三）が、元和《げんな》四年（一六一八）に完成させた軍学書である（古川哲史監修、魚住孝至・羽賀久人校注・二〇〇一年）。序文によると、この軍学書は、小笠原流の軍学者が歴代秘持してきた、五五〇巻にもおよぶ「右大将家頼朝公天下を治め給うの法」を、「故南華」（昨雲の師であろう）が抜粋、整理したものを、昨雲自身が撰《えら》びなおし、自らの見聞や新たな知識を加えたものだという。

昨雲は、これを『私用集』と名づけ、十二巻とした。すると、その内容を伝え聞いた徳川家康が、蒲生《がもう》秀行《ひでゆき》（陸奥《むつ》会津《あいづ》藩主）を通じて昨雲に『私用集』の閲読を希望してきたという。昨雲は、固辞したが、秀行からの熱心な勧めもあり、これを上覧に呈したところ、家康からこの書は、そのすぐれた内容からして、一己のためのみのものではないのだから、『私用集』と称するのを止め、『侍用集』とするのが相応《ふさわ》しいと仰せを受けたとされる。そこで、昨雲は、自らの編著を『侍用集』と改名し、元和四年に改訂作業を終えて完成させたのだという。

序文で、昨雲は、蒲生秀行のことを「奥州《おうしゅう》松平《まつだいら》飛驒守《ひだのかみ》秀行」と呼称していることから、家康への献上は、秀行が松平姓を賜った慶長《けいちょう》十二年（一六〇七）から、彼の死去の同十八年までの間のことであろう。

小笠原昨雲の事績は、不明な点が多いが、彼は小笠原氏隆《うじたか》の流れを汲《く》む、古伝、軍配、兵法を主体とする軍学者であったといわれる。氏隆の流れを汲む軍学者は、上泉《かみいずみ》信綱《のぶつな》―秀胤《ひでたね》―石上《いそのかみ》宣就《のぶなり》（岡本半介）などがおり、近世軍学の成立と展開に大きな影響を与えた（石岡久夫・一九七二年）。『軍法侍用集』は、承応《じょうおう》二年（一六五三）に刊行され、以後、寛文《かんぶん》四年（一六六四）までに合わせて四度、版を重ねた。なお、この他に昨雲の著作としては、『巧者書』（元和三年成立）、『諸家評定』（元和七年成立）があり、これらも近世初期に刊行され、複数回版を重ねているので、当時の評価は極めて高かったのであろう。

なお、『軍法侍用集』には、武田氏の影響が強くみられることが指摘されている(古川哲史監修、魚住孝至・羽賀久人校注・二〇〇一年)。編者の小笠原昨雲が、信濃《しなの》小笠原氏の係累に属す人物であるとするならば、それも当然といえるだろう。武田氏のもとには、軍配者として小笠原源与斎《げんよさい》、御伽衆《おとぎしゅう》に小笠原慶庵斎《けいあんさい》、信濃先方衆に小笠原新弥《しんや》などがおり(『甲陽軍鑑』)、昨雲が彼らと関係があるとすれば、情報を得ていた可能性は否定できないであろう。『軍法侍用集』における忍びの記述は、同書によれば、すべて武田信玄《しんげん》に仕えた服部治部右衛門《はっとりじぶえもんうじ》氏信《のぶ》が、自ら会得した忍びの技術や心得と、彼が他国の忍びたちから得た知識などをもとに、懐中(秘伝)のものとして所持していたものを、提供されたと記されている。彼は、源 義経《みなもとのよしつね》流の忍術を修めた人物とされ(綿谷雪・山田忠史編・二〇〇三年)、後に紹介するが、義経家臣伊勢義盛《いせのよしもり》の「義盛百首」がすべて『軍法侍用集』に掲載されているのは、そこに由来するとみられる。

忍びとは「窃盗」

『軍法侍用集』全十二巻のうち、忍びについての記述は、第六巻から第八巻までの三巻に及ぶ。全体の四分の一に及ぶ記述をみると、戦国の軍事にとって、忍びは重要な地位を占めていたことが窺われる。

そして、同書の忍びの記述の表題は「窃盗《しのび》の巻」なのである。その冒頭に、忍びを召し抱えることの意義について、次のように明記されている。

大名の下には、窃盗の者なくては、かなはざる儀なり、大将いかほど軍の上手なりとも、敵と足場とをしらずば、いかでか謀などもなるべきぞや、其上、番所目付用心のためには、しのびを心がけたる人然るべし

戦国大名にとって、忍びを召し抱えねば、大将がどれほど戦《いくさ》上手であろうと、成果は望めないというのだ。敵や、足がかりとすべきところの情報がまったくなければ、敵に対し謀略を仕掛けることもできない。つまり、戦国大名は戦上手と、忍びを駆使した謀略とが、車の両輪のように連携することで、初めて敵を打ち負かし、領国を広げることができると認識されていたわけである。そればかりか、こちらが、忍びを召し抱えることで、敵への謀略を仕掛けるように、敵もまた同じように、こちらに忍びを放ってくるのは避けられない。それを防ぐためにも、忍びを雇い、彼らの経験と技とで、敵の忍びの潜入を防ぐことも大事だと指摘されている。

実は、鎌倉期における「しのび」とは、「竊盗」のことであった。『御成敗式目注　池邊本』の「強竊二盗罪科事」に、「強竊トハ、強盗、竊盗ノ二也、強盗ト云ハ、賊盗律ニ云、以威力奪人ノ財宝者也、竊盗ト云ハ、賊盗律云、無威力竊盗人ノ物者也、世間ニシノビト云

者也」と記されている。力ずくで人の財宝を奪うのが強盗、わからぬように盗むのが、竊盗であり、しのびと呼ばれているのだとある。「竊盗」から「忍」への転換はいったいいつ頃のことか。これこそ、戦国の忍び成立問題の核心である。

厳しい選抜条件

戦国大名にとって、頼りになる忍びとは、どのような人物であったか。『軍法侍用集』によると、他国に派遣する忍びは、よく厳選しなければならないとある。そして、選抜にあたっての条件として、①智ある人、②覚え（記憶力）のよき人、③口のよき人（弁の立つ人）、の三つが重視されたという。忍びは、才覚なくしては務まらぬものであるといい、たとえ他に才能がなくとも、それだけで十分召し抱えておくに足る人材だとされている。

そして、いうまでもなく、忍びとして派遣されるには、命を捨てて名を惜しみ、忠を尽くして身を捨てるという心得を持つ者こそが、重視される。本書で、戦国の忍びたちの活動の様子が、多くの事例で紹介されることになるが、それらはいずれも、命懸けの任務遂行であった。いつ命を落としてもおかしくないというのが、忍びの人々の運命だった。それをものともせず、主君の命令を粛々と遂行するのが、忍びの役割であり、命を惜しまずに敵地に向かうという意味において、武士となんら変わるところがなかった。

敵地潜入に必要な工夫

忍びにとって、敵地は死地と同じで、もし正体が発覚したら、間違いなく命はない。敵に怪しまれず、敵の様々な情報を探るための工夫として重視されたのが、変装であった。例えば、猿引（猿まわし）、尺八吹、放下《ほうか》（放下師、大道芸人）、占い者（占い師）、道心坊主（成人後仏門に入った僧、諸国を遍歴する僧）、商人、乞食《こじき》などが挙げられている。その際に、主君の名や自分の本名、さらに紋などが付いた道具を所持することは厳禁とされていた。変装した忍びは、敵国の百姓の家にふらりと立ち寄って、世間話をしながら、敵の情報を探り出すことが肝要だとされた。

なお、この時、自分の国を話題にしてはならず、必ず、自分がよく知っている他国のことを話題にしながら、いろいろと聞き出すことが重要だという。そのためにも、忍びは諸国の言葉に精通していなければならず、道などの地理にも詳しくなければならなかった。こうした知識は、日頃から諸国を遍歴して歩く猿引、尺八吹、道心坊主などに近づき、いろいろと尋ねることで、少しずつ蓄積していく必要があったという。

多彩な任務

敵地に派遣された忍びが探り出すべき任務は、実に多彩であった。敵の法度《はっと》（法律）、軍隊の編成、合言葉、敵の大将や物頭《ものがしら》の人相、旗幕の紋、道路、山河、村町の家々、城のしくみや規模、などである。これらを、絵図にする必要があったわけだが、あまりにも探索すべき事項が多いので、覚えきれなかったり、忘れてしまったりすることもあった。そのため、忍びは、懐中に墨筆を携帯することが必須《ひっす》であり、忘備を怠らぬようにせねばならなかった。

精度の高い情報を得るためには、敵中に忍び入るだけでなく、建物などの中にも侵入しなければならないこともある。そのため、忍びは窃盗出身であることが重要でもあったという。また、潜入するためには、昼夜ともに、周囲の状況や警備の様子、人混みと人影のない場所などに注意を払わねばならなかった。特に、警備が常駐している番所の様子を窺い、その中で騒がしくしていたり、小歌を歌う声が聞こえたり、周囲に目を配るのを怠っているようならば、勤務態度が悪いばかりか、油断している証拠であり、潜入しやすい。ただし、わざと鳴り物などを鳴らしたり、油断する擬態をなしつつ、外の音を聞き取ろうとする番人（外聞き）などが配置されている場合もあるので注意が必要とされた。

このほかにも、多数の心得や任務が記されているが、夜討を実行したり、味方の手引きをしてこれを成功に導いたりすることや、戦場での案内人、退却するときの逃げ道の確保なども忍びの重要な任務であったという。

合詞と合形

敵味方を区別するために、最も重視されたのは、その識別のための符丁である。見知らぬ者と出会った時に、敵味方を識別するために、合詞《あいことば》が交わされた。これは、味方ならば全員知っているべきものであり、返答できぬ者は敵と判断された。この合詞は、覚えやすいものが撰ばれ、しかも毎日変更されたという。

これに対し、夜討の際に、乱戦の中、味方を識別するために、白き出《い》で立ちなど、夜目にもわかりやすい布などを身に着けて、味方討ちを避けようとしていたという。また、夜討終了後、安全な場所まで退避したり、約束の集合場所に到着した際に、敵が味方のふりをして紛れ込んでいないかを確認するために、合形《あいぎょう》が実施されたという。この合形とは、味方ならば全員知っておかねばならない、掛け声とそれを合図に行われるべき身振りや動作のことで、これならば、紛れ込んでいた敵をたやすくあぶり出すことが可能だった。この合形を巧みに使ったのが、楠木正成《くすのきまさしげ》であったという。このことについては、後に触れよう。

なお、『甲陽軍鑑《こうようぐんかん》』によると、味方の忍びであることを証明するための符丁として、隅取《すみとり》紙《がみ》が使用され、これを提示できない者は偽者と判断されたという。

忍歌にみる忍びの心得

『軍法侍用集』巻七の巻末に、「よしもり百首の事」と題した、百首に及ぶ和歌が収められている。これは、「よしもり歌」と呼ばれた、忍歌であるといい、当時の忍びたちが体得しておくべき心得を、歌に巧みに織り込んだものである。ここに登場する、「よしもり」とは、源義経に仕えた伊勢三郎義盛であり、山賊出身といわれる彼は、忍びの術を体得していたと伝わり、それゆえに忍びの奥義を、歌にしたのだとされる。そのため、百首に及ぶ忍歌は、義盛百首といわれたのだという。もちろん、これは事実ではない。しかしながら、近世初期には、こうした百首の忍びの奥義を織り込んだ和歌が存在していたことは事実で、その成立は戦国期に遡《さかのぼ》ると考えられる。これらは、大変興味深い歌ばかりであるが、目を惹《ひ》いた数首を掲げておこう。

大風や　大雨のふる（降）　時をこそ　しのびようち（夜討）の　たよりとはすれ

いつはり（偽り）を　恥とおもはじ　しのびには　敵出しぬくぞ　ならひ（習い）なりける

窃盗《しのび》には　時をしるこそ　大事なれ　敵のつかれと　ゆだんする時

ようちには　しのびのものを　先立てゝ　敵の案内　しりて下知せよ

軍には　窃盗物見を　つかはして　敵の作法を　しりてはからへ

しのびには　ならひの道は　おほ（多）けれと　まづ第一は　敵にちかづけ
我陣に　夜うちしのびの　入る事は　与党《よたう》の人の　科《とが》とこそきけ
しのびゑて（得手）は　敵かたよりも　どしうち（同士討）の　用心するぞ　大事なりける
さまをかへ　姿をかへて　いろ〳〵に　敵をなぶるは　盗人《ぬすびと》の役
城や陣に　火付け入れんと　おもひなば　味方近付く　時をまつべし

これらを読むと、忍びの人々の任務と、それを完遂するための準備や心構えが窺われる。これらの忍歌は、今後、戦国期における忍びの活動を考えるうえで、十分参考になるだろう。

三　武田の軍記物に描かれた忍び――『甲陽軍鑑』

『甲陽軍鑑』の信憑性

最後に、戦国末期から近世初期にかけて成立した、『甲陽軍鑑』（以下、『軍鑑』）をもとに、忍びの認識や活動について紹介しておく。同書について、簡単に述べておくと、『軍鑑』は元和七年（一六二一）までには、現在見ることができる本編二十巻（全五十九品）、末書二巻として成立した軍記物で、武田遺臣小《お》幡《ばた》勘兵衛《かんべえ》景憲《かげのり》が編集した。その原著は、武田信玄・勝《かつ》頼《より》重臣春日《かすが》弾正《だんじょう》忠《のじょう》虎綱《とらつな》（いわゆる高坂《こうさか》弾正、信濃国海津《かいづ》城主、川中島《かわなかじま》衆の統括者）とされ、彼が天正《てんしょう》六年（一五七八）に死去すると、虎綱の甥《おい》春日惣二郎《そうじろう》（惣次郎）、家来大蔵彦十郎《おおくらひこじゅうろう》が書き継ぎ、天正十三年に惣二郎は佐渡《さど》国佐和田《さわた》（現在の佐渡市）でこれを完成させ、死去したという。この春日遺著を、天正十四年、上杉景勝《うえすぎかげかつ》家臣となっていた川中島衆の小幡光盛《みつもり》が入手し、それが彼の甥景憲に伝来したと推定されている（平山・二〇〇六年）。

『軍鑑』は、その内容と信憑性《しんぴょう》をめぐって、今も議論が続いているが、酒井憲二氏の研究により、使用されている言語や文法が、室町時代のもので、近世初期に仮託して使用できるものではないことや、甲信地方の方言や庶民が使用するげれつ言葉などが多用されていることが明確となり、再評価されるようになってきた（酒井・一九九五年）。とりわけ、『軍鑑』には、合戦や軍事、当時の習俗に関する語彙《ごい》、語句が多数用いられ、その内容に関する説明がなされていることも多く、とりわけ中世および近世初期の軍事史研究を行うにあたって、常に参照しなければならない史料とされるようになってきている（黒田日出男・二〇一五年）。本書でも、軍事や忍びに関する語彙、語句の参考史料として、利用していくことにしたい。

武田信玄の透波活用法

『軍鑑』巻九によると、武田信玄は、信濃国出身の透波七十人の中から、健脚で手業に優れた三十人を選抜し、彼らの妻子を人質として提出させ、重臣甘利《あまり》備前守虎泰《びぜんのかみとらやす》・板垣駿河守信《いたがきするがのかみのぶ》方《かた》・飯富《おぶ》兵部少輔《ひょうぶしょう》虎昌《とらまさ》に十人ずつ預けたという。重臣三人は、それぞれが敵方の村上義清《むらかみよしきよ》（信濃埴科《はにしな》郡葛尾《かつらお》城主）、諏方《すわ》頼重《よりしげ》（諏方郡上原城主）、小笠原長時《ながとき》（筑摩《ちくま》郡林城主）の敵情を探る担当となり、ここに配下となっていた透波十人を潜入させた。派遣された透波たちは、それぞれの敵地で情報を探り、その内容を二人ずつが甲信国境まで戻ってきて、待機していた武田方の侍に手渡すことになっていた。

信玄は、透波からの情報を、迅速に入手すべく、甲信国境に、三重臣の家来の中から、心易い者を二、三騎ずつ選抜させ、彼らを甲信国境に常駐させた。そして、信濃から戻ってきた透波たちがもたらした情報を、早馬で甲府《こうふ》に注進させる手筈《てはず》を整えていた。そして、報告を終えた透波二人は、再び任地に戻らせたという。

透波が摑んだ情報を、できるだけ早く甲府に届けさせることこそ、信玄が最も重視したことであった。新鮮な情報を、いかにして大名に伝達するか。この情報伝達のシステム構築こそ、武田氏にとって情報を得ることと同様に、大切なことであったといえるだろう。この透波の運用法は、まだ武田氏が甲斐一国を領国としていた段階の逸話のようだが、領国が拡大しても、透波からの諜報内容が甲府に迅速に届けられる態勢は、いっそう整備されていったことであろう。

透波の編成

『軍鑑』巻二十に、織田軍と対峙《たいじ》していた武田軍の陣中で、軍議が行われた時の模様が描写されている。それによると、重臣安倍加賀守宗貞が、勝頼に「わが同心の透波に命じて、織田軍の人数を探らせましょう。もし、敵があちらこちらに思慮なき布陣をしているようなら、夜合戦（夜襲）を仕掛けましょう」と献策したという。この献策は、勝頼側近長坂釣閑斎《ながさかちょうかんさい》光堅《こうけん》に遮られ、取り上げられることはなかったとある。

また、永禄《えいろく》十二年（一五六九）、武田信玄が薩埵《さった》峠で、北条氏康《ほうじょううじやす》・氏政《うじまさ》父子の大軍と対峙した際、武田方は、馬場《ばば》美濃守信春《みののかみのぶはる》同心の透波らが、北条軍の陣所に忍び入り、敵の砦《とりで》に放火し、これを焼き崩し、夜討（夜襲）も実行したという。信玄は、透波の使いどころを熟慮し、実行させることが実に巧みだった（『軍鑑』末書下巻下六）。

こうした記述と、最初に紹介した巻九をあわせて参照すると、武田氏が召し抱えていた透波は、次のように編成されていたと想定される。まず、彼らは他国より武田氏によって雇用された人々が多かったことである。それゆえに、透波はその向背が疑われる存在でもあり、あらかじめ武田氏は彼らが裏切らぬよう、人質の確保を忘れなかった。そして、透波を雇用し、扶持を給与する主体は、いうまでもなく武田氏であり、このことは彼らが信玄・勝頼の直参であったことを示している。だからこそ、武田氏は、透波を重臣層に、「同心」として預けていたのだ。つまり透波は、信玄・勝頼が手元で確保していた透波たち（旗本扱い）と、重臣層（寄親《よりおや》）に預けられていた透波たち（同心）とが、並存しており、それぞれが独自に運用されていたと推定される。

とりわけ、重臣層の「同心」としての透波は、大局的な任務については、武田氏より指示されていたが、運用の詳細は、重臣らの独自の裁量に委《ゆだ》ねられていたと考えられる。そして、それぞれの透波が摑んだ情報は、最終的に武田氏のもとに集約され、作戦立案などの重要なデータとして利用されていたわけである。なお、「同心」の透波という位置づけであるならば、彼らは「同心給」を与えられていたはずであり、後に紹介するが、甲賀衆は、駿河《するが》今川氏や武田氏よりそれが設定されていたことが判明している。

多様な透波の任務

武田氏の透波には、多様な任務が課されていた。敵地への潜入と諜報活動が、その主流であったことはいうまでもないが、武田軍の前後の索敵と安全確保、武田軍の野営の警固、敵軍の情報収集、伏兵、敵の城砦《じょうさい》への放火、小屋要害（城砦）への籠城《ろうじょう》、要人の暗殺、などが『軍鑑』に散見される。

まず、武田軍が敵地に向けて、もしくは敵地を進軍している際、透波たちには、軍勢の安全な行軍を保障するための活動が求められていた。行軍する武田軍が恐れたのは、山中の道や険阻な地形（難所、切所）とされるところに、敵が潜み、奇襲されることであった。そのような場所に真っ先に出向いて、伏兵などの存否を探る命懸けの任務は、透波の役目であった。敵の策謀などがなければ、今度は有能な武士が、物見を命じられ、彼らが敵情を観察し、合戦の方針を決めるための情報を、武田信玄や勝頼に報告したという（巻十六、末書下巻下一）。

いっぽうで、行軍した後方に、注意を向けることは怠りがちである。武田氏は、敵が後方で隙を窺っている場合や、秘《ひそ》かに追撃してくることを警戒し、後方にも透波たちを展開させ、様子を探らせていた（『軍鑑』巻十六、末書下巻下一）。

その後、武田軍が野営をする際に、透波はその本領を発揮することになる。『軍鑑』末書上巻によると、敵地に侵攻した武田軍は、昼間は武士が陣所の警戒を務めていた。しかし日没とともに、その任務は透波に引き継がれ、武士は任務を解かれて休息に入った。夜は、透波が陣所の周縁部に展開し、捨篝《すてかがり》、本篝《ほんかがり》を用意する。そして、見張り番を立て、「嗅物聞《かぎものきき》」を放ったという。

夜間の照明である本篝は、陣所のあちこちに配置されるが、透波たちにとって重要だったのは、捨篝である。捨篝は、陣所から少しずつ距離を置き、同心円状に幾重にもわたって設置された。そうすれば、敵勢が武田軍の陣所を夜襲すべく接近してきても、かなり遠くからそれを発見でき、対応の準備が可能となるからである。

また、物見として陣所の境目に配備された嗅物聞とは、「かまりの物見」のことを指し、「嗅ぎ」は陣所周辺に敵がいないかを探ることを、「物聞」は不審な物音がしないかとじっと耳をそばだてることをそれぞれ指す。このように武田軍では、昼間は武士、夜は透波という役割分担が存在していたという。

武田軍の前に、敵軍が現れたら、透波はどのように運用されたか。敵の軍勢を発見したら、武田信玄・勝頼は、ただちに透波を派遣して様子を探らせた。このことについて、『軍鑑』末書下巻下一には「敵押向と聞ハ三者を遣す也、一ニ間見、二ニ見分、三ニ目付指越べし、此間見・見分・目付ハすつぱ也、遠見るを間見、近所にて伏テ見るを見分也、内へ入ヲ目付也、目付ハ必其敵の一ツ言ヲ以ス」「間見ニテ敵の人数つもるべし、三段有、上中下道三段ハ、一ニ間近し、二ニ少遠し、三ニ大ク遠し、三段共同然人数と大形心得ル」とある。武田氏は、敵情を探らせる透波には、三つの任務の区分があり、それは間見、見分、目付であり、これを総称して「三者」といった。「間見」とは遠目に敵を観察する、「見分」とは敵の近所に伏せてこれを観察する、「目付」は敵に紛れ込み、敵の会話を聞き取って情報を探ることをそれぞれ指すという。

逆に、敵が武田軍に向かって進んできた時は、透波たちは、切所などで待ち伏せし、そこを固めるとともに、「かまり」「伏せかまり」として、敵兵を討ち、その勢いを減じさせたという。もし敵勢が少数であれば、一斉に襲いかかって討ち取る臨機応変さが求められた（巻十、巻十六）。

武田軍にとって、敵を夜討（「夜合戦」）する時こそ、透波は最も頼りになる存在であった。透波は、敵の乗馬、小荷駄馬の略奪、町などへの放火、敵の大切所（要害）の焼き崩しなどを実施して、敵の混乱と動揺を誘った（末書下巻下六）。また透波は、城砦（小屋要害）に、「雑人原《ぞうにんばら》」（身分の高い者からは低く見られた百姓ら）とともに籠城し、敵の注意を引き付けて戦うことなどを行った（末書下巻中二）。もし、敵軍が味方の領地に攻め入り、布陣した場合、周囲の地理に不案内であれば、たとえ武田方の夜襲を警戒していたとしても、味方は有利な立場にあるといわれていたという。その際、透波を用いて探るべき敵情は、陣所の配置、敵の士気（驕《おご》りがあり、当方を侮る様子があるかどうか）、敵の大将は、軍勢を掌握できているかどうか、などであったとされる（末書下巻下六）。

なお、『軍鑑』末書下巻下八によれば、透波は昼間は山に隠れており、味方のところに来る際には、身分証明のため隅取紙《すみとりがみ》の割符を呈示したという。割符による身元確認の方法は、管見の限り、他では類例がない。透波たちは、味方である証明の割符を携帯し、情報を摑み次第、武田方のもとに帰還して、詳細を報じていた。

いい子にしないと透波になっちゃうぞ

『軍鑑』には、武田家中における透波の認識と、その出自をうかがわせる記述がある。同書末書下巻上九品之一に、次のような記録がある。

一〇武士大身・小身共に、子共十歳より十七歳まで悪敷様子三ヶ条ハ
第一、くわし（菓子）などの出るを、座中のおの〳〵にもはじず、をしかゝりてそのくわしをとり、目・くちお、はだけて、はづかしげもなく、たべ候ぼ子を、申なをさずして、其まゝそだて候へバ、おとなになり、らつぱ者のしやうだい（正体）なしにきわまり、ばし成事おゝく、かせ者・小者の下はい（輩）なるともだちと、ばくち（博打）・ほうびき（宝引）・かけしごろく（賭双六）などうち、ふりよ（不慮）のきたな（汚）きせつがい（殺害）におよび、名もなく身をすて、しゝたるあとにても、諸人にわらわれ可申候間、かならす〳〵能キ人に付あわせ、行儀申なをすべき事

右の記述は、武士の子供は、十歳から十七歳までの育て方が大事だという記事の冒頭部分である。子供の様子を観察して、気をつけるべきことが記されているのだが、ここでは菓子が出された時の食べ方をよく観察する必要性が強調されている。出された菓子を、周囲の仲間たちに配慮することなく、彼らを押しのけて菓子を取り、恥ずかしげもなく貪《むさぼ》り食うよう

な子供がいたら、ただちに矯正するように躾《しつ》けなければならない。もし、そのまま大人になったら、乱波者のような「正体なし」(ろくでなし)になってしまい、落ち着きなく、「ばし」(落ち着きがなく、軽率)のような、軽佻浮薄《けいちょうふはく》な大人になってしまうことが多いのだという。そして、悴者《かせもの》や小者のような下輩の者たちと付き合うようになり、博奕《ばくち》、宝引、賭双六《かけすごろく》などに興じ、殺人などを犯してしまい、地位も名誉も失って、死んだ後も後ろ指を指されるような男になってしまうだろう、という。わかりやすく、現代風にいえば「悪い子にしていると、透波、乱波になってしまうぞ」ということになろうか。

ここで注目すべきは、乱波者とは、武士からみても素行が悪いアウトローで、かなり蔑視《べっし》されていたことだ。また、乱波者の中には、武士が身を持ち崩した経緯を持つ者も少なからず存在したということだろう。同時に、乱波は、武家奉公人である悴者、小者のように、流れ者や下品な人々と同類のように見なされ、陣所などで発生する悪事(賭け事や殺人など)は、たいがい彼らの仕業と相場が決まっていると認識されていた。

透波、乱波たちは、こうしたアウトローに区分され、味方として、合戦場などでは実に頼りがいがある存在だが、武士からすると、人品卑しく、素行不良で、悪事を行うのに躊躇《ちゅうちょ》しない連中だと蔑視されていたと考えられる。

四　忍びの別称

多様な呼称

近世の軍記物や、武家故実書などにみられる忍びについて紹介してきたわけだが、そこには、多様な忍びの呼称が登場する。それらは、「忍者」「忍」から始まるわけだが、ここで確認しておきたいのは、「忍者」は「忍の者《しのびもの》」であって、「にんじゃ」と訓《よ》む事例は見られないということである。そして、忍びは間諜、間者、諜者、透波、乱波、突破、窃盗、かまり、伏、間見、見分、目付、嗅物聞、野伏《のぶせり》（野臥）などの別称がみられる。桐野作人《きりのさくじん》氏のご教示によると、薩摩島津《さつましまづ》氏の忍びは、忍衆《しのびのしゅう》、伏草衆《ふしぐさ》、野伏、山潜《やまくぐり》、からくりなどの呼称が、史料から確認できるという。

この他にも、後に紹介するが、『北条五代記』や『政宗記』『成実記』など、戦国大名北条氏や、伊達《だて》氏の軍事を描いた比較的早い段階で成立した軍記物には、草という言葉が頻出する。例えば、『北条五代記』巻四「百姓けなげをはたらく事」に、次のような記事がある。

聞しは昔、元亀二年の秋、北条氏政と佐竹義重ひたちの国において対陣のみぎり、岩井といふ味方の在所に、家四五十有て、朝夕の煙を立る、此里佐竹の陣所へちかし、敵此所へ夜討すべしと味方の足軽二三百人、毎夜草に臥て敵をうかゞふ所に、あんのごとく佐竹がたより多勢をもて此里へ夜討し、引返す時に至て、味方の草おこつて跡をしたひのがさじと追かくる。敵とつて返したゝかふといへ共、夜討のならひ、引時はをくれてしりぞきがたし、をひかくる者は、いさんですゝみ安し、其上敵は順路方角をわきまへず、進退成りがたし、味方は詰り〳〵の節所を兼ねてよく知り、きほいかゝつて追討す

これは、元亀《げんき》三年（一五七二）秋、北条氏政と常陸佐竹義重《ひたちさたけよししげ》が、常陸国猿島《さしま》郡岩井《いわい》（茨城県坂東《ばんどう》市）で対峙した際の記事である。この地域は当時、北条氏の支配下にあった。民家四、五十軒ほどの岩井は、佐竹の陣所に近かったのだが、住人は避難することなく生活を続けていた。日夜、竈《かまど》の煙が揚がっていたこともあり、北条方は、佐竹方が村に夜討を仕掛けるかも知れないと予想し、北条方の足軽二、三百人が、毎夜「草に臥て」敵の様子を窺っていた。恐らく、岩井は、半手の村（敵味方への両属を、双方から認定された村）ではなかったのだろう。果たして、予想通り、佐竹方は岩井の家々を襲撃しようと、夜行動を起こした。佐竹方は、夜討を行い、撤退し始めた。すると、「草に臥て」いた北条方は、敵を追尾し、襲い掛かった。佐竹方は、逃げ遅れた者が周章狼狽《ろうばい》し、帰路や方角もわからなくなり、北条方の草に討たれたという。このような「草」も、忍びの一形態であるといわれる。

問題は、これら軍記物に登場する語彙、語句が、果たして当時実際にあったかどうかであ

る。本書は、これらの語彙、語句を、戦国期の史料をもとに分析、紹介していく。その前に、これらの語彙、語句が、当時、言語としてどこまで一般的であったかを少し検討しておきたい。

辞書類にみる忍び

戦国期の忍びの呼称を確かめるためには、当時の辞書類を検索するのが、最も手っ取り早い方法であろう。そこでまず、欧州宣教師が編纂《へんさん》した『日葡《にっぽ》辞書』をみてみよう。関連する語句を列挙しておく。

○Xinobi シノビ（忍び）戦争の際に、状況をさぐるために、夜、またはこっそりと隠れて城内へよじ上ったり陣営内に入ったりする間諜、Xinobiuo suru（忍びをする）上述のように探索をするために入り込む、Xinobiga itta（忍びが入った）間諜が入り込んだ

○Xinobigayexi、xinobigayeri シノビガエシまたはシノビガエリ（忍び返し、または忍び返り）敵や盗賊が自由に入り込まないように、門とか囲いの塀とかに取りつけた、尖《とが》った木や竹

○Suppa スッパ（素破・水破）欺瞞《ぎまん》または虚言

○Suppana mono スッパナモノ（素破・水破な者）浮浪者、または人をだます者など

○Fuxicusa フシクサ（伏草）待ち伏せ、Fuxicusauo suru（伏草をする）待ち伏せをする、上（Cami）では、Machibuxeuo suru（待ち伏せをする）と言う

○Fuxejei フセゼイ（伏勢）敵に攻めかかるために、待伏せをしたり隠れている軍勢

○Nobuxi ノブシ（野伏）戦闘に先立って起こる小ぜり合いや衝突、Nobuxiuo caquru（野伏を掛くる）このような衝突や小ぜり合いをする

○Nobuxino xu ノブシノシュ（野伏の衆）このような小ぜり合いに備えて、先頭に立って行く軍勢

○Metcuqe メツケ（目付）密偵、例、Metcuqeuo suru（目付をする）密偵をする Metcuqeuo yaru（目付をやる）密偵をつかわす Metcuqeni mairu（目付に参る）密偵として来る

忍びに関する呼称とされるもののうち、忍び、間諜、素破、目付、密偵などの語句が、外国人宣教師にも伝わり、使用されていたことがわかるだろう。また、詳細は後述したいが、戦国法には草、草業、忍びの人々は「悪党」であるとされている。『北条五代記』は、北条氏配下の忍び風魔《ふうま》一党を「悪盗」と呼び、その集団は「山賊・海賊・夜討・強盗」によって構成されていたと記している。

この「悪党」について、『日葡辞書』は「Acuto アクタゥ（悪党）Axij tomogara（悪しい

党）盗人《ぬすびと》や追剝《おいはぎ》など、悪者の仲間、すなわち悪者の徒党」と解説している。彼らは、盗賊と同義と認識されていたわけだ。

また、室町期の後半に成立した国語辞典である『節用集』には、「忍」「忍者」「草」「かまり」「乱波」「突破」などはいずれも立項されておらず、透波は「水破《スッハ》」として、また「悪党」は「悪盗」とともに掲載されている。悪党とは、やはり盗人との認識があったわけだ。

この他に、文安《ぶんあん》元年（一四四四）成立の国語辞典である『下学集《かがくしゅう》』には、「悪党《アクタウ》　同悪盗」とあるが、「忍」「忍者」「草」「かまり」「乱波」「突破」はもちろん、「透波」も掲載されていない。また、『日葡辞書』には立項されている「目付」も、『節用集』『下学集』ともに掲載されていない。

こうした事実の解釈については、様々なことが想定されるが、『下学集』が文安元年、『節用集』はそれに続く辞書で、文明《ぶんめい》年間（一四六九～八七）以前に成立したと想定されていることを勘案すれば、「突破」「乱波」「草」「かまり」などの語句は、鎌倉・室町期以来の伝統を持つ一般的な語句ではなく、戦国期に登場した新しい語句であったと考えられる。それに対し、『軍鑑』『軍法侍用集』などの、戦国・近世初期の武士たちが、当たり前のように利用、使用していた語句は、身近で頻繁に利用されるものと認識されていなかったのではあるまいか。つまり、どうやら、間諜は古来存在していたらしいが、「透波」「乱波」「かまり」「草」

などと呼ばれる忍びたちは、戦国期に登場してきた人々であった可能性が窺われるのだ。

本章では、近世の武家故実書や軍記物などをもとに、江戸時代の人々が、忍びをどのように認識していたか、そして、どのような名称で呼んでいたかを紹介してきた。そこから見えてきた、忍びとは、単なる間諜ではなく、その多くは、武士とは異質の悪党を出自とする人々であった可能性である。彼らの実像とは、果たして近世における認識と一致するであろうか。また、「忍」「忍者」「草」「かまり」「乱波」「突破」「目付」などの多様な呼称は、彼らの活動の実態と、どのように関係しているのか。また、軍記物ではない、戦国期の文書や記録に、こうした呼称は登場するのか。また登場するとすれば、いかなる活動をしていたかを、慎重に検証していく必要があるだろう。

第二章　戦国の忍びの登場

一　伊賀と甲賀

伊賀の忍びの起源とは？

戦国時代に活躍した忍びといえば、「伊賀者」とも呼ばれた伊賀国の忍びはその代表である。ところが、その実像については、史料が極めて少なく、よくわからないというのが現状なのだ。今日、伊賀の忍びに関する研究の到達点は、『伊賀市史』通史編、史料編と、山田雄司『忍者の歴史』のほか、長谷川裕子《はせがわやすこ》、藤田達生氏の諸研究である（参考文献一覧参照）。本書は、この成果に依拠しつつ、伊賀の忍びの実像について紹介したい。

伊賀の忍びの起源は、鎌倉時代末期から室町初期にかけて、伊賀国で蜂起《ほうき》し、荘園領主東大寺や、歴代の伊賀守護を悩ませた悪党とされる。彼らは、年貢・公事《くじ》などの貢納を拒否、滞納し、武家による討伐にも武力をもって徹底的に対抗した。その行動は、路次封鎖、城郭の構築、放火、夜討、殺害、山賊、強盗など、多岐にわたるが、その内容のほとんどは、戦国期に活動した忍びの行動とほぼ一致する。鎌倉幕府法以来、「悪党」の定義は、「夜討・強盗・山賊・海賊」であり、時代を経るにつれて、「殺害」「路次狼藉《ろうぜき》」が加わっていき、「大犯」行為をする者たちすべてという方向へと進んでいる（西田友宏・二〇一七年）。

伊賀国の悪党は、室町幕府と伊賀守護による幾たびかの討伐で、次第に服属、鎮圧が図られ、南北朝内乱終了とともに、ほぼ姿を消し、永享《えいきょう》十一年（一四三九）に、黒田荘の荘民が、荘園領主東大寺に今後の貢納を誓約した起請文《きしょうもん》を提出して完全に鎮静化した。悪党の衰退と鎮圧は、室町幕府―守護体制の確立と、それに伴って整備、再編された「室町期荘園制」（幕府―守護体制によって荘園領主の権益が保障されるシステム）の成立と、軌を一にしていることがわかるだろう。

その後、伊賀の国人《こくじん》・土豪らは、次第に自立化と、相互の連携を図っていくこととなる。それは、伊賀守護が短期間に交代し、国内の国人・土豪らを編成することができなかったからでもある。そのため、南北朝内乱、観応《かんのう》の擾乱《じょうらん》、応仁・文明の乱という大乱に際しては、近江六角《ろっかく》氏、伊勢北畠《きたばたけ》氏、大和《やまと》筒井《つつい》・越智《おち》氏らの介入を招き、それぞれの勢力との関係を構築しつつも、一揆《いっき》を結成して対抗するなど、複雑な情勢が続いた。こうした背景もあって、応仁・文明の乱を契機に、伊賀の国人・土豪は、東西両軍に味方する勢力に分裂し、さらに国外で戦うことが増えていった。

だが、この過程で畿内《きない》を転戦する「伊賀衆」は、いわゆる忍びとしての伊賀衆とは趣を異にしており、忍びの実態は浮かび上がってはこない。

戦国初期に登場

では、伊賀衆が忍びとして活動していた事実は、いつごろから確認できるのであろうか。その片鱗《へんりん》が見え始めるのは、やはり戦国初期の文亀《ぶんき》二年（一五〇二）のことである。『小槻《おづき》時元記《ときもときき》』文亀二年二月十五日条に、次のような記事がある（伊賀五九二号）。

(文亀二年)二月十五日、昨日愛宕山衆徒山伏、数十人相語諸勢数百人、打入伊賀国、其謂者、彼国百姓等緩怠之間、国民侍加退治於百姓之処、彼百姓牢人等相語山伏云々、而其勢山伏四百余人打入之処、今夜国民等、押寄山伏陣、不及一戦悉打取之、愛宕山伏并諸勢等、四百余人之内、纔十余人死残帰京云々、奇異之事也、去九日入国、其夜落居云々、此事十日之事也、後聞者也

この史料は、伊賀の忍びを考えるうえで重要なものといえ、大変有名である。文亀二年二月九日、京都愛宕山《あたごやま》衆徒の山伏数十人が、四百余人の軍勢を召集し、伊賀国に討ち入ったと

いう。山伏らが率いた軍勢は、彼らが「相語らった」とあることから、京都に充満していた牢人《ろうにん》や悪党などを味方に引き入れた、急場凌《しの》ぎの集団だったとみられる。愛宕山の山伏が、伊賀国に攻め入ったのは、伊賀の「国民侍」（国人）が、百姓らが「緩怠」したことに対し、「退治」を加えたことがきっかけだったという。このことから、伊賀の百姓らが、年貢・公事などを怠り、国人がこれを譴責《けんせき》したことが推測できる。このため、伊賀の百姓と牢人らは、愛宕山の山伏に協力を要請し、討ち入りに至ったらしい。ただ、伊賀の百姓・牢人らが、なぜ京都愛宕山の山伏に協力を求めたのか、その理由は定かでない。

二月九日、伊賀国に討ち入った山伏ら四百余人は、野営した。すると伊賀の国人侍は、その夜、山伏の陣所に、夜討を仕掛けたという。この結果、山伏らの軍勢は、まともに戦うことも出来ず、次々に討たれ、這《ほ》う這《ほ》うの体《てい》で京都に逃げ帰ることが出来たのは、わずかに十余人に過ぎなかった。この情報は、京都で驚きをもって広まったらしい。

次に、伊賀の忍びが確実な史料で確認できる最初の事例が、天文《てんぶん》十年（一五四一）十一月に行われた山城国笠置城《かさぎじょう》攻防戦である（『多聞院日記《たもんいんにっき》』天文十年十一月二十六日・二十八日条）。この史料も、著名であるので、全文を引用しておこう。

　廿六日（中略）

一今朝伊賀衆笠置城忍ヒ入テ少々坊舎放火、其外所々少屋ヲヤキ、三ノツキノ内一ツ居取ト云、或ハ二ト云篇々也、木沢（長政）方ノ城大将右近カヲキニ江州カウカ（甲賀）ノモノ也云々、人数僅七・八十在之云々、弥勒ノタケヲモチテキル処ニ、彼山ニハ一向水無之間、経ズ程ヲ可落、簀川・少柳生偽トウラカヘルト云々、筒井（順昭）衆少々ウシロツメニ立了云々

廿八日（中略）

一於笠置有テ合戦、木沢方城ヨリ二手ニ作テ打出テ、悉ク以テ打殺、伊賀皆以退散了云々、人数卅人余打死云々、先以安堵了

この記事は、天文十年十一月二十六日、畠山《はたけやま》家臣木沢《きざわ》長政《ながまさ》方の七、八十人が籠城《ろうじょう》していた山城国笠置城（京都府笠置町）に、伊賀衆が潜入し、城に隣接する笠置寺の坊舎と、城の各所にあった小屋に放火し、「三ノツキ」（三ヶ所の曲輪《くるわ》のことか）のうち、二つまでを奪われたという。興味深いのは、この時、笠置城に在城していた木沢の家臣で、城大将であった右《う》近《こん》（木沢右近か）という人物の甥《おい》は、近江国甲賀の者だったといい、城には木沢に味方していた甲賀者も籠城していた可能性を窺《うかが》わせる。笠置城は、伊賀の忍びに襲撃され、水も少ないことから落城必至とみられたが、筒井順昭《じゅんしょう》が後詰に出陣したという。そして、十一月二十八日、籠城していた木沢軍は、兵を二手に分け、打って出て、伊賀衆に襲い掛かった。城方の逆襲を受けた伊賀衆は敗退し、三十余人の戦死者を出したという。

その後、永禄三年（一五六〇）三月、伊賀衆が大和国十市《とおち》氏を襲撃した逸話が、『享禄天

文之記』（内閣文庫所蔵）にみられる。この史料は、『伊賀市史』史料編古代・中世には未収録なので、全文を紹介しておきたい。

同《（永禄三年）》三月十九日、夜十市山ノ城ヲ箸尾ソウ次郎殿、伊賀衆ヲカタライ、其内木猿ト云物大将シテ居取ル、十市殿ヲハ勘六同道シテ豊田ノ城マテ御落アル、上田打死、於上様ハ桃尾マテ御落、番座打死四人有

永禄三年三月十九日夜、十市山の城（十市城か、奈良県橿原《かしはら》市）を、箸尾ソウ次郎という人物が、伊賀衆の協力を得て襲撃した。この時、伊賀衆を率いた大将は「木猿」と呼ばれた人物だったという。不意の夜討だったため、十市遠勝は、勘六という家来に案内され、豊田城（天理市）に逃れたという。また、「上様《かみさま》」（十市遠勝夫人）は、桃尾（天理市）に落ち延びている。十市城は、箸尾と伊賀衆によって乗っ取られ、十市方に戦死者が出ている。この事件の結末は定かでないが、箸尾氏に雇われ、夜討を仕掛ける伊賀衆の活動は、まさに忍びそのものであるといえるだろう。

伊賀の忍びが雇用され、広範囲の作戦に従事していることが窺われる史料がある。永禄四年閏《うるう》三月十八日の某氏宛（宛所欠）内藤宗勝書状である（三好二一二二号）。

伊賀之城取者共、三鼻出候、一斗《（手カ）》者摂州、一斗者当国《（丹波国）》、一斗者播州へ越由候、当国へ越候段、於必定者、其方か八上か可為番城内候、弥無油断御半処、夜候へも昼之出入候

へ者、下人も態々可被相改事専用候

これによると、三好家臣内藤宗勝は、伊賀の「城取之者共」(城乗っ取りのプロ)が、三鼻(鼻は、人一人を指す言葉であるが、この場合は配下を率いる大将を指すか、すなわち三人に率いられた「城取」の部隊)が出陣したとの情報を摑《つか》んだ。一手は摂津《せっつ》国、一手は当国(丹波《たんば》)、一手は播磨《はりま》に向かったという。丹波に来るとの情報が確かなら、お前(不明)のいる城か、八上《やかみ》城(兵庫県丹波《たんば》篠山《ささやま》市)が目標であろう。絶対に油断をするな、夜はもちろんのこと、城への出入りは確実にチェックせよ。下人までよくよく確認することが重要だ、と内藤は指示している。このことから、伊賀の忍びは、夜の襲撃や潜入はもちろんのこと、昼間も身をやつしたり、下人のふりをしたりして、城に入り込み、内部から手引きをすると想定されていたことがわかる。

また、近年、長谷川裕子氏が紹介した、近江浅井《あざい》氏と伊賀衆との関係を示す次の文書も重要である(長谷川・二〇一一年・二〇一四年)。

伊賀衆約銭可相渡用候、弐拾貫文可被引替候、雖可為無心候、急与御馳走肝要候、恐々謹言

永禄四

十二月四日　　浅井

長政(花押)

飯福寺
新坊
几下

永禄四年十二月、浅井長政《ながまさ》は、伊賀衆を雇用するために、二十貫文での契約（「約銭」）を行った。その費用を、長政は、飯福寺《はんぷくじ》に借用を願い出ている。この前年の永禄三年、浅井氏は六角《ろっかく》氏と断交し、合戦が始まっていた。この危機的状況下で、長政は伊賀衆を雇い入れる決断をしていたことがわかる。なお、浅井方の軍記物には、永禄四年七月、浅井軍が太尾《ふとお》城（滋賀県米原《まいばら》市）を攻めた時、敵の守りが堅固であったので「夜討にしくハあらし、但手勢計にてハ叶かたしとて、小谷より加勢を乞、伊賀衆を忍ニ入、城中に火の手をあけ、それを相図として本丸・二の丸一度に責めのほるへし」と計画したとの記述がある（『島記録』、小和田哲男・一九七三年所収）。

いつの出来事なのかは判然としないが、年未詳七月十五日、近江の六角承禎《じょうてい》は、某城を守っていた家臣小倉越中守・右近大夫に書状を送り、その戦功を褒め讃《たた》えた（戦角一一六一号）。そこには「伊賀衆雖忍寄候、用心堅固依被申付、於敵度々失利、御軍功働名誉候、併年来対家中輩に愍民志深重故候、同名・与力・被官人令一味儀、誠無比類候、弥無退屈様ニ皆々へ能々可被申聞候、国中へも加勢・兵粮儀切々申出儀候、無油断候、昼夜辛労不浅候」とあり、小倉らは、伊賀衆の「忍寄」（夜討か）を警戒しており、これを数度にわたって撃退していたらしい。小倉らが、伊賀衆の攻撃を凌げたのは、常に城防備の用心を怠らなかったことと、家中の人々を常に大切にしていたので、同名・与力・被官人までが一致団結して小倉を守《も》り立てたからだと述べている。六角承禎は、小倉を通じて、城兵たちへ労《ねぎら》いの言葉を伝えるとともに、援軍と兵粮《ひょうろう》の増派を約束した。伊賀衆は、六角氏の拠点を忍びの技術をもって、攻略しようと、努力していたことが窺われる。

最後に、天正《てんしょう》八年（一五八〇）八月、高野《こうや》山金剛峯寺《さんこんごうぶじ》が、密蔵院《みつぞういん》に出した書状を紹介しよう（信長下五四五）。

和州宇智郡坂合部兵部大夫城江、夜中ニ伊賀衆忍入候処、南より水堀ヲ越、諸口一番乗、於城中無比類働共、諸人之目渡リ其かくれなき儀、難申尽候事（ママ）、恐々謹言

以上

辰（天正八年）　　金剛峯寺

八月四日　　惣分沙汰所

二見密蔵院殿

参

これは、大和国宇智《うち》郡の坂合部《さかあいべ》（奈良県五條市）を、二見《ふたみ》（同）の密蔵院らが攻めた時の

史料である。この地域は、高野山金剛峯寺の所領であったが、坂合部氏はこれを肯《がえん》ぜず、抵抗を続けていたらしい。そこで高野山は、密蔵院らの二見の武士（衆徒）と、伊賀衆に依頼して、これを攻めたようだ。ここに登場する坂合部兵部大夫城は、坂合部平城のことと推定される。寄せ手は、夜中に伊賀衆が坂合部平城に忍び入り、一挙に戦端を開いたようだ。この時、密蔵院は、味方の眼前で南側から水堀を渡り、一番乗りを果たしたという。この攻撃で、城は落城したらしい。密蔵院の活躍を知った、金剛峯寺惣分沙汰所《そうぶんさたしょ》一臈坊は、密蔵院に戦功を讃える書状（感状）を送ったのであった。ここでも、伊賀衆は夜討と、城への忍び入り（潜入）を担い、城攻略の突破口を切り開いている。

このように、①他国の勢力に雇用され、②夜討、忍び入りなどを行い、③放火などを専らとする活動を行い、④城乗っ取りや、合戦を有利に導く任務を担う活動こそ、伊賀の忍びの真骨頂であった。そして、こうした活動は、戦国期に入って初めて見られるようになるのである。

惣国一揆結成で織田に対抗

ところで、戦国期の伊賀国といえば、伊賀惣国一揆《そうこくいっき》が結成されていたことで知られる。この惣国一揆とは、天文二年（一五三三）以前にはすでに成立していたといわれており、その後、織田信長《のぶなが》との対立という危機的状況下で、惣国一揆掟書《おきてがき》が作成されたとされている（稲本紀昭・一九八八年）。しかし、「伊賀惣国」と「惣国一揆」とは別物であり、「伊賀惣国」とは、伊賀国衆の一揆（領主一揆）を基礎とした政治主体であり、「伊賀惣国一揆」は、織田氏との対立という緊張下で、まさに「惣国」防衛（地域防衛）を実現すべく、村々をも含み込んだ共同が実現したものと考えるべきであるという有力な反証がある（呉座勇一・二〇一四年①）。天文二年までに成立していた「伊賀惣国」は、大和国の興福寺《こうふくじ》などの応援要請を受け、出陣するなど、他国への軍事介入をも行っていた。だが、この「伊賀惣国」に、百姓が動員されたという微証は、確かに存在せず、永禄期に登場する「惣国一揆」とは別物とみるべきであろう。

この伊賀惣国一揆の基盤は、伊賀の国人や土豪が一族一揆を結成し、さらに村の中で彼らの被官となった人々や下人らをも含む「同名中《どうみょうちゅう》」であった。そこに村の百姓が協力するという形態が取られていた。この「同名中」＋村々が結集したものが、惣国一揆だったのである。

伊賀惣国一揆が、掟書を制定した時期については、永禄三年説と同十二年説があるが、最新の『伊賀市史』は、永禄十二年十一月十六日成立説を採用している。

「伊賀惣国一揆掟書」成立の契機は、第一条に集約されている（伊賀六二四号）。それは「他国から伊賀国に侵入する者に対しては、惣国は一味同心してこれを防がなければならない」

とある。惣国一揆が、領主・被官・百姓の区別なく、戦うべき相手は、他国からの侵略者（織田信長とその与同者たち）に他ならなかった。つまり、伊賀惣国一揆は、他国への動員は想定されていなかったわけである。「伊賀惣国」と「伊賀惣国一揆」が別物と指摘される所以である。

そのうえで、伊賀存亡の危機だからこそ、村々は領主・被官・百姓などの身分を問わず、一致協力することを承認し、鐘を鳴らして敵侵入と住民の出陣を促し、兵粮や矢楯《やたて》を携行することを求めた。しかも、動員は、上は五十歳迄《まで》、下は十七歳以上の男子を対象にしており、それを指揮する武者大将は、村々の中から選出された。この中には、若年の僧侶《そうりょ》も含まれることになっていた。この他に、村に住む伊賀惣国一揆の諸侍（領主）の被官は、伊賀がどのような状況になろうと、主人を変更しないと誓約した起請文を村で作成、提出することを指示されている。被官たちが、起請文を村で作成するよう命じられたのは、領主たちが村の支証を得ようとしたからであろう。この他に、敵への内通者の処分、他国の大名領主に仕官しないこと、喧嘩《けんか》などへの対応などが詳細に規定されている。そのうえで、この伊賀惣国一揆は、近江の甲賀郡中惣《ちゅうそう》との協力が明記された。

ここで問題なのは、この伊賀惣国一揆と、伊賀の忍びとは、どのような関係にあるのかということであろう。なかなか難しい問題であるが、これを窺うことができる条文が、掟書の

第五条である。原文は次のようになる。

一、国中之あしかる（足軽）、他国へ行候てさへ城を取事ニ候間、国境ニ従他国城を仕候て、足軽として其城を取、忠節仕百性（姓）有之ハ、過分ニ褒美あるへく候、そのミ（身）ニおゐてハ侍ニ可被成候事

この条文から、伊賀では、足軽が他国に戦争に赴き、城を取るということが常態であったことが知られる。この他国へ戦争に赴く足軽こそ、「伊賀衆」「伊賀之城取者共」、すなわち忍びに相当すると考えられる。彼らは、地位の低い侍身分であり、「同名中」の被官クラスであったと想定される。問題なのは、この他の百姓らも同様であったかということであるが、この条文を読む限り、伊賀の百姓らは、領主の被官とならぬ限り、他国へ合戦に行くことはなく、敵城を取る行動を期待されたのは、今回の伊賀防衛戦に限ってのことであろう。

以上のように、伊賀では、国外の大名に、足軽として仕える人々がいたことは確実であり、それが伊賀の忍びの正体だったと考えられるだろう。

甲賀の忍びと鈎の陣伝説

伊賀と並んで、忍びの代表格とされる甲賀であるが、実をいうと、伊賀以上に史料に乏しく、戦国期の実態は謎のヴェールに包まれているといっても過言ではない。現在、甲賀の忍

びについては、室町・戦国・織豊《しよくほう》期の史料収集も出来ておらず、その実態はまったく明らかにしえない。これは、今後の検討課題である。

ところで、甲賀の忍びが、一躍全国に知られるようになったといわれるのは、鈎《まがり》の陣が契機であるという。戦国期の甲賀については、多くの研究があるが、その到達点といえる『甲賀市史』第二巻などをもとに、略述していきたい。

この鈎の陣とは、室町幕府将軍足利義尚《あしかがよしひさ》が、近江守護六角高頼《たかより》を討つために、同国鈎（滋賀県栗東《りつとう》市）に長期在陣し、六角氏とこれを支援した甲賀武士との戦役を指す。長享《ちようきよう》元年（一四八七）九月、将軍義尚は、六角高頼討伐のため、大軍を率いて京都を出陣した。その理由は、六角氏とその被官たちが、応仁・文明の乱の混乱に乗じて、近江の各所にあった寺社本所領や奉公衆の所領を押領し、その返還に応じなかったからである。

義尚の大軍が近江に入ると、六角高頼は、甲賀に逃げ込んだ。ここに、六角氏を支援する甲賀武士と、幕府軍との戦いが始まることとなる。義尚は、鈎に本陣を置き、六角・甲賀方と戦った。だが、はかばかしい戦果を挙げることが出来ないまま、在陣が長引き、やがて義尚が重病であるとの風説が流れた。そして将軍義尚は、出陣から一年半後の、長享三年（延《えん》徳《とく》元年・一四八九）三月二十六日、鈎の陣所で病没してしまった。享年二十五。この結果、幕府軍は、義尚の遺骸《いがい》を奉じて、京都に帰還した。

甲賀では、義尚の死は、病気ではなく、甲賀の忍びの襲撃を受けた傷が元であったとの伝承が根強くある。寛文七年（一六六七）成立の「甲賀士由緒書」によれば、長享元年十月一日、甲賀武士五十三家が、一万六七〇〇騎を擁し、義尚が在陣する鈎に夜討を行ったという。このうち、二十一家が目覚ましい活躍をし、戦後褒賞されたことから、彼らは「甲賀二十一家」と呼ばれることとなったという。足利義尚を負傷させ、幕府軍を大混乱に陥れたと伝わる鈎の陣での武功により、甲賀の忍びは一躍世に知られるようになったと伝わる。

しかしながら、この鈎の陣における甲賀の夜討が実際にあったかといえば、当時の史料には一切登場しない。また、義尚の死因も、病気以外の要因があった事実も窺われない。そのため、甲賀の忍びによる鈎の陣襲撃は、伝承の域を出ないのである。ただ、幕府軍のうち、甲賀に在陣していた軍勢が、蜂起した数千人の牢人たちに襲撃され、苦戦したとの記録がある（『後法興院記』長享元年十二月三日条）。この「牢人」こそ、甲賀の人々であったと推定され、義尚を負傷させたということの真偽は措《お》いたとしても、幕府軍を苦境に追いやったことは事実であろう。鈎の陣伝説には、ある程度の根拠があったようだ。

その後、室町将軍に就任した足利義材《よしき》は、延徳三年、再び六角高頼を討つべく、京都を出陣した。高頼は、またもや甲賀に逃げ込んだ。義材は、高頼を匿《かくま》う甲賀の人々を攻めるべく、軍勢を差し向けた。これ対し、甲賀の人々は、高頼は甲賀から没落しており、すでにいないことを申し立て、甲賀攻めの中止を懇願している。この時、甲賀の「群衆」は、「皓文《こうぶん》」（告文、起請文）を捧《ささ》げていた（『大乗院寺社雑事記』明応元年十一月二十六日条）。これはまったくの虚言であったが、幕府軍も甲賀を攻めあぐね、遂《つい》に明応《めいおう》元年（一四九二）十二月、義材は京都に帰陣したのである。かくして、甲賀の人々は、幕府軍を二度にわたって、撃退したのであった。

甲賀衆の結束――甲賀郡中惣

甲賀攻めを強行しようとする将軍足利義材に、甲賀の「群衆」は嘆願を行ったことを紹介した。この「群衆」たちは、告文を提出したといい、彼らが強い連帯を誇っていたことを窺わせる。この甲賀武士たちの結束の背景にあったのは、甲賀郡中惣と呼ばれる組織である（以下の記述は、石田善人・一九六二年、『甲賀市史』第二巻、長谷川裕子・二〇〇二年・二〇一一年による）。

この甲賀郡中惣は、国人、土豪、百姓、寺庵《じあん》の連合体で、地域社会の様々な権利を保障しつつ、相互の紛争を抑止、解決する共同機関である。先に紹介した、甲賀五十三家と呼ばれる国人層は、惣領家を中心に庶家（分家）を裾野《すその》とした、「同名中惣」と呼ばれる同族集団を結成し、結束を強めていた。ところが、「同名中惣」には、血縁関係のない地域の土豪層も加わっていた。土豪たちは、ほんらい名字が違うのであるが、惣領家と庶家から名字を与えられ、擬制的な同族集団に加えられた。そればかりか、百姓や寺庵もこれに加わり、まさに地域連合ともいうべき、組織を作り上げていた。この「同名中惣」では、代表者たる年行事、同名中奉行が選出され、内部での諸問題を解決することや、他の「同名中惣」との折衝などを担った。内部での課題解決は、「談合」（合議）と「多分之儀」（多数決）によって決定されていた。

そして「同名中惣」が、さらにいくつかの連合体を作り、相互に談合と合意のもと、「同名中与中掟《くみちゅう》」を作成した。こうした「同名中惣」の連合体は、南山六家、北山九家、柏木三家（一説に、山南七家、山北六家、柏木三家、杣五家）といわれ、なかでも柏木、美濃部《みのべ》、伴《ばん》の三家の「同名中惣」が連合した「柏木三方中惣」は著名である。彼らは、堅い結束のもと、もしこれを破る者や、罪を犯した者に対しては「三方一味」のうえで、成敗もしくは罰金、追放などの自検断の方針を確認しあった。このような、「与掟」は、現存しないものの、他の「同名中惣」の連合体でも作成されたと推定されている。この「三方中惣」は、それぞれの「同名中惣」の奉行が、寄合を行って様々な事態の処理にあたっていた。

そして、各「同名中惣」の奉行が、甲賀の惣社とされる油日神社《あぶらひじんじゃ》に参集し、「寄合」が行われた。これが「郡中惣」であり、各「同名中惣」の奉行が一堂に集まって、甲賀全域の意思決定を行った。この奉行は、「甲賀郡奉行《ぐんぶぎょう》」と呼ばれ、十人で構成されていたことが判明している。彼らが、伊賀惣国一揆と折衝を重ね、織田信長に対抗する、強固な同盟を結成したのであった。

いっぽう、甲賀郡中惣の構成メンバーは、室町幕府奉公衆や、管領細川氏、守護六角氏被官や、織田信長の家臣になった者もいた。こうした複雑に張り巡らされた、被官関係の形成は、時として敵味方に分裂する可能性があった。それでも、甲賀の安全保障を実現するために、その時々の政治・軍事情勢に応じて、動員に応じる相手を選び、奉公するという形態をとっていたと推定される。甲賀衆が、各地の戦国大名や国衆に雇用されたのも、甲賀の人的ネットワークを広域に展開させ、情報の取得やその共有化を図ることで、彼らの稀少《きしょう》性を高めたからであろう。同時に、それは、甲賀がどの勢力にも肩入れしないという、一種の中立的な立場を主張でき、各地の甲賀のネットワークを利用して、国外勢力からの侵攻を抑止しようとしたと推定されている（長谷川裕子・二〇一二年）。

謎多き甲賀衆の実態

ところで、甲賀衆についての記録は、伊賀衆よりも少なく、先にも述べたようにその活動の実態はほとんどわからない。現況では、長谷川裕子・藤田達生氏の研究が、戦国期甲賀衆の活動を最も詳しく紹介している（長谷川・二〇一一年・二〇一四年、藤田・二〇一八年）。

甲賀衆が、他国に雇われていたことを示す事例として、早い時期のものは、天文二十年（一五五一）七月十五日、駿河の今川義元《よしもと》が、菩提寺《ぼだいじ》臨済寺に与えた寄進状にみえる「甲賀衆配分」である（戦今一〇二六号）。この寄進状によると、駿河国青木山（静岡市駿河区）に、甲賀衆の知行《ちぎょう》地が設定されており、それ以外の分を臨済寺領にすると約束したものであった。このことから、今川氏は、甲賀衆を召し抱えており、知行も与えていたことがわかる。この臨済寺領は、今川氏滅亡後も、引き続き武田氏によって安堵《あんど》されたが（戦武一三五七号）、ここでも青木には、「甲賀衆配分」が生きているので、今川氏に仕えた甲賀衆は、引き続き武田氏にも召し抱えられたと推定される。なお、今川氏に仕えた小倉三河守は、近江出身の牢人であったといい、その孫内蔵助は、伊賀と甲賀の足軽を今川氏から預けられ、各地を転戦したという。

永禄元年（一五五八）、将軍足利義輝《よしてる》は、近江国朽木《くつき》谷より上洛《じょうらく》を目指し、五月、軍勢を率いて坂本に入った。これに、細川晴元《はるもと》らも参陣し、六月、京都で義輝軍と三好《みよし》軍の合戦が始まった。この時、義輝軍に甲賀衆が参陣しており、戦死者を出したことが「勝軍之諸勢少々京都へ被出処、三好方追立、於白川旧城辺合戦有之、人衆数多打死、頸三十九取之云々、其外公方衆五人、甲賀衆亀井已下数輩打死、三好方亦死人手負巨多也云々」（『厳助往来記』

永禄元年六月九日条）とみえている。両軍は、六月九日、「白川旧城」（北白川城〈京都市左京区北白川清沢口町〉）で衝突し、甲賀衆の亀井ら数人が戦死したという。

また、永禄十一年六月二十三日、摂津に進出した三好三人衆に、甲賀衆三百人ほどが討取られたことが、『多聞院日記』にみえる（「去廿三日、於津国表三人衆へ甲賀衆三百計出テ打果了ト」永禄十一年六月二十六日条）。この甲賀衆は、足利義昭《よしあき》を奉じて上洛を目指す、織田信長に呼応したものであろう。

この動きには、甲賀郡和田《わだ》出身の武士和田惟政《これまさ》の活動が関係しているとみられる。惟政は、将軍足利義昭に随身し、後に織田信長家臣となった人物であるが、将軍足利義輝の暗殺後、大和国に幽閉されていた一乗院《いちじょういん》覚慶（足利義昭）の脱出を助け、彼を匿った。義昭は、後に近江国野洲《やす》郡矢島の居所を構えている（奥野高広・一九六〇年）。その後、惟政は信長の命を受け、甲賀の織田氏帰順に尽力するなどの活動をしている。こうした関係もあり、将軍義昭と織田信長に、甲賀は味方したのであろう。なお、甲賀出身の武士として、もう一人、信長重臣滝川一益《たきがわかずます》（甲賀郡大原出身）もいる。だが、信長と甲賀の蜜月は長くは続かなかった。

元亀元年（一五七〇）、織田信長が、近江浅井長政に叛《そむ》かれ、危機に陥ると、六角承禎は、伊賀・甲賀衆らを味方に付けて挙兵した。だが、織田軍柴田《しばた》勝家《かついえ》、佐久間《さくま》信盛《のぶもり》に敗れ、伊賀・甲賀衆は大きな被害を受けたという。

天正元年（一五七三）、将軍足利義昭が、織田信長と断交、挙兵すると、義昭は武田信虎《のぶとら》（信玄の父）を甲賀に潜入させ、六角氏らとともに挙兵の準備をさせている。この事実は、義昭と甲賀との、依然として強い結びつきを推測させる。

天正元年十月、信長が伊勢長島《いせながしま》攻めから撤退したとき、敵の土豪らが弓・鉄炮《てつぽう》を携え、先回りしたり、山々や道の切所（難所）で待ち構え、織田軍を悩ませたといい、とりわけ彼らと行動を共にしていた「伊賀・甲賀のよき射手の者共馳せ来つて、さしつめ引つめ散々に射たをす事際限なし」と記録されている（『信長公記』天正元年十月二十五日条）。こうして、反信長陣営に味方した甲賀は、支援していた六角氏が敗北し、将軍義昭も追放されると、次第に強まる織田の圧力に屈し、天正二年、織田軍に従属した。

以上のように、甲賀衆は、各地の戦国大名に雇われ、活動していたことは確認できるものの、忍びとしての実態は、いまひとつ明確にはならない。今後の史料発掘と研究に期待したい。

二　武田の透波、北条の風魔、伊達の黒脛巾

虚構かそれとも実在か

戦国時代の忍びといえば、巷間《こうかん》に膾炙《かいしや》されているのは、大名たちが召し抱え、諸国に放つ

ていたとされる忍びたちが著名である。例えば、武田信玄の「三ツ者《みつもの》」「歩き巫女《みこ》」、伊達政宗の「黒脛巾《くろはばき》」、上杉謙信の「軒猿《のきざる》」(「簷猿」)、北条氏康の「風魔一党」、織田信長の「饗談《きょうだん》」、真田昌幸《まさゆき》の出浦を始め、上野国吾妻谷《こうずけあがつまだに》の忍びなどが、よく忍者小説などに登場する。

ところが、これらは、ごく一部を除き、同時代史料には一切登場しないばかりか、なかには出典不明のものすらある。

例えば、上杉の「軒猿」は、上杉関係の軍記物にすら、管見の限りまったく見当たらず、そもそも誰がそれを言い出したのかすら判然としない。では、「軒猿」という忍びが、完全にフィクションかというと、それは誤りで、『北条記』(『続群書類従』)巻三の「高野台合戦之事」の一節に「小田原方の軒猿由井源蔵殿の内横江忠兵衛と大橋山城守とて、究竟一の忍ひの上手にて、敵陣へ忍入、此躰念比に見て帰り、申上けれは」と登場する。これは、永禄七年(一五六四)の国府台《こうのだい》合戦の時、北条氏照《うじてる》(由井源蔵)配下の「軒猿」と呼ばれていた屈強で有能な忍び二人が、敵陣に潜入して詳細な情報を摑んで帰ったというものだ(但し『北条史料集』所収の内閣文庫本には、「軒猿」という表記がない)。つまり、現段階で、文献を検索した限りでは、「軒猿」とは、上杉謙信配下の忍びではなく、北条氏康・氏政配下の忍びの呼称だったことになる。

創作という点では、最も脚色が著しいのが真田氏であろう。真田昌幸・幸村《ゆきむら》(信繁《のぶしげ》)といえば、彼らを支えた忍者猿飛佐助をはじめとする真田十勇士で知られるが、これはいうまでもなく、大正から昭和初期にかけて人気を博した立川文庫の創作である。だが、真田氏が、忍者を駆使した武将というイメージは、江戸時代からあったらしい。

その最たる人物が、真田重臣出浦対馬守昌相《まさすけ》である。彼は、真田の忍びの頭目であったと伝承されている。このことについて、『本藩名士小伝』（河原綱徳編、嘉永《かえい》二年〈一八四九〉成立）の「出浦対馬守幸久」の項目に「天文年中、義清、武田晴信と上田原に戦ひ、敗軍して越後国へ没落の後、幸久武田家ニ属し、スッパを預り、他国の城へスッパを入けるに、其者より先に城中へ忍び入、様子を具に見届帰りける、スッパハ行ずして、偽て行たるよしを云ける時、幸久スッパの偽れるを叱り、其身行たる証拠を顕はし、見せけるとぞ、手柄の程を人々感しけるとなり」と記録されている。

出浦は、武田氏より透波を預かり、敵城に彼らを派遣して情報を探っていたといい、自らも潜入して諜報《ちようほう》活動に従事しつつ、配下の透波の活動状況を監督していたという。しかしながら、出浦の史料を博捜しても、彼と透波を繋《つな》ぐ事実は窺《うかが》われない。出浦が忍びの頭目と伝承されるようになったことについては、『真武内伝追加』『御家中系図』などで、小田原《おだわら》合戦時に、武蔵国忍城《おしじよう》（埼玉県行田市《ぎようだし》）を攻め、大いに活躍したことを、「忍」と誤読・誤伝した可能性が指摘されている（丸島和洋・二〇一六年）。

また、『真田家御事蹟稿』『真武内伝』において、大坂の陣で真田信吉《のぶよし》・信政兄弟に従い、後に真田家から離反した、馬場主水（角蔵とも）は著名である。彼は、夏の陣終結後、信之が大坂方の弟真田信繁に秘《ひそ》かに味方し、兵糧や玉薬などを横流ししていたことを幕府に訴えた人物として知られ、もと武田家の忍びで、その後は真田家に仕えていたという。馬場の訴えは、その後、幕府の詮議《せんぎ》によって虚言であることが判明し、真田信之が罪に問われることはなかった。馬場が、真田家を讒訴《ざんそ》したのは、盗みの罪で成敗されそうになったのを、逆恨みしたからだという。幕府は、真田家からの馬場の身柄引き渡し要請を拒否し、彼を釈放して逃亡させたが、信之は家臣に追跡と成敗を命じ、三年かけて殺害されたといわれる。馬場の一件が、どこまで史実かは定かでないが、信繁との内通を疑われ、信之家臣宮下藤左衛門が成敗されたのは、どうやら事実らしい（丸島和洋・二〇一五年、平山・二〇一六年）。

この他に、吾妻谷の割田下総《しもうさ》、唐澤玄蕃《げんば》、富澤伊予《いよ》、同伊賀、同豊前《ぶぜん》、横谷左近などが、真田に仕えた忍びとして伝承されているが（山口武夫編・一九八五年）、確実な史料では、残念ながら確認できない。真田と忍びの繋がりが、江戸時代から取り沙汰《ざた》されているのは、昌幸や信之の領国が、山岳修験の盛んな信濃小県郡《ちいさがたぐん》や上野国吾妻郡に及んでいたことと関係があるだろう。そこで活動する山伏などを保護し、真田家は諜報活動を彼らに行わせたといい、それが真田昌幸・信繁父子は忍びを多数召し抱え、巧みに敵を翻弄《ほんろう》したと考えるようになったのではあるまいか。

ただ、真田昌幸が、忍びを多数召し抱え、彼らを駆使して合戦を優位にしようとしていたことは史実である。このことについては、後で詳しく紹介するが、天正壬午の乱を契機に、北条氏と上野国で激しい角逐を繰り広げていた際、真田昌幸は、北条方の城を乗っ取るべく、数百人規模の透波を派遣し、敵方を脅かしていた。また第二次上田合戦でも、「大かまり」(大人数の伏兵)を配置して、徳川秀忠《ひでただ》軍を襲撃しようと試みていたことが、確実な史料から窺われる。このように、真田と忍びについては、それなりの根拠がありそうである。

最後に、織田信長が秘蔵した忍びとされる「饗談」は、『万川集海』巻一「忍術問答」が、その出典であり、その他にはほとんど管見されない。記して後考をまちたい。

武田信玄と忍び

戦国大名の中で、古来武田信玄ほど、忍びとの深い関わりが取り沙汰される人物はいない。既述のように、『甲陽軍鑑』には、忍びを自在に操り、合戦を優位に導き、敵方を調略で切り崩す戦略を心得た大将として、信玄は描かれている。そして、江戸時代に成立した忍術書や、軍学などには、武田家に仕え、その時代の経験を活《い》かして著述されたと伝わるものが極めて多いのも事実である。

例えば、忍術書として著名な『正忍伝』は、延宝《えんぽう》九年（一六八一）、紀州藩士藤一水正武（名取三十郎正澄《なとりさんじゅうろうまさずみ》、正武）が著したものであるが、彼は甲斐武田家に仕えた、武田遺臣の系統であり、甲州《こうしゅう》流軍学の開祖小幡勘兵衛景憲（『甲陽軍鑑』の編者）の流れを汲《く》む。また、『軍法侍用集』の「窃盗の巻」は、信玄に仕えた服部氏信が持っていた秘伝を利用したものであることは、第一章で紹介したとおりである。

そして、巷間流布する忍者本の多くに、武田信玄が大切に召し抱え、敵の情報を探るために放った忍びを「三ツ者《みつもの》」と呼んだと書かれている。ところが、確実な史料や記録に、武田の「三ツ者」はまったく登場せず、果たして事実かどうかは確認できない。そもそも、その出典すら、明らかではなかったが、精査してみると、やはり『甲陽軍鑑』と『万川集海』に行きつく。

伊賀の忍術書として著名な『万川集海』巻第一「忍術問答」の一節に、次のような記事がある。

昔、甲斐国の守護武田信玄晴信は名将なり、忠勇謀巧みに達したる者を三十人抱え置きて、禄を重くし賞を厚くして間見、見分、目付と三つに分け、その惣名を三者と名付けて、常々入魂ありて軍事の要に用い給い、隣国の強敵と戦いて一度も不覚を取らざること、全く三者の功なりと、もてなし玉いしなり、信玄詠歌に

合戦に三者なくば大将の、石を抱いて淵に入るなり
戦いに日取方取さし除き、三者を遣兼《つかいかね》て計へ

この記事によると、信玄が忠義に厚く、武勇に優れ、謀略に巧みな三十人を選抜して召し抱え、間見、見分、目付の三つに分け、その総称を三者と名付け、軍事作戦上、ここぞという時に用いたといい、そのため信玄は、強敵と戦っても不覚をとることがなかったのだとされる。そして、信玄が詠んだ歌にも、三者を駆使することの重要性が、織り込まれているというのだ。信玄は、合戦の吉凶をあらかじめ占う「日取・方取」と同じく、三者を戦いが始まる前から敵に放ち、あらかじめ敵を調略しておくことが重要だと強調していたという。ここに登場する、「間見・見分・目付」を「三者」と呼ぶとあるのが、武田の忍びは「三ツ者」といったという話の出典であろう。そして、この部分は、第一章で紹介したように、『軍鑑』末書下巻下一に登場する。ただ、注意すべきは、この「三者」を「みつもの」と訓む確実な根拠はなく、後世の付会の可能性が高い。

この他にも著名な忍びとして、信濃国禰津郷《ねつ》(長野県東御市《とうみ》)で、歩き巫女を統括し、諸国の情報を探って、これを武田信玄に伝えたという望月千代女などもいる。だが、彼女もまた伝説の人物、いやほぼ架空の人物と断じてよかろう(吉丸雄哉・二〇一七年)。そして、禰津氏や望月氏は、ともに滋野一族であり、真田氏と同族だったこともあって、こうした忍者

伝説は、真田氏や武田氏と結びついて、江戸時代から近代にかけて、様々な形で語られ、造形されていったようだ。だが残念なことに、これらがどこまで事実なのかはまったく明らかにならない。

ただし、武田氏が忍びを召し抱え、合戦、城砦の攻略や放火、他国への調略、諜報活動を行っていたことは事実であり、このことは第三章以下で紹介したいと思う。

風魔小太郎伝説

北条氏康・氏政に仕えた忍びといえば、風魔一党が著名で、その頭領は風魔小太郎という人物であったといわれる。風魔小太郎という人物について、唯一記録されているのは、『関《かん》八州古戦録《はっしゅうこせんろく》』である。同書の巻一「上杉憲政武州河越城責の事」の中に「(古河公方足利晴氏《はるうじ》が)古河の城を出馬し、河越表へ動座有て憲政に会談し、城内への兵粮の通路を犯断、長陣を張て責おひやかさる、亦此陣中南方武蔵・常陸の国、俗小田原を差て南方と称すより相州の風間《カサマ》小太郎か指南を得たる二曲輪猪助と云忍《シノビ》の骨《コツ》張を密に柏原へ差越、執《トリ》合の首尾、敵方の配立を巨細に注進なさしめけるが、月を重ねて後露顕して扇谷の手の者とも彼か居所へ押寄、とりこにせんとしたりけるを猪介辛ふして逃出」とある。

これによると、河越《かわごえ》合戦の際に、北条家臣風間小太郎が、配下の二曲輪猪助というすぐれた忍びを秘かに柏原《かしわばら》（埼玉県狭山市《さやま》）に派遣し、合戦の詳細や、敵方の陣立てなどを子細に報告させせようとした。だが、しばらく諜報を重ねていると、敵方に気づかれ、猪助は生け捕りにされそうになり、急いで逃げ去ったという。ここで小太郎は、「風魔」ではなく、「風間」であり、確かに忍びの頭領を行っていたと記されている。ただ、『関八州古戦録』は、信憑性に問題があるので、この記述をそのまま受け取ることはできない。ここでは、風間小太郎という人物は、享保《きょうほう》十一年（一七二六）に成立した『関八州古戦録』にのみ、登場する名前であることと、忍びの頭領として北条氏に仕えていたという人物として唯一登場することだけを押さえておく。

だが、この記録には、彼の容貌《ようぼう》を伝える記述は一切登場しない。ところが、近世初期に成立した『北条五代記』には、風魔について次のような記述がある（以下の記述は、下沢敦・二〇〇四年による）。

風魔は乱波の大将也、（中略）それ風魔は二百人の中に有てかくれなき大男、長七尺二寸、手足の筋骨あらく〱敷、こゝかしこに村こぶ有て、眼はさかさまにさけ、黒髭にて、口脇《（ママ）》両へ広くさけ、きば四つ外へ出たり、かしらは福禄寿に似て鼻たかし、声を高く出せば、五十町聞え、ひきく《（低）》いだせば、からびたるこえにて幽なり

ここには、ただ風魔と出てくるだけで、小太郎などの名前は記述されていない。風魔の容

貌は、身長二メートルを超える大男で、筋骨隆々であちこちにむら瘤《こぶ》があり、眼は逆様に裂け、口も両脇にかけて広く裂けており、牙《きば》が四つ外に出ていたといい、黒髭《くろひげ》に覆われ、鼻が高く、頭は福禄寿《ふくろくじゅ》に似ていたという。そして、声が太くて、しかも大きく、大声を出せば五十町に響き渡り、低く声を出せば、しわがれごえで幽《かす》かである、という。おおよそ、人間離れした描写であり、そのまま史実とは受け取れない。こうした風魔の人物描写は、数百人の忍びを統括する、得体の知れない怪物というイメージから造形されたのであろう。『関八州古戦録』の風間小太郎といい、『北条五代記』の風摩といい、伝説のヴェールに包まれた人物といえるだろう。

『北条五代記』にみる風魔一党

北条家臣の風魔が組織した一党が、戦場で忍び働きをする様子は、おもに『北条五代記』のうち「関東乱波知略の事」に活写されている。少し長くなるが、紹介しよう。

見しは昔、関東諸国は乱れ、弓矢を取って、戦いも止む時がなかった。そこで、当時はらっぱというくせ者が多くいた。これらの者は盗人であってまた盗人でもなく、心賢く勇ましく、邪道の者たちである。ある文には乱波と記してある。ただし、正字ははっきりしない。俗にはらっぱという。しかし、この者を国大名衆は扶持した。これはなぜかということ、この乱波は、自分の国にいる盗人をよく穿鑿し、尋ね出して首を切り、己は他国へ忍び入り、山賊・海賊・夜討・強盗して物を取ることが上手である。才知があって、謀計調略をめぐらすこと、普通の考えでは及ばない。古い言葉に、偽っても賢いのを学ぼうとするのを賢いとするとある。だから、知者と盗人は同じである。舎利弗《しゃりほつ》も、知恵を働かせて盗みをよくなさったと、古文にみえている。乱波と号し、道の種類こそ違えど、武士が知略計策をめぐらし、他国を切り取るのもまた同じである。（中略）さて、北条左京大夫氏直は、関八州に威を振るい、隣国は皆敵であったので、戦いは止むことがなかった。武田四郎勝頼・同太郎信勝父子は、天正九年の秋、信濃・甲斐・駿河の三箇国の軍勢を催して、駿河三枚橋へ打ち出で、黄瀬川の難所を隔てて、諸勢は浮島が原に陣取る。氏直も関八州の軍兵を率い、伊豆の初音が原、三島に陣を張る。氏直は乱波二百人を扶持なさっていたが、その中に、一番の悪者がいた。彼の名を風魔という。たとえば、西天竺九十六人の中、一のくせ者を外道というがごとくである。この風魔の仲間の中に、四人の盗賊がいた。山・海の二人の賊、強・竊の二人の盗人である。山賊・海賊は山川に詳しく、強盗は難しい所を押し破って入り、竊盗はほそる盗人と名付け、忍びが上手である。この四盗らは、夜討を第一とする。この二百人の徒党が、四手に分かれて、雨の降る夜も、降らぬ夜も、風の吹く夜も吹かぬ夜も、黄瀬川の大河をものともせず打ち渡って、勝頼の陣場へ毎夜忍び入り、人を生け捕り、繫ぎの馬の綱を切り、裸馬に乗り、近くに夜討して分捕り、乱捕りをし、そのうえ、ここかしこに火をかけ、四方八方へ味方のふりをして紛れ込み、鬨の声を上げるので、総陣は騒ぎ動揺し、物具一領に二三人が取りつき、我が物よ、人の物よと引き合い、慌てふためき走り出すが、前後に迷い、味方が向かってくるのを敵かと思い、討ち討たれ、火を散らし、算を乱して、半死半生になるまで戦い、夜が明けて首実検すると、皆同士討ちして、被官が主を討ち、子が親の首を取る。あまりの面目なさに、髻を切り、様を変え、高野の峰に登る人が多かった。

これによると、風魔一党とは、山賊・海賊・強盗・竊盗《せっとう》という四つのグループの統合体であったといい、それぞれが特技を活かして敵を翻弄したという。彼らは、盗人ではあるが、その技量と知恵は生半可なものではなく、知者と呼ぶに相応《ふさわ》しいほどであったとされている。彼らは、敵地や敵陣に侵入し、様々な謀略を仕掛けただけでなく、乱捕や放火などを専らとし、とりわけ夜討（夜襲）を得意としていた。

風魔一党が、大活躍したのは、天正八年（一五八〇）（『北条五代記』は天正九年としているが、誤記）、駿豆国境の黄瀬川《きせがわ》で、武田勝頼と対陣した時であったという。彼らは、黄瀬川をものともせずに渡河して、武田の陣所に潜入し、生け捕りや、繫がれていた馬を解き放ったり、裸馬に乗って敵陣を駆け回って敵兵を殺傷したりした。そのうえで、各所を放火してまわり、あちこちで武田の兵に紛れ込み、鬨《とき》の声を上げたりした。すると、休息を取っていた武士たちは、慌てふためき、遂には同士討ちをする者が多数現れ、被官が主人を、息子が父を誤って殺害してしまう悲劇が、各所で見られた。朝を迎え、自分たちが敵だと思って殺害した人物の正体を知った人々は、衝撃のあまり、陣所を勝手に離れ、髪をおろし、高野山に登ってしまうものが後を絶たなかったという。

敵をあぶり出す合形

衝撃を受けた武田方では、風魔一党への復讐《ふくしゅう》を誓った者もいた。彼らは、決死の行動を起こすこととなった。『北条五代記』の続きを紹介しよう。

さてまた、その外に、元結を切り、十人ばかりが傍らに隠れ集まっていたが、このようになってしまっては、生き甲斐はないから、腹を切ろうと言い合っていると、一人が進み出て言った。自分たちが死んだとしても、主を討ち、親を殺したその報いを取り除かなければ、五逆八逆の罪からは遁れられない。二百人の悪盗の誰を特に敵としようか。風魔は乱波の大将である。命を捨てれば、彼を討つこともたやすいだろう。今夜も（風魔一党は）夜討にくるであろう。彼らが来る道で待ち伏せし、散り散りになって逃げる時に、その中に紛れ込み、後で皆一緒に集まろう。（中略、この部分は、七九頁に掲げた風魔の容貌を伝える記述、特異な外見と大男だから）見間違えることはなかろう。その時、風魔を見つけ、むずと組んで差し違え、今生の本望を達し、会稽の恥辱を雪ぎ、亡君、亡親に対する黄泉での訴えにしようと、彼らの来る道筋に、十人が志を一つにして、草に伏して待機していた。風魔が例の夜討をして、散り散りになって逃げる時、十人の者どもは、その中に紛れ込み、最後は二百人皆一緒に集合した。さて、夜討強盗をして帰る時、立ちすぐり居すぐりということがある。松明を灯し、約束の声を出して、諸人同時にさっと立ち、さっと座る。これは敵を選び出すための謀である。そこで、この立ちすぐり居すぐりをしたところ、紛れ込んだ十人の者たちは、これをまったく知らなかったので、たちまち選び出され、皆討たれたのは気の毒なことであった。

武田方の将兵十人は、彼らが夜討に来たら、その帰り道に隠れていて、仲間のふりをして後に続き、集合場所まで附いて行くことにした。どうせ切腹しようとしていたのだから、憎き風魔の頭目を探し出し、見つけ次第、彼にしがみつき、刺し違えて死のう、さすれば誤殺してしまった主や親にも、黄泉《よみ》で申し開きがたつであろうと誓い合った。風魔の頭目は、大男で怪異な風貌をしているから、見間違えることはない、と彼らは考えた。案の定、その日も夜討を行った風魔一党は、散り散りになって黄瀬川を越え、帰路についた。その後に続いた武田方の十人も、怪しまれることなく、彼らの集合場所までたどり着くことができた。だが、風魔一党は、敵が紛れ込むことを予《あらかじ》め想定しており、それをあぶりだすために、ここで、「立ちすぐり、居すぐり」と呼ばれる、彼らだけが知っている合図と動作（『軍法侍用集』では、これを合形《あいぎょう》と呼ぶ）を行った。武田方の十人は、この作法を知らなかったため、たちまち正体を見破られてしまい、無残にも殺害されたという。

実は、この部分は、『太平記』第三十四巻「和田夜討の事」に登場する逸話と、非常によく似ている（『太平記』岩波文庫、五巻三二四頁）。その部分を引用してみると、次のようになる。

結城が若党に、物部郡司とて世に勝れたる兵あり、これに手番ふ者三人、かねてより、敵もし夜討せば、敵の引つ帰さんに紛れて赤坂城へ入り、和田、楠に打ち違へて死ぬるか、しからずは、城に火を懸けて焼き落とすかと、約束したりけるが、少しも違はず、引いて帰る敵に紛れて、四人とも赤坂城へぞ入りたりける。それ夜討、強盗をして帰る時、立ち勝り居勝りと云ふ事あり、これは、約束の声を出だして、諸人同時に、さつと立ちさつと居る、かくて敵の紛れ居たるを、えり出だして知らんための謀なり、和田が兵、赤坂城に帰つて後、四方より松明を出だし、件の立ち勝り居勝りをしけるに、纔れて入る四人の兵ども、かつてかやうの事に馴れぬ者どもなれば、紛れもなくえり出ださされて、大勢の中に取り籠められ、四人とも討死して、名を留めけるこそあはれなれこれは、結城駿河守らの攻撃を受けていた、赤坂城の楠木正儀《まさのり》、和田和泉守の奮戦を描いた部分である。結城の若党が、配下の三人とともに、赤坂城に潜入し、和田か楠木と刺し違えるか、城を焼き崩すか、どちらかの任務を遂行しようと決意し、夜討から引き上げる敵の後に続いて、城に入ることには成功した。だが、敵の潜入を警戒していた和田らは、「立ち勝り居勝り」という合形を行って、物部郡司ら四人をあぶりだし、討ち取ったとある。前掲の『北条五代記』と、内容がほぼ同じであることがわかるだろう。では、風魔一党の夜討や合形は、『太平記』の引き写しで、フィクションなのかといえば、そうとも言いきれないであろう。戦争の時代においては、合詞《あいことば》といい、合形といい、組織防衛の方法は大きくは変わらないだろうからである。風魔一党も、また武田方の将兵も、敵を殲滅するために、南北朝内乱期と変わらぬ作戦を実行していたと考えられる。

敵を翻弄し疲弊させる

このように、毎夜、風魔一党による夜討や放火、略奪を受けていた武田軍は、どうなっていったのか。『北条五代記』の続きをみてみよう。

(風魔一党による夜討は)毎夜のことであるから、勝頼の諸軍勢はこれにくたびれ、夜が明けると、鎧を脱ぎ捨て昼寝をしていた。この時、なま才覚の者が言い出した。どうした、方々よ。兵が野に伏せば、飛ぶ雁が列を乱すという兵書の言葉を知らないのか。ここの山、あそこの野辺に、雁が乱れ飛んでいるのを、ご覧になれないのか。風魔が忍び、乱波が草に伏しているぞと呼びまわったので、それ心得た。逃すな、討ち取れ、と言って総陣が騒ぎ動乱した。（武田軍が）馳せ向かってみると、誰一人いない。日が暮れると、馬に鞍を置いて待機し、弓に矢をつがえ、鉄炮に火縄をはさみ、干戈（武器）を枕とし、甲冑を敷物とし、秋の三月の夜長を明かしかね、恨めしい風魔の忍びよ、あつらい、乱波の夜討よ、と言った。そういうことは、天正十八寅年まであったが、今は国が治まり、めでたい世であるから、風魔のうわさ、乱波の名さえ、関東では失せ果てた。

風魔一党による、夜ごとの襲撃を受け、武田軍の将卒たちは疲れ果て、昼は敵前に布陣しているにもかかわらず、武装を解いて寝入ってしまうほどであった。士気や戦意、そして警戒心が大きく削《そ》がれていたことが窺われる。そのため、敵への対策を熟慮する分別さが失われ、訳知顔の口才者に踊らされ、風魔一党が潜んでいる場所を突き止めたと勇んで攻めかかったが、完全に空振りに終わり、意気阻喪する体たらくであった。武田方の将兵たちは、風魔一党への恨み節が止まなかったという。このように、風魔一党による神出鬼没な活動は、敵を疲弊させる十分な効果があったとされている。

「風魔」は「風間」

では、忍びの頭目の風魔とは、実在したのだろうか。実在したとすれば、彼らは本当に忍びだったのだろうか。それを、当時の史料をもとに、検討していこう。風魔の実像を検討した唯一の研究として、黒田基樹「風間出羽守のこと」という小論がある（黒田編・二〇一三年）。ここでは、黒田氏の研究に導かれつつ、実在した風魔について紹介したい。

ここで最初に確認しておきたいのは、確実な史料において、「風魔」「風摩」と記した事例はなく、すべて「風間」であるということだ。また、その訓みは確証はないものの、「ふうま」ではなく、恐らく「かざま」が正しい可能性が高い。管見の限り、現在、風間が登場する史料は、六点判明している。このうち、年未詳六月二十六日付の北条氏規《うじのり》判物（富塚善四郎・土屋佐渡守宛）は、伊豆の三戸衆（静岡県沼津市三津《みと》）富塚以下十二人が、それぞれ最大十五人、最小でも二人の配下人数と、武装内容（弓・鉄炮・鑓《やり》）および数量を書き上げたものである。そのうえで、三津の夜の寝ずの番を油断なく行うよう指示し、喧嘩・口論、大酒呑《の》みなどをせぬよう厳命したものである。この中に、「風間　貳《に》人鑓《にんやり》」が見えるが、黒田氏も指摘するように、これはいわゆる風間とは別人であろう。ということは、風間に関する文書は、五点のみということになる。

風間たちは厄介者？

最初に紹介するのは、元亀三年（一五七二）五月七日付の北条家朱印状写である（戦北一五九五号）。これは、岩井弥右衛門尉・中村宮内丞・足立又三郎・浜野将監・立川藤左衛門尉に宛てたもので、北条重臣笠原康明が奉者《ほうじゃ》になっている。その内容は、次のようなものであった。

風間を来る七月まで、六ケ村に配置することにした。宿などのことは、相違なく申し付けるようにせよ。万一、（風間が）知行分に対して、少しでも狼藉をするようならば、風間にいったんは断りをいれ、（彼が抗議を）受け入れなければ、すぐに書付をもって小田原へ報告するようにせよ。しっかりと（風間に）命令をすることであろう。馬草や薪を取ることについては、問題ないので（彼らの）好きなようにさせせよ。

この文書によると、北条氏は、来る七月までの二か月間、風間を「六ケ村」に置くことにしたという。残念なことに、どこなのかは定かでないが、この朱印状の奉者が、武蔵国岩付《いわつき》領を担当する笠原康明であることから、岩付領のどこかであったと考えられる。宛所の岩井たちは、岩付衆であろう。北条氏は、岩付衆に風間を配置するための宿などの手配を指示している。このことから、「六ケ村」に逗留《とうりゅう》することとなったのは、風間一人ではなく、彼と彼の率いる集団であったことが窺われるだろう。そして、秣《まぐさ》や燃料の薪の採取を許可されていることから、騎馬を擁し、それなりの人数を誇る軍勢であったとみられる。なお、風間らは、秣や薪は自分たちが「六ケ村」周辺で調達したらしく、岩付領では彼らに物資を提供する必要はなかったようだ。

ここで注目されるのは、なぜか風間らが、何かを仕出かす可能性が高い人々と認識されている節がみられることである。今回の事例では、岩付衆の知行地に狼藉《ろうぜき》を働く恐れがあるとみなされ、それにどう対応すべきかが予め指示されている。岩付衆は、そうした事態が発生した際には、まず風間に抗議を申し入れ、善処してもらうことになっていたが、もし風間がこれを拒否した場合には、ただちに小田原に報告することとした。これは、風間が、北条氏の直参なので、岩付衆には、彼らを処罰したり、排除したりする権限がないことから当然の措置といえる。しかし、ここで北条氏は、岩付から訴えがあり次第、「明鏡ニ可被仰付候」と強い表現で、岩付衆に約束しており、かなり異例といえるだろう。

風間たちが、厄介者扱いされていたことを示す事例は、もう一つある。それは、元亀四年十二月十日付で、北条家臣で評定衆石巻康保が武蔵国砂原（埼玉県越谷市《こしがや》）の百姓たちに与えた、裁許朱印状である（戦北一五九七号）。そこには、次のように記されている。

風間が（北条氏より）在所（在宿）を命じられた。砂原（の百姓たちは、風間らを）ここに配置して欲しくないと思っていたのに、今なお彼らは在宿を続けている。このため百姓たちは迷惑だと思い北条氏に訴えた。百姓たちの言い分はもっともであり、これは仕方がないので、今後は風間を（砂原に）配置することは無用であると（北条氏政は）仰せになられたので、伝達する。

ここからも、風間が村の人々から忌避されていたことがはっきりとわかるであろう。北条氏は、風間を軍事的要請から、砂原や岩付領に配置する必要があったわけだが、最初はこれを受け入れていた村々も、やがて風間たちを忌み嫌うようになり、遂には北条氏に風間らの配置換えを訴え出るまでになった。岩付領六ケ村といい、砂原村といい、風間を厄介者扱いしていたことは、確実であろう。

当時、北条氏は、上杉方の武蔵国羽生《はにゅう》領や、簗田《やなだ》氏の関宿《せきやど》領を舞台に、激しい抗争を続けており、岩付領や砂原は、まさに北条方と敵方の境目にあたる最前線に位置していた。風間はそこに派遣され、在宿しながら敵と戦うよう指示されていたわけである。『北条五代記』に見られるように、風間らが最前線に配備されていたという記述は、確かに事実であった。

最前線で戦う

では、風間は果たして忍びとしての活動をしていたことが確認できるのであろうか。そこで、天正五年（一五七七）二月十一日付、北条氏が内田孫四郎に与えた裁許朱印状をみてみよう（戦北一八九二号）。これは、内田孫四郎を、風間の同心渡邊新三が訴えたことに対する、北条氏の裁許状である。

内田孫四郎は、二騎（の軍役を務めるべき）知行を与えられているにもかかわらず、一騎しか務めていないと、風間同心渡邊新三が訴状を提出してきた。詳細を調査したところ、北条氏のもとにある「御前帳」の軍役や知行に関して、孫四郎の務め通りであることがわかった。そこで、渡邊新三の訴えには根拠がなかったということを確認した。

この内田孫四郎とは、先に北条氏に訴えて、風間らを村から追いだした、砂原村の在村被官である。内田を風間の同心が訴えたのは、以前の意趣返しではなく、風間が北条家臣らの動向や軍役勤仕の状況を、監視する役割（横目付《よこめつけ》）の任務を負っていたことを示すと推定される。

次に、天正十年九月十三日付、北条氏政書状を紹介しよう（戦北二四一二号）。これは、天正壬午の乱の時に、駿河の徳川方を攻めるべく、三島に在陣していた北条氏政が、風間出羽守に送った書状である。

注進状を拝見した。（内容は）大変心地よいものだ。絵図にしたものもあわせて拝見した。さて、大手陣（甲斐の北条氏直本隊）の戦果は、良いことずくめである。（風間は）

信州と遠州の境で山家三方衆千余人を討ち取った。信州は残すところなく、北条のものとなるであろう。当口にも定使を派遣し、様子を見届けるようにせよ。こちらは、毎日軍勢が続々と集まってきているので、よくよく計画をすりあわせ、徳川方に攻めかかるようにしたい。今こそ、無二の奉公をすべく懸命に活躍すべきである。

風間出羽守は、北条氏直の本隊と諏方で分かれ、内藤昌月《まさあき》（上野国箕輪《みのわ》城代、武田遺臣、保《ほ》科《しな》正俊《まさとし》の子、内藤昌秀養子）・保科正直《まさなお》（伊那高遠衆、昌月の兄）とともに、伊那《いな》高遠《たかとお》城を占領した。その後、風間は伊那郡を南下し、大草氏などを味方に附けながら進軍し、信濃・遠江国境付近で、山家三方衆《やまがさんぽうしゅう》（奥平信昌《おくだいらのぶまさ》か）と戦ったらしい。奥平や、伊那の下条頼安らは、飯《いい》田《だ》城（飯田市）に籠城しているので、風間らに押されたのは事実らしい（平山・二〇一五年）。ここでも、風間は最前線で活動しており、しかも彼は一軍を率いて、徳川軍と渡り合い、北条氏政の軍勢と時期を見て、徳川領国に攻め込む手筈《てはず》を整えていたことがわかる。

最後に、年月日未詳で、北条氏房《うじふさ》宛の北条氏政書状写を紹介しよう（戦北三八八七号）。これは、非常に興味深い史料なので、原文を掲げよう。

今日之構肝悪（要）之処候、然者夜中之仕置極候、兼而不申付儀者俄ニ成かたく候、日中さへ厳敷候事者あわたゝしく候、いわんや夜中之儀者、兼而之仕置専一候条、風間処江堅加勢専一候、第一かきを一里計可被申付候、又かゝりニ極候、夜中くらく（暗）候まゝ堅可被申

付候、返々夜分の用心専一ニ候、大かたニ覚悟ニ而ハ口惜候、又傾ハ如何、くわしくきゝ度候

（年月日未詳）

十郎殿《（北条氏房）》へ

この書状は、岩付城主北条氏房に、陣中の警固について指示したものである。氏政は、今日の構えは重要であり、特に夜中の仕置きが大切だと述べた。以前から命令していないことを実行するのは、にわかには無理である。日中でさえ、厳しい任務もあって慌ただしいのだから、夜中であるならば、かねて命じてあることだけを実行すべきだ。風間のもとへ、加勢を派遣することが大事である。氏政は、このように述べ、恐らく野陣を張ったまま、一夜を明かすことになる氏房に、夜中の警固を厳重にするよう求め、さらに風間に援軍を派遣するように指示した。

興味深いのは、それに続く一節である。それは「第一かきを一里計可被申付候、又かゝりニ極候」とある部分だ。氏政は、氏房にまず初めに「かき」を一里ばかり命じるようにせよ。また「かゝり」も極めて大事である、と特記した。このうち、「かき」とは、「嗅《か》ぎ」（嗅物聞、偵察の忍びのこと）を指すとみて間違いない。管見の限り、戦国期の文書に「嗅ぎ」の文言がみられるのは、これが唯一である。風間は、味方の陣所から一里ほどの周辺を「嗅

ぎ」を使って探索し、敵の有無や周囲への警戒を担っていたことがわかるだろう。そして、続く「かゝり」であるが、黒田基樹氏は敵の夜襲（夜懸り）のことと推定しているが、文脈からすると「篝」（篝火）のことではなかろうか。夜中の用心のために重要なのは、陣所の周囲一里ほどに「嗅ぎ」を放つことと、暗い場所を作らぬよう、「篝」を支度することが重要だと、氏政は氏房を戒めたと考えられる。

以上のように、実在した風間は、確かに「嗅ぎ」などの忍びの任務をこなすとともに、北条氏にとって重要な戦場の最前線に派遣、配置された。そして、風間はかなりの規模の軍勢を引率する部将であったが、彼らの軍勢は素行が悪く、味方の村々でも悪評紛々であった。このことは、『北条五代記』などが明記する、風魔一党は、悪党（山賊・海賊・窃盗・強盗）出身のアウトロー集団であったという記述とほぼ一致すると考えられるだろう。

伊達氏の黒脛巾に関する史料

伊達政宗が編成した忍びとして、黒脛巾組は著名である。ところが、伊達政宗期の文書や記録には、管見の限り一切所見がなく、戦国期に実在したのかは議論があった。黒脛巾組については、明和《めいわ》七年（一七七〇）成立の『伊達秘鑑』には、次のような解説がなされている（巻之十七「七大将安積表出張之事」）。

政宗兼テ慮リアツテ、信夫郡鳥屋ノ城主安部対馬守重定ニ命シテ、偸《シノビ》ニナレタル者五十人ヲエラミ、扶持ヲ与ヘ、コレヲ黒脛巾組ト号ス、柳原戸兵衛・世瀬蔵人ト云者ヲ首長トシテ、安部対馬之ヲ差引、所々方々ヘ分置キ、或ハ商人・山臥・行者等ニ身ヲマギレテ、連々入魂ノ者モ出来レハ、其便宜ヲ以テ密事ヲモ聞出シ、其時々コレヲ密通ス

これによると、政宗は、鳥谷野《とやの》（福島県福島市）の安部重定《あべしげさだ》に対し、忍びの業に優れた五十人を選抜するよう命じ、彼らに扶持《ふち》を与え、これを黒脛巾組としたという。彼らは、商人などに身を窶《やつ》し、知己を獲得して、様々な情報を聞き出したのだという。彼らは、黒の皮脚絆をはいていたことから、黒脛巾と呼ばれたといわれている。同書によると、黒脛巾組は、天正十三年（一五八五）の人取橋《ひととりばし》合戦や、同十六年の郡山《こおりやま》合戦で、敵方に潜入し情報収集を行い、伊達氏に大いに貢献したと記されている。

だが、これらの記述が事実であるかどうかは、他の史料では裏付けが取れず、黒脛巾組に関する記録は江戸時代のものばかりで、確証は得られなかった。そのため、私は、伊達政宗の黒脛巾組は、近世に成立したもので、政宗との由緒は、創作されたものではないかと考えていた。

ところが、私が、伊達氏の黒脛巾についての調査を行っていることを知った、千葉真弓氏、井上直哉氏より、史料のご教示を賜った。以下は、千葉・井上両氏の情報提供をもとに記述

する。黒脛巾組に関する最古の史料は、「木村宇右衛門覚書」（以下「覚書」）である（小井川百合子編・一九九七年、千葉真弓・二〇一九年）。

「覚書」は、九歳の頃より、伊達政宗の奥小姓《おくごしよう》として仕えた、木村宇右衛門可親《きむらうえもんよしちか》が書き残した覚書である。木村は、政宗より昔話を繰り返し聞かされて育ったらしい。そして、政宗十七回忌に当たる慶安《けいあん》五年（一六五二）以後、それらをまとめたのであった。この覚書は、後に奥山大炊常辰《おくやまおおいつねとき》（一六一四〜八九）によって、内容の検証が行われている。奥山常辰は、政宗逝去の際に、二十二歳の若者で、木村と知遇があり、また父奥山大学常良は、政宗とともに戦場を駆け巡った経験を持っていた。奥山は、自分の経験や見聞、父祖らからの言い伝えによる知識をもとに、覚書の検討を行い、その信憑性《しんぴよう》を高く評価している。後に伊達氏は、この史料を『伊達治家記録』編纂《へんさん》に利用しており、政宗伝作成のための史料の一つとして重視された。

　実は、この「覚書」の二ヶ所に、黒脛巾に関する記述が認められる。原文は、かなりの長文のため、黒脛巾が登場する部分だけを紹介したい。

（1）天正十六年六月、佐竹義宣《さたけよしのぶ》と安積山《あさかやま》、窪田《くぼた》間での対陣

　其後こあめ（小雨）のふる（降）日、こや（小屋）の内つれ〳〵（徒然）なるまゝに人々にかくれ（隠）、侍にハ片倉小十郎（景綱）、松川与介両人、くろはゝき（黒脛巾）のもの（者）二三人、さゝみの（笹蓑）にすけかさ（菅笠）き（着）て里人のまね（真似）をして、

馬ハくぼ《(窪)》田の山さき《(先)》のかけ《(陰)》にかくし《(隠)》置候て、義信《(佐竹義宣)》のちんこや《(陣小屋)》をまわりよくみて、日ハ七ツかしら《(頭)》の事なれハ、からめてわき《(搦手脇)》の水くみ《(汲)》口の木戸をあけ《(開)》、ざう《(雑)》人ともいれちかひ《(入れ違い)》川水をこや《(小屋)》〳〵へくみ《(汲)》入候間、それにまきれ《(紛)》内へ小十郎、松川計めしつれ入候て、こや〳〵見まわり、義信《(義宣)》のいられ《(居)》たるこや《(小屋)》をみれは、諸侍たくさんにつめ《(詰)》、何哉んさいく《(細工)》するをと《(音)》なときこゆ《(聞)》

（2）天正十七年六月五日、摺上原《すりあげはら》合戦

（伊達政宗は）かつせん《(合戦)》の場ハよし、けふ《(今日)》のかつせん《(合戦)》勝利うたかひ《(疑)》なしとおもひ《(思)》、くろはゝき《(黒脛巾)》のもの《(者)》四五人申つけ、此山のこし《(腰)》につけ、なに《(何)》事あるともかまハすにつはし《(日橋)》へかけ《(駆)》つき、何とそさいかく《(才覚)》をもつて、につはし《(日橋)》をやきおとせ《(焼落)》とていひ《(言)》てつかハし《(遣)》（後略）

郡山合戦と黒脛巾

最初に、黒脛巾が登場するのが、天正十六年六月、伊達政宗が、郡山で佐竹・蘆名《あしな》らの連合軍と、安積山（福島県郡山市日和田町）と窪田（郡山市富久山町久保田）の間で、対峙《たいじ》した時のことである。「覚書」によると、伊達方と佐竹方は、互いに主君の悪口を言い合い、相手を挑発する言葉戦いを展開していたという。だが、なかなか開戦には至らなかった。そこで、小雨の降るある日のこと、片倉景綱《かたくらかげつな》は、松川与介《まつかわよすけ》と、黒脛巾の者二、三人を引き連れ、七ツ頭（午後四時頃）、笹蓑《ささみの》を着て、菅笠《すげがさ》をかぶり、いかにも里人のなりをして、佐竹の陣所に馬で向かった。敵陣の近所で、彼らは馬を隠し、佐竹の陣小屋に近づいた。様子を窺っていると、陣所の搦手《からめて》脇に、水汲《みずく》み口の木戸があり、そこを開けて雑人《ぞうにん》たちが盛んに水汲みのために往復していた。片倉は、松川だけを連れ、黒脛巾らには待機させ、佐竹の雑人に紛れて陣所に潜入することに成功した。

中を見回っていると、佐竹義宣の陣小屋には、家臣らが集まり、何事か細工をしている音が聞こえていたという。彼らは、義宣の陣小屋を通り過ぎ、馬小屋を見つけたので、馬の繋《つな》ぎを解き、陣所に放った。これを見つけた中間や若党たちが、慌てふためき、馬を追いかけていった。

その隙に、片倉は小屋の前に立てかけてあった立派な十文字鑓《やり》の穂先を打ち折り、土産物だといって藁《わら》に包み、分捕った。負けじと、松川も小屋の中に吊《つ》るしてあった鍋《なべ》を確保し、片倉も馬の鐙《あぶみ》を分捕ったという。これで土産物は十分だと満足した二人は、小屋から出て、水汲み口から難なく脱出した。

ところが、松川は帰り際に、佐竹の陣所に火をつけるのを忘れなかった。彼は、雑兵の小屋から、鍋を失敬する際に、囲炉裏の燃え止《さ》しを二つばかり手に取り、一つを垣根の隙間に差し込み、もう一つは馬屋の糠俵《ぬかだわら》の陰に投げ入れたのだという。片倉と松川らが、隠しておいた馬に乗り、敵陣から二町ほど離れたところ、小屋から火の手があがり、佐竹の陣所は大混乱に陥ったという。

ここでは、黒脛巾は片倉に同行して、佐竹の陣所に接近していたが、待機を命じられており、活動をしていない。だが、本来であれば、陣所への潜入、略奪、放火などは、彼らがなすべき任務であったことがはっきりとわかる。

摺上原合戦での活躍

天正十七年六月五日、伊達政宗と蘆名義広《よしひろ》の決戦が、摺上原で行われた。「覚書」によると、敵の軍勢と布陣の様子をみた政宗は、勝利を確信したといい、蘆名軍の殲滅《せんめつ》をもくろみ、黒脛巾に密命を下したという。

政宗は、黒脛巾四、五人を呼び寄せ、山の腰（麓《ふもと》に近いところ）で待機し、合戦が始まったら、何が何でも日橋川《にっぱしがわ》に掛かる橋のところまで駆けつけ、それを焼き落とせ、と命じた。黒脛巾の者たちは、日橋川の橋を見事に焼き落としたらしく、合戦に敗れ、黒川に向けて逃げ延びようとした蘆名勢は「につはしへおいつめければ、橋ハやけおちさきへハゆかれず、跡よりてきにハおわるゝ、よりところなければは馬上もかちものも命をかきりに川へとのり入とひ入、此川ハ近国にかくれなき山川の水はやくして、大石おほく瀬まくらうつて、たきのおつることくなれは、こすへき様なく人馬なかれ行事数をしらす」と「覚書」が記すほどの惨状に陥った。伊達軍の追撃と、日橋川の急流に挟まれ、周章狼狽《ろうばい》した蘆名勢は、川に飛び込んだが、多くが溺死《できし》したのだという。

『奥羽永慶軍記』などによると、日橋川に掛かる橋は、蘆名義広が渡るのを見届けた蘆名方が焼き落としたと記されているが、「覚書」では、これは政宗に命じられた黒脛巾の仕業とされている。

以上のように、政宗の小姓木村宇右衛門が書き残した「覚書」に、黒脛巾が登場するところをみると、伝承通り、伊達の忍びたる黒脛巾は、戦国期に政宗が創設した集団である可能性が高くなったといえるだろう。この推測を確定させるためにも、戦国期の史料の発掘が待たれるところである。

三　悪党と忍び

狂言にみるすっぱ

戦国の忍びの呼称に、なぜ透波があるのか。それは、彼らの出自に、つまり悪党に由来するのではないか。では、そもそも透波とは、中世において、どのような活動をする人々であったのだろうか。それを知る手掛かりとして、狂言をみてみたい（安野眞幸・一九九四年・二〇一八年、下沢敦・二〇〇四年）。すっぱが登場する狂言には、「茶壺《ちゃつぼ》」「末広がり」「仏師」「粟田《あわた》口《ぐち》」「長光《ながみつ》」「張蛸《はりだこ》」「宝の槌《つち》」「金津《かなづ》地蔵」「女山立《おんなやまだち》」「六地蔵」「磁石」などが著名である（すべて『狂言記』新日本古典文学大系による）。

これらの内容をみていくと、すっぱの活動は、①詐欺師、②盗人、③人売り、などに分類することができる。彼らは、自らを「心もすぐにない者」と自認し、「すり」「たらし（誑し）」とも表記されていた人々であった。

すっぱが、詐欺師として描かれるのは、「金津地蔵」「仏師」「六地蔵」「宝の槌」「張蛸」「粟田口」「末広がり」である。

このうち、「金津地蔵」「仏師」「六地蔵」は、自分の職業を「仏師」だと偽って、相手に近づき、金をだまし取ろうとするすっぱを描く。また「張蛸」は、すっぱが、物を知らぬ太《た》郎冠《ろうか》者《じゃ》を騙《だま》し、主人から買い求めるよう命じられた「張蛸」を、打ち出の小槌のことだと偽り、古い太鼓（＝張太鼓）を売りつけて銭を巻き上げることにまんまと成功する。「粟田口」は、それが刀剣であることを知らない従者太郎冠者に近づいたすっぱが、自分こそが「粟田口」だと騙して主人のもとに連れていかせ、まんまと家来に雇用されることに成功したばかりか、今度は事情を怪しむ主人をも言いくるめ、果ては主人の大小の刀を預かり、持ち逃げする話である。

この他、「末広がり」は、主人に「末広」（中啓《ちゅうけい》のこと）を買ってくるように命じられたものの、それが何であるか、皆目見当がつかぬ従者の太郎冠者を、すっぱが言葉巧みに騙して、古い傘を売りつけたという筋書きだ。ただ、この時すっぱは、騙した太郎冠者に、あらかじめ主人の機嫌を損じた時に見せるとよいと、舞を教え込んでおいたので、太郎冠者は、無事にお仕置きを免れたという落ちをつける。

続いて、すっぱが、盗人（すり、置き引き）、山賊として描かれるのは、「茶壷」「長光」「女山立」である。このうち、「茶壷」「長光」は、ともに、他人の物（茶壷の入った連雀《れんじゃく》、長光の名刀）に手をかけ、自分のものだと主張して、相手から奪おうとするすっぱの行動が描かれている。「女山立」は、「この辺りに隠れもないすつぱ」が、今日は「山立」（山賊）でもして、糧を得ようと考え、山道で待ち伏せをする。そしてたまたま縁者の見舞いに行こうと、山道を通りかかった女性を脅し、持ち物を奪おうとする。ところが、女性の方が一枚上手で、逆にすっぱは女性に長刀《なぎなた》を奪われたばかりか、刀まで脅し取られ、身ぐるみ剝《は》がされるという間抜けさを滑稽《こっけい》に描く。

最後に、すっぱが人身売買に手を染めていることを描いたのが「磁石」である。これは、遠江《とおとうみ》見付に住む若者が、都を一目見たいと思いたち、故郷を後にするが、途中、すっぱに騙され、近江国坂本で人買宿に売り飛ばされてしまう。たまたま、人買宿の主とすっぱの会話を盗み聞きし、騙されたことに気づいた若者は、今度は自分が人買宿の主を騙して銭をせしめ、逃亡する。これを知ったすっぱが、若者を追いかけ、追い付いて殺害しようとする。すると若者はとっさに、我こそは「磁石の精」だと自称し、すっぱを見事に騙してしまう。若者にすっかり騙されたすっぱは、彼に刀を奪われて逆に逃げ惑うという落ちである。

狂言の題材に、すっぱの活動がみられるのは、こうした事実が広く社会に存在しており、演劇の演目になっても、観客にはリアルな存在として受容されうる現実が反映されていると考えられる。すっぱは、様々な悪行を働く存在として描かれているが、興味深いのは、「女山立」に描かれるすっぱで、彼は普段はすっぱとして活動しているが、今日は「山立」で稼ごうと考え、山賊に早変わりするということである。このことは、すっぱは、時として山賊にもなる人々と、中世の人々に認識されていたことをよく示している。また、「山立」となったすっぱは、相手から荷物を巻き上げようとした際に、「それがしには山立を御免じゃ」と言い募り、その証拠の呈示を相手に求められると「なか〳〵苦しうない書物がある」と、領主からの許可があると偽りを言い立てていることである。このことは、こうしたすっぱを配下に置き、自らの領域でその活動を認めていた領主が実在したことを暗示している。

戦国の悪党とは

そもそも、悪党とは、現在でもその言葉が通用しているように、どの時代にも、そう呼ばれる人々は存在していた。では、戦国の悪党とは、どのような人々だったかといえば、本章で紹介してきた山賊・海賊・夜討・強盗たちであり、それが透波、乱波たちだったわけである。彼らが行っていた悪事について、安野眞幸氏は、『相良氏法度』のうち「晴広様被仰定候条々」の第二十九条から同三十四条を検討し、これらが透波、乱波たちを対象とした法令であると指摘している（安野・一九九四年）。全文を検討、紹介することはできないので、第二十九条、第三十条、第三十三条のみを掲げておく。

一、やもめ女、女房とかづし候而売候者、ぬす人たるべし、但、代物に請候而かづし候者、体に可寄（第二十九条）

一、縁者・親類と候而、養置後、或者売、或者質物になし候者、其科たるべし、其分候者、兼日格護無用候（第三十条）

一、人よりやとはれ候而、夜討・山立・屋焼之事、やとはれ主・雇主同前に成敗、但やとはれ主聽而披露候者、可寄時宜歟（第三十三条）

まず、第二十九条は、「独身の女性を、女房にすると騙して誘拐し、売り払ったら、盗人とみなす。ただし、質流れとして寡婦をとったものであるならば、その都度、罪に相当するかどうかを判断する」というもので、女性を騙して売り払う、人売り稼業の存在が浮かび上がってくる。また、借金のカタに女性を受け取り、これを売り払うということも、普通にみられたことだったようだ。

次の第三十条は、前条と関連する人身売買に関する条文である。当時の相良《さがら》領国では、縁者・親類だと言って自分の家で養っておき、その後売り飛ばしたり、質入れするという行為が頻発していたことが窺われる。そのため、日常的に、他人を自分の家で保護することは無用であるとも規定されていた。ここに見える、他人を自分の家に抱え置くという行為は、人宿稼業(実は人売り稼業)のことであり、狂言の「磁石」でも筋書きの題材になっているものと同じといえるだろう。

そして、第三十三条は、「夜討・山賊・放火」などの犯罪行為に及ぶ際には、その実行犯を雇い入れることがごく当たり前だったことが示唆されている。これは、治安の維持を目指す大名相良氏にとって、頭の痛い問題であった。そこで相良氏は、雇い主を裏切って、密告してくれば、その人物の罪を大目にみようと定めた。このことは、内部からの裏切り行為がなければ、透波、乱波の集団の摘発は、なかなか困難であったということであろう。彼らは、内部の結束が固く、集団として行動していたことが窺われる。だが、仲間を裏切った告発者は、相良氏によって保護されることになったであろう。こうして、相良氏に保護された透波、乱波の一味こそが、大名に扶持された悪党となっていくものと考えられる。『結城氏新法度』においても、草・夜業を行う悪党たちは、敵地に潜入し、時に女性を攫《さら》ってくることもあったと記されている（第二十七条）。攫われた女性は、恐らく人買商人に売り飛ばされたのであろう。草や夜業など忍びの任務を担う、大名結城氏配下の悪党たちが、人売りを行なっていたことを示す好例である。

悪党たちが、集団で犯罪行為をしていたことは、『相良氏法度』第三十九条の附則に「付、すり取之事、くみ候而すり申候間、袖をひかへ候ずる者、しかぐ〱紀明たるべき事」とあるように、すり（透波、乱波）が集団で連携し、人の懐から物をすり取る行為を頻繁に行なっていたことが確認できるだろう。

戦国大名の悪党対策

戦国大名は、領国内の治安と安寧を保つために、悪党対策を懸命に行っていた。武田氏は、『甲州法度之次第』において「悪党を成敗した家に対する棟別の賦課は、原則として免除する。郷村に、新屋があれば、奉行が点検し、その代わりに棟別を負担させるものとする。新家がなければ、（郷村全体の棟別《むねべち》負担額から、悪党成敗家分を）控除する」（第三十八条）と規定していた。悪党の中には、村町に根城を持ち、普通の生活をしながら、悪事に手を染めるものもいたのだろう。

　こうしたこともあって、武田氏は、しばしば郷村改めを実施していた。天文二十二年（一五五三）七月十一日、武田氏は、甲斐国鮎沢郷・宮崎・田島郷（南アルプス市）・西新居郷（中央市）に対し、郷村において、「盗賊付《つけたり》、火賊・強盗・夜討」に手を染めた者がいるならば、大名に告発するよう命じた。もし、告発されないまま、その事実を大名側の知るところとなったならば、郷中には罰銭（いわゆる郷中罰銭役）を賦課すると通達している（戦武三七九号）。永禄六年（一五六三）九月二十日、武田氏は、信濃国軽井沢の印判衆（武田氏の在村被官）に対し、「謀叛《むほん》・殺害・刃傷《にんじょう》并盗賊・山賊・火賊・夜討・博奕等」の徹底調査と、事実関係を岩村田《いわむらだ》（長野県佐久市）まで報告するよう指示した。もし隠匿したら、印判衆も同罪だと厳しい命令である（戦武八三六号）。その後も、天正六年（一五七八）二月には、駿河国富士郡・駿東《すんとう》郡で、「或公用、或郷中之善悪改等」を一斉に実施させており（戦武二五三五〜四一号）、悪党対策に余念がなかった。

　だが、なかなか悪党摘発は困難であったようだ。某年五月二十三日、武田信玄は、上野国吾妻郡大戸城（手子丸城、群馬県東吾妻町）と岩櫃《いわびつ》城の在番衆の荷物が、運搬途中で悪党に奪われたとの情報に接し、同地の国衆浦野大戸宮内左衛門尉（大戸城主）に書状を送った。その中で信玄は、荷物を奪い取った悪党は、きっと「味方之内」にいるだろうと考えており、今後は輸送の警備を厳重にするよう命じている（戦武二〇六八号）。

徳川氏の領国でも、悪党による跳梁跋扈《ちょうりょうばっこ》が目立っていた。深溝《ふこうず》城主松平家忠《まつだいらいえただ》が記した『家忠日記』には、いくつかの事件が記録されている。天正十年十二月晦日《みそか》、年も押し迫った雪の降る夜、家忠の蔵に、悪党が盗みに入ったという。捜査を命じた家忠は、どうやら家中に犯人がいるのではないかと考え、詮議を行っていたらしい。すると、天正十一年一月三日戌《いぬ》刻、家忠の小者（武家奉公人）甚蔵・宗七の二人が欠落《かけおち》した。この二人は、蔵に悪党が入った当日夜の詰番だったのだ。家忠は、翌四日、方々に家来を派遣し、逃亡した盗人の捜索を行わせている。

文禄《ぶんろく》元年（一五九二）、家忠の中間《ちゅうげん》（武家奉公人）が、矢作《やはぎ》領で人を騙し、何と売り払ってしまったという事件が起こった。これを知った家忠は、六月二十日、この中間を捕え、磔《はりつけ》に処している。悪党と指摘された者たちの罪状は、盗賊や勾引《こういん》、人身売買などであった。

そして、こうした悪党たちは、普段は村町に住んでいたり、匿われていたばかりか、大名や家臣に仕え、城砦や居館に出入りする中間、小者《こもの》などの武家奉公人なども含まれていた。既述の『軍鑑』にもあるように、透波、乱波と悴者、中間、小者などの武家奉公人は、博奕などの賭け事に興じるなど、親和性が高かった。彼らは、素行不良の、無頼の徒という共通の顔を持っていた。つまり、戦国大名のもとで活躍した忍びたちは、悪党と呼ばれたアウトローが多く、その供給源は、村町に住む素行の悪い百姓、身を持ち崩した様々な職種の出身者たち、透波、乱波と呼ばれた犯罪者たちなど、実に多彩であり、出身母体はほぼ同じだったと考えられる。

南北朝内乱期に登場した「忍」

間諜の存在は、古代から記録に登場し、敵対勢力への情報収集は、超時代的に重視されていた。とするならば、戦国の忍びとは、他の時代とどう違うのか。いかなる指標をもって、戦国の忍びというのか。最大の焦点は、「竊盗」という盗賊を「しのび」と呼称していた段階から、いわば彼らの技量を利用し、軍事に転用した「忍」への転換期をどこに見出《みいだ》すかであろう。

まず、そもそも、「忍」という言葉が、史料に登場するのは、管見の限り、『太平記』が初見である。同書巻二十「八幡宮炎上の事」に「或る夜の雨風の紛れに、逸物の忍びを八幡山へ入れて、神殿に火を懸けたりける」とあり、高師直《こうのもろなお》が石清水八幡宮《いわしみずはちまんぐう》の神殿に忍びを潜入させ、火を放ち、八幡山で抵抗する新田・北畠軍を敗北させたとされている。また巻二十四「三宅荻野謀叛の事」にも忍びの記事がみられる。ここでは、足利方を夜討しようと画策した南朝方三宅高徳（備前小島の武士）と、荻野朝忠（丹波の武士）が準備を整えていたところ、情報が漏れ、返り討ちにあったことが語られる。その記事に「いかにしてか聞こえたりけん、時の所司代都築、三百余騎にて、夜討の手引きをせんとて究竟の忍びどもが隠れ居たる四条壬生の宿へ、未明に押し寄せたり」とあり、足利方の都築により、三宅・荻野方の「究竟《きゅうきょう》の忍びども」が、隠れ家を急襲され、討たれたとある。

ここでは、「竊盗」から「忍」への転換がみられ、その任務も、戦国期のそれとほとんど変わらないことがわかるだろう。

その後、国衆クラスも忍びを召し抱え、日夜、敵の様子を探るようになった。それは文安元年（一四四四）十月、九州の事例が最も早い。その史料の該当部分を掲げてみよう（呉座勇一氏のご教示による）。

一、自此方向我等ニ列立候て被申通方候共、不可有御拘候、又自其方向此衆中ニ隔候而、我等ニ被申候方候共、御意共放候て申談有ましく候、殊に自今以後、此衆中御持の御城を、相互ニ忍被忍不可申候、其外小事の和讒等にても候へ、中付事有ましく候事

この史料は、文安元年十月十四日、日向《ひゅうが》国都於《との》郡《こおり》の国衆伊東祐堯《いとうすけたか》が、同国庄内地方に勢力を張る島津一族樺山孝久に提出した一揆契状の一節である（『鹿児島県史料』旧記雑録拾遺・家わけ五、「伝家亀鏡・樺山文書」一三二号）。当時、薩摩島津氏は、島津忠国《ただくに》と持久兄弟が激しく対立していた。当然、周辺の国衆は、両派に分裂して角逐しあっていたわけだが、文安

元年に和睦《わぼく》の気運が高まった。それを察した日向の国衆伊東・樺山・高木・野辺氏は、秘かに一揆契状を作成して、相互に提出しあい、戦争を終息に向かわせようとしていた（呉座勇一・二〇一四年①）。この時作成され、伊東から樺山に提出された一揆契状の一節が、前掲の史料である。ここには、興味深い記述がある。このような約束（停戦）を取り交わしたからには、自分への讒言《ざんげん》があっても、信用しないで欲しいし、自分もまたそのような取り計らいはせず、何事も相談して誤解を解く努力をする、と述べている。そして、それに続けて、お互いに対立を解消する方向で話をしているのだから、持城の情報を、互いに忍びを用いて探るのはもうやめよう、と綴《つづ》っていることである。

ここから、①敵の軍事情報を探り出す忍びを、各国衆が雇用していたこと、②彼らは、忍びを使って、敵の城の情報を探っていたこと、③忍びを放ち、城の情報を探ることは、武家として褒められた行為ではないというニュアンスが窺われること、である。少なくとも、九州では、文安期には、戦乱の拡大に伴って、軍事的要請から、忍びの雇用が国衆クラスの間で広まり、卑怯《ひきょう》かもしれないが、戦いに勝ち、生き抜くためには必要なことだという観念が確実に存在していた。これは、戦国大名や国衆が、忍びを多数召し抱えた事情や、忍びとは戦いに勝つためには必要な存在ではあるが、武士からは蔑視された存在であるという認識と一致することがわかるだろう。

さらに、室町幕府評定衆摂津之親の『長禄四年記』に「畠山修理大夫入道殿屋形焼失寅刻許、忍火付云々」とあり、洛中の畠山義忠屋敷が、忍びの放火で焼失したと記録されている（長禄四年〈一四六〇〉閏九月十日条）。南北朝内乱期に姿を現し、室町中期以降は、ほぼ戦国期に登場する忍びと変わらぬ任務と活動をしていたことが確認できるだろう。

悪党を使って盗賊を取り締まる

そして、戦国の忍びの登場を象徴する人物がいる。それは、応仁・文明の乱で活躍したことで知られ、今では歴史小説のメインキャラクターにもなっている骨皮左衛門道源《ほねかわさえもんどうげん》（道賢）である（二木謙一・一九七四年、早島大祐・二〇一二年、呉座勇一・二〇一四年②・二〇一六年）。彼は、足軽大将として、悪党・盗賊ばかり三〇〇人あまりを自ら集め、伏見稲荷《ふしみいなり》神社尾裏山に布陣し、東軍細川勝元《かつもと》に雇われ、下京焼き討ちや、西軍の後方攪乱《かくらん》などを行ったことで知られる。しかも、彼の前歴は、室町幕府の侍所《さむらいどころ》の目付であった。そして、道賢に注目、登用したのが、侍所所司代多賀《たが》高忠《たかただ》（近江半国守護京極持清《きょうごくもちきよ》家臣）である。彼は、洛中の悪党や、徳政一揆を指揮する大将の捕縛などに実績を挙げたことで知られ、その背景には、京都内外の浮浪人を組織化していたことが指摘されている。その中核を担った一人が、道賢であった。彼が、目付に任じられたのは、盗賊の挙止に知悉《ちしつ》しているためであったという。だが、彼が目付で実績を挙げることが出来たのは、自身もまた悪党・盗賊の出身だったからであろう。道賢を、河原者か野伏あがりと推定する研究者もいる（三木謙一・一九七四年）。なお、侍所所司代多賀氏は、「伏士」（密偵）を使って、京都渋谷《しぶたに》口の盗賊を検挙しており、アウトローを雇い利用する政治権力のあり方もまた、戦国大名と同じといえる。

つまり、悪党・盗賊から、目付（忍び）を経て、足軽大将へと変異する骨皮道賢は、アウトローから、戦国大名に雇用され、忍びとなり、やがてアウトローを束ねる人脈と組織力を買われ、忍びの足軽大将へと成長する、戦国の忍びの先駆といえる。骨皮に並ぶ人物は、北条氏の家臣風間（風魔）が相当するだろう。

これまでみてきた史料と、事例をまとめていくと、戦国時代に活躍した忍びは、その前後の時代の間諜と比較してみて、まず明らかに存在していた人数が圧倒的に多く、任務も多様であったということである。武田や北条が召し抱えていた忍びは、数百人規模だったといわれ、これは第三章以降で、幾多の事例をもとに紹介するが、確かな史料でも確認できることである。少なくとも、古代や近世において、豪族や各大名が数百人規模で、間諜を召し抱えていたことを証明することはできない。かの真田昌幸も、信濃国小県郡、上野国吾妻郡・利《と》根《ね》郡を支配する程度の規模だったにもかかわらず、数百人の忍びを擁していた。まさに、戦国乱世を反映して、各地の領主は、その大小を問わず、自らの存立を懸けて、周辺の敵対勢力の情報を収集し、戦争に備えていたわけで、そこから、忍びの技術に熟達した人材を必要としていたわけである。

任務や出自が多様化する

次に、忍びの任務の多様性は、押さえておかねばならないだろう。彼らの呼称が、間諜、間者、諜者、透波、乱波、突破、窃盗、草、かまり、伏、間見、見分、目付、嗅物聞など多様であったのは、戦国の戦争において、忍びの任務が多様化していたことの証左であろう。このような忍びの呼称の多様性は、南北朝・室町期には認められない。

さらに重要なのは、こうした忍びとして迎え入れられた人々の出自が多様であったことである。忍びの技を、大名領主に売って活動した伊賀衆、甲賀衆などは例外として、百姓からの動員もしくは雇用、身を持ち崩した色々な職種の人々、故郷を捨てて社会に滞留しつつ、各地を流浪する悪党、無頼者たち、渡り奉公人などが想定される。既述のように、まだ信濃を領国化していない、若き日の武田信玄は、信濃の透波を多数雇い入れ、妻子を人質にして、信濃の敵地に送り込んでいた。これは、渡り者たちを、信玄が雇用したということだろう。

『見聞雑録』という記録に「先年信州わたり突破の内、次郎坊と云る坊主の突破有しが、不思議の芸を覚、手裏剣を打に、太刀にても何にても投打に見当五十間を不逃、其上身の軽き事天狗と云とも不可及」とあり、信濃出身の渡り突破が存在し、もともとの職業は僧侶だったという。彼は身を持ち崩し、突破になり、主人を求めて各地を渡り歩いたが、その技術は目を見張るものがあったのだと記される。

故郷やもともとの職種、身分から脱落し、各地を流浪して歩き、主君を替えて移動する人々の存在こそ、戦国社会の特徴である。これは、藤木久志氏が明らかにした、足軽、武家奉公人など雑兵たちの登場の経緯と軌を一にする（藤木・一九九五年他）。

戦国の忍びの登場は、恐らく地域によって偏差があるとみられ、東国では享徳《きょうとく》の乱、西国では応仁・文明の乱を起点とするが、その前後、各地の戦乱の事情に規定され、時期が微妙にずれ込むことが想定されよう。だが、一四〇〇年代半ばには、忍びの雇用と使用がみられ、戦乱の拡大とともに一般化していくと想定できるだろう。

略奪にみる忍びの技量

そもそも、戦国大名や国衆が、忍びを積極的に雇用したのは、彼らでなければ到底できない任務が多かったからであり、それは彼らの持つ特殊な技量が評価されていたからに他ならない。この技量について、敵地からの略奪を事例に紹介しておこう。

天正二年（一五七四）四月、関東出陣を果たした上杉謙信は、佐竹義重らとの合流を急いでいた。そこで謙信は、佐竹のもとに身を寄せている太田資正《すけまさ》・梶原政景《かじわらまさかげ》父子に急使を送るべく、羽生城（埼玉県羽生市）に在城していた木戸《きど》忠朝《ただとも》・重朝《しげとも》、菅原為繁《すがわらためしげ》に書状を送った。謙信は、木戸らに、太田父子に書状を届けるために奔走するよう求めた。だが、羽生城救援のための兵粮搬入には、利根川を渡らねばならない。羽生城周辺に北条軍が展開する敵前渡河には、困難が予想された。謙信は、城周辺の地理に詳しい家臣佐藤筑前守による献言を容《い》れ、船三十艘《そう》を集め、これに兵粮を満載し、一気に渡河させ、羽生城までの二里を、陸路で運び込むこととした。謙信は、速やかな渡河を実現するためにも、船をできるだけ多く集めておくよう下命した。必要ならば、敵地の船を略奪することも奨励した。そして、その任務は「夜わざ鍛錬之者」を派遣して行うように指示している（上越一二〇三号）。

この「夜わざ鍛錬之者」が、忍びであることは間違いなかろう。彼らについて、謙信には、夜間での活動に慣れ、訓練された人々であるとの認識があったことが知られる。だが、この兵粮搬入作戦は失敗し、謙信は作戦を献策、実行した佐藤を「ばかもの」と激しく叱責《しっせき》した。佐藤から、事の顚末《てんまつ》を聴取した謙信は、「そんな甘い作戦では、たとえ武田信玄や北条氏康が行っても上手《うま》くいくわけがない」と悔しがった（冨田勝治・二〇一〇年、今福匡・二〇一八年）。上杉方の史料では、失敗した経緯については明らかでないが、上杉軍の羽生城兵粮搬入失敗は、北条方が味方に特記して伝えている。北条氏繁は、白川義親に天正二年五月四日付で書状を送り、上杉方の兵粮搬入は、北条軍が阻止したと伝えている（戦房一四七一号）。

敵水軍から船を奪う

筆を西国に転じよう。元亀元年（一五七〇）、毛利《もうり》氏は尼子勝久《あまごかつひさ》への攻勢を強め、出雲国《いずものくに》に侵入していた。同年十一月、毛利・尼子両氏は、松江を舞台に激しい戦闘を繰り広げた。この時、毛利方の放った忍びが、大いに活躍したことが史料から判明する。

十一月二十九日、毛利元就《もとなり》・輝元《てるもと》は、家臣湯原春綱《ゆはらはるつな》に書状を送り、「万願寺江」における功績を讃えた（尼子一六九六号）。それは、去る二十二日夜、湯原らの毛利方の作戦が奏功し、「万願寺江」の敵船三艘を略奪したというのだ。舞台となった万願寺は、高野山真言宗満願寺のことを指し、現在の島根県松江市西浜佐陀町《にしはまさだ》に現存する。その背後には、万願寺城が存在しており、当時、尼子方の拠点となっていた。毛利方は、この城の攻略を目指し、尼子方と激しい争奪戦を繰り広げていた。

この万願寺城は、かつては宍道湖《しんじこ》に突き出た岬のような立地にあり、その麓《ふもと》には船着場と繋留《けいりゅう》地があったらしい。その小さな港のことを「万願寺江」と呼んでいたようだ。尼子方は、この「万願寺江」に船を繋留し、陸と湖の双方から執拗《しつよう》な反撃を行い、毛利方を苦しめていた。毛利方は、尼子水軍の力を弱めるべく、忍びを潜入させ、「万願寺江」に繋留されていた敵船三艘をまんまと入手したのである。

同様の作戦は、翌元亀二年正月にも実行された。新山城《しんやま》（松江市法吉町《ほっき》・西持田町《にしもちだ》）に在城していた尼子方は、本庄《ほんじょう》（松江市本庄町）にあった軍船を新山城下の港に移動させ、毛利方への攻勢を強めようと考えていた。これを知った毛利方は、一月十六日夜、忍びを派遣し、新山城下の軍船へ潜入させた。そして、二艘を奪い取り、これを吉川元春《きっかわもとはる》が在城する和久羅《わくら》山《やま》城（松江市）の下まで運航させることに成功した。

ところが、もう一艘の奪取には失敗し、やむなくこれを破壊すると、陸路で撤退したという。というのも、新山城の尼子方に気づかれたからだった。尼子方は、逃げる毛利の忍びを追跡した。すると、毛利方の忍びは、敵を橋のところまで引き付けると、一挙に反撃し、これを打ち破ったという。報告を受けた吉川元春は、作戦を指揮した多賀元龍・長屋元定に書状を送り、敵船二艘を捕獲したことといい、破壊した残り一艘が大船であったことといい、大戦果を挙げたことを喜ぶとともに、その苦労に報いるべく褒美を約束し、吉田城の毛利元就・輝元に報告すると述べている（尼子一七一〇号）。

特技が必要

夜間、敵の城下に潜入しただけでなく、敵船に忍び込み、これを操船して奪取することは、並大抵のことではなかったであろう。夜、敵地に潜入することもさることながら、夜間の操船をこなし、敵船を奪い取る技量には、目を見張るものがある。忍びが「夜技鍛錬の者」といわれる所以である。そして、この時の忍びは、操船技術を持っていたので、海賊出身だったのだろう。

そもそも、『結城氏新法度』でも、「草」などの透波とは、「一筋之物」（秀でた特技を持つ者）が行うべきものであって、普通の武士では物の役にたたず、かえって不幸な結果を招き、足手まといだとの認識があった。それは、大名の使者などを務める者は、身分の上下を問わず、「まてなるもの」（実直、律儀な者）が適任とされていたのと同じである（上越一二〇四号・一二〇五号、『梅津《うめづ》政景《まさかげ》日記』元和四年〈一六一八〉一月八日条など）。

忍びを雇うには

戦国大名や国衆らは、透波、乱波らをどのようにして支配下に収めていったのであろうか。前記の『軍鑑』によると、武田信玄は、信濃の透波を雇い、妻子を人質に取って活動させたという。忍びの募集、雇用の様々なあり方を検討してみよう。

結城政勝《まさかつ》が制定した『結城氏新法度』第九十八条は、次のように記す。

一、当方の下人・侍・里の者迄、外よりひき候とて、ねらい夜盗・朝がけ・草・荷留・

人の迎い、何にても無披露に出候もの候はゞ、速かに削るべく候、よく〳〵可被申付候

この規定によれば、結城方の下人、侍、村の者が、他領から勧誘されて、これに応じ、誘われたからということで、「ねらい」（狙い討ちか）、夜盗、朝懸け、草、荷留（路次封鎖）、人の出迎えなどを目的に、領外に出て活動することが横行していた。他領とは、結城氏の敵の領地であろうが、結城の許可を得ずにこのような行動を取る者がいたら、理由の如何《いかん》を問わず、改易《かいえき》、所領没収とするとされている。このことから、夜盗、草、朝懸けなど、およそ忍びの任務とされる活動を、結城家中の侍、下人ばかりか、村の住人までもが行っていたことがわかる。忍びの供給源の一つが、村の百姓だったことは確実であろう。

ところで、戦国大名は、盗賊・火賊・殺害などの事件が発生すると、犯人は村町に潜んでいると考え、悪党の所在を報告するように繰り返し指示したことは、既述の通りである。実際に、村町には、悪党を匿う人々が少なくなかったらしい。

そこで、『結城氏新法度』第三十七条、第四十八条を紹介しよう。

一、人をあやまり候歟、又悪党など切り果され候て、各之所へ飛入子細あるべく候、押入うち「　」と思候者、速かに内より致成敗、其頸渡すべく候、飛入候とて引汲のもの、誰成共並べて改易たるべく候（第三十七条）

一、於此方、悪党又人あやまりたるもの、［　］にちかひたるもの、此方へ隠し内通、結句此方の目を忍び、各以心得立ち廻らさせ、又里其外に以心得隠し置き候、聞付候者、日本大小神祇、御指南の方誰人なりとも、物のためしには、七尺と申候、九尺一丈削り可申候、其時又誰なりとも、傍より侘言めされ候はゞ、並べ削り可仕候、此義前長に申置き候（第四十八条）

第三十七条では、殺人を犯した者や、悪党どうしの殺し合いの結果、相手を斬殺《ざんさつ》した者などが、自分の家に逃げ込んできたら、主人は速やかに成敗し、その首級を結城氏に引き渡さねばならないとある。注意すべきは、末尾に、自分のところに飛び込んできたからと言って、それを匿ったら誰であろうと改易すると述べていることである。

第四十八条をみると、結城家中での悪党や殺人を犯した者などと内通し、内密にしたばかりか、結城氏の目を盗んで自由に活動させたり、村里に隠し置く家臣が少なくなかったことを窺わせる。

このほかに、他国からの渡り奉公人、渡り透波の類《たぐい》の存在が想定される。このことについては、『結城氏新法度』第九十九条に興味深い記述がある。

一、外の悪党の宿請取いたすもの、洞之悪逆人にて候間、調べ候て打ち殺すべく候、可被心得候この条文によれば、他所《よそ》から悪党が流れ者として、結城氏の領国に入り込み、それを自分の家に宿泊させたり、身元引受人になる家臣が多かったらしい。結城氏は、そうした他所から入ってきた悪党を宿泊させたり、その身元引受人になった者は、家中（「洞《うつろ》」）の悪逆人であるから、調査のうえで処刑すると述べている。

中世において、自らの屋敷に逃げ込んできたものの所有権と処分は、主人の判断にゆだねられることになっていた。殺人を犯した者や悪党を殺した者などは、被害者もまた同類の者が多く、処罰や被害者の関係者からの報復を恐れ、有力者を頼るケースが多かった。犯罪人である彼らを、戦国大名結城氏は成敗せねばならなかったが、家臣の屋敷に逃げ込んだ場合には、そこに踏みこむことはなかなか出来なかった。そこで、主人自身による成敗と首級差しだしで決着することとしたが、これを拒んだ場合は、改易処分にすると脅かすしかなかったのだろう。こうした法を制定せねばならぬほど、有力者を頼って処罰を回避しようとする犯罪者が後を絶たなかったのである。

戦場での活躍を期待

では、そうまでして犯罪者（悪党ら）をなぜ武士は匿ったのだろうか。それを知る手掛かりが第四十八条である。結城家中の人々は、悪党らを匿い、所領の村々に隠し、領内で自由に行動させていたらしい。彼らをどのように使ったかは、この条文からは明らかにならないが、戦場での活躍を期待していたとみて間違いあるまい。結城氏の目を盗み、悪党を匿う家臣たちは、彼らを合戦に投入し、戦功をあげようともくろんでいたとみられる。条文を読むと、結城氏に対して隠匿することは罪科として指弾されているが、申請した場合については言及がない。このことから、自らを頼って逃れてきた悪党らを結城氏に申請し、許可さえ得れば、彼らを被官として使役することも可能だったのだろう。

このことは、忍びとなる者たちの雇用について、戦国大名が捕縛したり、降参してきた悪党、盗賊を、助命する代わりに透波に仕立て上げたという構図を、想定させる。

悪党たちを雇用し、合戦に動員したり、敵を攪乱させようとした事例は、いくつも史料に登場する。時期は判然としないが、某所に出陣中の上杉謙信は、府中の御用商人蔵田五郎左衛門に書状を送り「然而、いわしたのさい藤《（斎藤）》子とり房丸あくたう《（悪党）》をあつめ《（集）》、いかんともぬす《（盗）》ミ取、此口へならす候ハヽ、市川・越中口へ可越由義定間、かたくはん《（判）》をするゝ、さい藤かた《（斎藤方）》より人なとこし《（越）》候とも、合中事有之間敷候、大かたに存知候ハヽ、無曲候」と指示している（上越九六二号）。謙信は、「いわした」（岩下か、新潟県魚沼市）の斎藤子とり房丸なる人物に悪党を集めさせ、自身の在陣しているところか、もしくは市川口（信濃口）、越中口《えっちゅう》に派遣し、盗賊などを含めた敵地での行動を命じていた。

出羽《でわ》国土佐林禅棟（大宝寺氏の重臣）は、越後阿賀北の国衆色部長真に宛てた書状において「吾等も先年術尽、寒河江口衆、究竟之士卒も憑之覚候、其さへ聊も不被成力、結句味方之弱無其曲事ニ候、御校量も可在之候、於庄中大浦江可成弓者、悪党風情可成頼事自他聞、家中之事ニ候間、失面目候」と記した（〈天正十九年カ〉四月六日付、上越三四八一号）。

禅棟は、大宝寺方の軍勢は、自分が懸命に手を尽くしても、弱兵ばかりで頼みにならず、寒河江《さがえ》衆に支援を頼んでみたものの、その時も成果が出なかった。遂には、「悪党風情」にも協力を求めざるを得なくなり、まったく他国への聞こえも悪く、面目次第もないありさまだ、と慨嘆している。合戦を勝ち抜くために、社会に滞留していた「悪党風情」のアウトローをも雇用したことが、ここにもはっきりと示されている。

「夜走」「夜盗」を求む

また、次に掲げる武蔵国松山城（埼玉県東松山市）主上田憲定が、天正十八年（一五九〇）二月二十八日に発給した制札は、悪党雇用の状況を端的に物語っている（戦北三六六一号）。

制札

此度之於陣中、夜はしり（走）夜盗致□（もカ）のいか程も所用ニ候、おのこゝを立、すくやかなる者、中谷領ハ不及申、いつれの私領の者成共、領主ニきつかい（気遣）なく陣中へきたり（来）可走廻候、ふち（扶持）ハ当座ニ可出置候、其上走廻候之者をハ、御大途（北条氏直）迄申立、自分之儀ハ一廉可令褒美候、又此儘奉公のそみ（望）の者ハ、給分出置可引立候、此以前於当家中、科あるもの成共、又借銭・借米有之者共、此度之陣へきたり走廻ニ付てハ、相違有間敷候、陣へきたるものハ、河内守方より印形を取可来候、仍如件

寅（天正十八年）

二月廿八日　　　憲定（上田）（朱印）

（宛所欠）

豊臣秀吉の侵攻を目前にした北条氏は、全領国に防衛を指示していた。この時、武蔵松山城主上田憲定は、全領域に兵の募集をかけるべく、制札を掲げたのであった。そこでは、夜走・夜盗はいくらでも必要なので、集まるようにと呼びかけた。ただし、男気があって壮健な者に限ってではあるが。そして、我こそはと思う者は、自分の居住する領主に気遣いせず、ただちに陣中に参上し、奉公を開始せよと述べている。扶持は、当座の分を与えることとし、さらに功績があれば、北条氏にも報告し、上田憲定からもそれなりの褒美を約束しよう。もし、このまま上田氏に奉公を継続したければ、給分を与え、引き立てることであろう。なお、参上しようという夜走・夜盗に限り、前科があろうが、借銭・借米などの債務があろうが、すべて帳消しにすることにしよう、と破格の条件を提示している。まさに、敵との決戦を目

前に、国衆上田氏は、悪党を募集し、合戦に動員しようとしていたこと、その目的は、夜走や夜盗とある如く、忍び働きに他ならなかった。

ここに、前科も指名手配もすべて帳消しにするから、忍び働きのために、大名領主に味方すべく陣中へ集合せよ、という忍びの雇用のあり方の一端が確認できるだろう。

同様の記録は、軍記物ではあるが、『陰徳太平記』にもみられる。同書巻三十二「播磨守盛重、継杉原家事」の一節に「並々の若党・足軽已下の者共は、皆山賊・海賊等たりと雖も、心志豪勇に膂力人に越えたる輩をば必ず召し置きける程に、元来盗賊を業として世をわたりける奴原なりければ、敵城・敵陣に夜討・忍討をかけ、或は火を付け、又は十重二十重取り巻きたる所を易々と忍びて、通路しける故、盛重、敵の隙を闚《うかが》ひ、重城を陥れ堅陣を挫く事、其員を知らず、是れ忍に馴れたる兵の多きが致す所也」、また巻三十七「杉原盛重、入伯州泉山城、附弓浜合戦之事」には「足軽の歩兵などは、武名だにあれば、山賊・剛盗をも嫌はず、召集めける間、夜討・忍討などは、中にも盛重が手の者其功を得る事度々也」などと記録されている。毛利家臣杉原盛重は、山賊・海賊などを若党（侍）・足軽として多数召し抱えており、敵城や敵陣に、夜討や忍討を仕掛け、放火を行なわせ、敵を翻弄し、戦功を数多く挙げていたという。

かくして、強盗・竊盗としての「しのび」、詐欺師・人売りとしての「すっぱ」から、「忍の者」が形成された。彼らは、当座の扶持をもらい、罪を許され、大名領主から追われること、村町の人々から密告されること、そして仲間から裏切られることからも解放され、命を保障された。そして、大名や国衆の命令のもと、他国へとおのれの技量を発揮することが奨励された。わずかな扶持や同心給では、とても賄えない懐を、敵の領域において略奪の限りを尽くすことで埋め合わせることが公認された。そして、任務を遂行し、戦功を挙げさえすれば、恩賞にも与《あずか》れたのである。

このように、大名や国衆らは、忍びを、若党・悴者などの下級の侍として、あるいは足軽として大量に雇用し、合戦に際しては、彼らのアウトローとしての技量を存分に発揮させ、味方を勝利に導く努力を怠らなかった。確かに、忍びとして活動する者たちの多くは、悪党の出身で、武家からは蔑視され、「悪党風情」などと呼ばれていた如く、低く見られがちであったようだが、戦争に際しては、彼ら抜きでの戦いは考えられず、その意味では実に頼りになる連中だったのである。

こうして、戦国大名に雇われ、編成された忍びは、どのような任務を与えられ、活動していたのだろうか。その多彩な活動ぶりを、次章以降で紹介していきたい。

第三章　草、野臥、かまり

一　草、草調儀

戦国法にみる草

まず初めに、草と呼ばれた忍びについて述べよう。彼らは、草に伏し、敵の様子を探ったり、待ち伏せをして敵を襲ったりする任務を遂行していた忍びであった。彼らについて、戦国法に規定が残されている。下総国の戦国大名結城政勝が制定した『結城氏新法度』第二十七条に興味深い条文がある。たいへん著名なものであるので、紹介したい。

一、草、夜業、斯様之義は、悪党其外走立つもの一筋ある物にて候、それに事言付候処、若き近臣之者共、表向はすゝどきふりを立て、内々は敵［　　］上も女之一人も可取候はん方心がけて、言付られぬに何方へもまかり、なにゝなり候ても、其跡を削り候

べく候、其時言候へば、我々贔屓々々にこれも忠信などゝ唱へ立てべく候間、兼ねて知らせ候

右の条文を、わかりやすく記すと、次のようになろう。

一、草や夜業など、このような任務は、悪党など行動俊敏な者や、それを専業とする者(「一筋ある物」)が行うべきことである。そうした者たちに用事を言いつけたところ、若い近臣ども(の中から)、表向きは勇敢なところを見せようではないかと言いつつ、内心では敵［　］のうえ、女の一人でも攫《さら》ってこようなどと考えて、命じられてもいないのに、どこにでも出向いていく(ような者がいた場合、その結果)どのようなことになっても(戦死しても、その者の跡職は)削る(家名断絶、所領没収)こととする。その時になって(そのような処分をすると)言ったなら、(そなたたちは)自分の贔屓《ひいき》にしていた者だからといって、この行為も忠信のうちだ(だから許してほしい)と言い立てるであろうから、あらかじめ知らせておくこととする。

ここでは、草や夜業の任務は、「悪党」など専門の者が担うべきもの、とされている。彼らは、「悪党」と認識されていたようだ。そして、彼らの行動は、結城氏の命令によるものであり、勝手な行動は許されていない。また、草などの任務に、結城氏の家臣らが参加を望むことが多く、それが当主にとって頭の痛い問題であったようだ。その理由は、条文の後半

で明らかにされている。それは、草や夜業を担う者たちが、敵地から女性などを略奪してくることもしばしばであったからだ。それが、結城家臣らの羨望《せんぼう》の的になっていたらしい。しかし、それはそんなに簡単に実現できることではなかった。

なぜなら、彼らが草や夜業で略奪などの成果をあげることが出来るのは、彼らがその技に長《た》けていたからであり、結城の家臣らが彼らに交じって参戦したところで、戦死か負傷するのが関の山であった。つまり、それほど草や夜業とは、困難な任務であり、訓練された者たち以外がなしえる簡単な任務ではなく、極めてリスクが大きかったと認識されていたことがわかるだろう。

「草を入れる」「草に臥す」「草を起こす」「草調儀」

草が忍びであることは、広く知られているが、史料を見ていくと、「草を入れる」「草に臥《ふ》す」「草を起こす」「草調儀」など、多様な表現に出くわす。これらは、いかなる活動を指すのであろうか。このことを知るうえで、重要な史料がある。陸奥の戦国大名伊達政宗の一族伊達成実《しげざね》が記したと伝わる『政宗記』巻四の「成実領地草調儀の事」である。その冒頭には、次のような解説が記されている。

奥州の軍《いくさ》言葉に、草調儀、あるいは草を入る、草に臥す、また草を起こす、その他に草を捜すというのがある。まず草調儀とは、我領より他領へ忍びに軍勢を派遣することをいう。さて、その軍勢の多少により、一の草、二の草、三の草というような区分があった。人数を分け、距離を取って前後に待機するのである。一の草は、徒歩立ばかりで編成され、二、三町ほど前方に派遣し、敵の居城の近くまで、夜のうちに忍びこませる。このことを、草を入るというのだ。彼らは、そのあたりで隠れるのに適した場所を探し、そこで息を潜め、付近を通る者を監視する。これを、草に臥すという。そして、夜が明け、敵地から往来を通行する者を討ち取ることを、草を起こすという。もし敵が、一の草が潜入していることに気づき、武装して攻めかかってきたら、一の草は足並みを揃えて逃げる。それを討ち取ろうと、敵が脇目もふらずに追いかけてきたら、その時に、待機していた二、三の草が起こり（一斉に立ち上がり）、これと戦い勝負を決するのだ。逆に、我領へ敵が草を入れたことが判れば、味方の軍勢を二手、三手に分け、そのうちの一手か二手を別動隊として派遣し、敵の二、三の草が待機しているであろう場所の退路を押さえ込む（「押切」）手筈を整える。このような「兵儀」（作戦）を立てたうえで、残った軍勢をもって、敵の一の草を捜索する。（一の草が逃げ出し、当方が追いかけると）敵の草どもが起き上がり、逃げ出した一の草に、二、三の草が加勢することだろう。この時、背後より別動隊が襲い掛かり、包囲殲滅するのだ。ただ、注意しないと、もっと後方に敵の草が待ち伏せしていて、かえって当方に被害が出ることもある。草を用いた戦法が、実に要領よく説明されている。また同書によると、「草を入る」というのは、夜に行われる草の行動を指し、山際など、隠れるのに絶好の場所に、昼間、忍びを派遣することは、「草を入る」とは言わずに「昼這《ひるばい》」というのだとある。

このように、史料に登場する用語のうち、「草を入る」は、忍びを夜中に敵地に送り込むこと、「草に臥す」は、所定の場所で待機（待ち伏せ）すること、「草を起こす」は敵兵に襲い掛かることをそれぞれ指し、これら草をもって実行される作戦の総称が「草調儀」であることがわかるだろう。

また、近世初期に成立した『北条五代記』にも、次のような記事がある。

天正七年の秋、武田勝頼が伊豆国に向けて進発し、浮島が原、三枚橋に陣する。北条氏直も出馬し、伊豆国初音が原、三島に旗を立て、対陣を張って、国境を隔てて挑み戦う。日も暮れたので、先手の者が、敵陣へ夜討を行う。その頃は、その国々の案内をよく知り、心横着な曲者が多かった。これを乱波と名付け、国大名衆は扶持なさった。夜討の時は彼らを先に立てると、知らない所に行くのに、灯火を持って夜行くがごとく道に迷わない。足軽どもを五十も百も、二百も三百も伴い、敵国へ忍び込んで、ある時は夜討、分捕りの功名をし、ある時は境目に行き、藪原、叢の中に隠れて毎夜敵を窺い、何事にも出合わないと、暁方、敵に知られず帰る。これをかまりとも、しのびとも、くさとも名付けた。昨夜は忍びに行き、今朝は草から帰るなどと言った。そのくさ、しのびという正字は知らない。ある文に、竊盗は夜の盗人、しのびが上手と注してある。また竊盗の二字をしのびと呼ぶゆえの名であろうか。さてまた、くさという字を考えると、これらの士卒は夜中に境目へ行き、昼も草に伏して、敵を謀り、これを草に伏すともいったので、下を略してくさと名付けたのであろうか。だから、草という字を書くべきか。今の時代、あまり使われない言葉なので、記しておきます。

この記述によると、草とは忍びのことであり、かまり、乱波とも呼ばれていた。しかも、彼らの出自は、竊盗、夜の盗人《ぬすびと》であるといい、ゆえに心横着な曲者《くせもの》ばかりであったとされる。このことは、先の『結城氏新法度』でも、「悪党」と認識されていたことと平仄《ひょうそく》が合う。そして、三浦浄心が『北条五代記』を書き上げた元和のころは、彼らの存在は完全に過去のものとなり、草、かまり、乱波などの言葉は使われなくなっていて、もはや忘れ去られようとしていた。まさに、忍びとしての草の存在は、戦乱の時代固有のものであったことが窺《うかが》われるであろう。

ところで、戦国期の史料を探っていくと、敵を待ち伏せする戦法を、「草」と呼ぶほかに、「伏兵」「伏」と記すものも多い。これを同義語と認定すべきか否か、悩ましいところである。このことについて、北条家臣であった桜井武兵衛が書き残した「我等はしりめくり之覚」という回顧録と、北条氏直が桜井に与えた感状は重要な史料といえる（神奈川県立歴史博物館・二〇一九年）。

（1）北条氏直感状

去月廿四日、向足利伏兵之砌、終日抽而走廻之由、神妙候、弥可相稼候、謹言

二月二日（天正十七年カ）　氏直（花押）

桜井武兵衛殿

（2）「桜井武兵衛戦功覚書」（原題「我等はしりめくり之覚」、抄録）

一、あしかが（足利）ニ而、草ノ時、朝より昼比まて、しやい御座候、其時、我等ぬき出、はしりめぐり候、うじなお（北条氏直）御かんしやう（感状）持申候事

この史料の（2）は、寛永初年（一六二四）頃、越後高田《たかだ》藩松平家に仕官していた桜井武兵衛が、関東の戦国大名北条氏に仕えていた時代の戦功を回顧した記録である。武兵衛は、天正十七年（一五八九）一月、北条軍の下野足利《しもつけあしかが》侵攻に従軍し、同月二十四日に戦功を立てた。北条氏直は、武兵衛の戦功を賞し、感状を与えた。それが、史料（1）である。この時、

武兵衛は「伏兵」として活躍したことがわかる。このことを、後年回顧した武兵衛は、史料（2）で、自分は草として活動しており、朝から昼ごろまで敵と「しやい」（「ひやい」）〈仕合〉のこと、斬り合うことを指す）を行い、とりわけ活躍したので、氏直から感状を貰《もら》うことができ、それを今も所持しているのだと、誇らしげに記している。つまり、「草」は「伏兵」と同義であると、北条氏直や、当事者の桜井武兵衛も認識していたことがわかるだろう。

慶長五年（一六〇〇）九月、関ケ原合戦と連動して、東北地方で勃発《ぼっぱつ》した、東軍（伊達・最上《もがみ》）と西軍（上杉）の激突に際し、伊達政宗は、上杉軍の侵攻に対抗すべく、最上義光《よしあき》と連携していた。九月二十四日、政宗は伊達政景に宛てた書状の中で、最上と協力して、上杉景勝と有無の合戦をする決意を伝えた（仙台一〇七三号）。そのうえで、上杉方の荒砥城《あらと》（山形県西置賜郡白鷹《しらたか》町）に通じる路次の状況を尋ねており、政宗は「あらと（荒砥）口への通路ハ自由ニ候や、夜草・日草の所にて候」とあるように、荒砥口の通行は自由ではなかろう、なぜなら夜草、日草がうようよしている地域だろうから、と述べている。荒砥城の周辺は、交通の要所であるがゆえに、上杉方も、伊達方も、日夜、草を潜入させ、路次封鎖を実施しており、通行するには極めて危険なところとなっていたようだ。敵味方の草が、日夜活動する場所、それが「境目」（最前線）の日常であり、そこを通行するのは、まさに命懸けだったことがわかるだろう。

ただし、今後、伏兵の事例検討を行うので、注意してほしいのだが、待ち伏せ戦法の総称を「伏」「伏兵」「伏勢」「伏調儀」というのに対し、「草」は夜間の行動に限定した呼称だったことである。これは、東国、東北では一般的な区分だったと推察される。

天正最上の乱と草の活動

天正二年（一五七四）、奥羽では、最上義守《よしもり》（榮林）・義光父子の対立を契機に、最上一族、国人、譜代の分裂、内訌《ないこう》が始まった（「天正最上の乱」）。この内乱は、義光が、一族や国人に対する統制を強めようとしたことに反発した人々が、隠居していた義守を擁して起こした叛《はん》乱《らん》という性格が強かった（粟野俊之・一九八〇年・二〇一七年）。これに対し、伊達輝宗《てるむね》は、岳父義守を支援すべく、同年一月、最上義光方の諸城攻撃を開始した。両軍は、六月以降、戦線が膠着《こうちゃく》し、九月に和睦《わぼく》している。その事情を知るための第一級の史料として『伊達輝宗日記』がある。この中に、草の活動についての記述が五ヶ所認められる。

最初の記述は、天正二年三月二十七日条である。この日は、天気が悪く、曇りで雨が少々降ったという。伊達方は、「こうと」より富田《とみた》（山形県舟形町富田《とみた》か）に「くさ」を派遣し、一戦に及んだといい、敵の首級七を奪う戦果を挙げた。その首級は、永沼（長沼か、山形県朝日町長沼）にもたらされた。

次いで、天正二年四月二十五日、輝宗のもとに、田村清顕より飛脚が到着し、敵五十人余を討ち取ったとのことであった。その後、「国新」（未詳）からも報告が入り、田村衆の三騎が、須賀川《すかがわ》（二階堂氏《にかいどう》）によって討たれたという。戦死者の一人あつみ弥平左衛門は、「もり山」（守山、郡山市、田村清顕のこと）より草として派遣された人物であったという。

五月十八日、輝宗は、敵の「くさ」が接近しているとの情報に接し、軍勢を差し向けたが、何事もなかったという。その後、八月二十二日、輝宗のもとに、「くさ番」（草を探索する任務を命じられた者）がやってきて、「かミの山」（上山、里見氏の拠点、山形県上山市）よりやってきた行人《く》（行者）を捕縛したと報告している。最後の記述は、九月三日のことで、鮎貝城《あゆかい》（山形県白鷹町）主鮎貝氏が、芋川《いもがわ》（五百川、山形県朝日町）へ「くさ」を派遣し、敵二人を討ち取ったといい、輝宗のもとに首級が送られてきたという。

伊達・蘆名の戦いと草の活躍

次に、伊達政宗と蘆名《あしな》義広《よしひろ》との抗争と、その戦闘で活躍した、草の動きについて紹介しよう。天正十六年（一五八八）一月、伊達政宗は大崎氏を攻めたものの敗北を喫した。これをきっかけに、黒川《くろかわ》郡の黒川氏が大崎氏に加担し、伊達氏に背き、再帰属したばかりの小浜城《おばま》（二本松市）主大内定綱も蘆名氏に通じてまたもや離反した。こうした情勢を受け、相馬《そうま》義《よし》胤《たね》が田村郡に攻め込んで、田村氏を脅かし、さらに安達《あだち》郡百目木《どうめき》城主石川弾正が、相馬氏に呼応して、伊達に攻めかかってきた。こうした危機に臨み、政宗は、四月、定綱に大幅な譲歩を行うことで、伊達方に味方させることに成功し、五月、米沢《よねざわ》を出陣して大森城に入り、蘆名・黒川・大崎・相馬・石川らとの全面戦争に突入した。これに対し、蘆名義広を支援すべく、常陸佐竹義重も動きだし、最上義光もこれに呼応した。この抗争は、七月に政宗と、蘆名・佐竹・最上らとの和睦が成立し、終息した。

　ところが、天正十七年四月、伊達氏と蘆名氏は手切れとなり、政宗が大森城に入ったことで、抗争が本格的に再燃した。この時、蘆名氏には、相馬義胤・岩城《いわき》常隆《つねたか》・二階堂氏らが呼応し、常陸佐竹義重も支援した。政宗は、各地の蘆名・相馬方に勝利をおさめ、六月四日、猪苗代《いなわしろ》に進出し、同五日に摺上原《すりあげはら》合戦で蘆名氏を事実上滅亡させた。政宗は、その年の末までに、二階堂氏を滅ぼし、石河・岩城・白河氏を従属させ、奥羽の有力大名としての地位を確立したのである。

　こうした抗争の経緯を知る史料として、『伊達天正日記』は著名である（同史料については、小林清治・一九六五年・一九六七年、高橋圭次・二〇〇七年、遠藤ゆり子・二〇一七年参照）。同史料をめくってみると、天正十六年三月から、同十七年八月に及ぶ約一年半の期間に、伊達方が放った草の活動が数多く記録されている。なかには、敵方が伊達に向けて放った草についての記述もある。『伊達天正日記』にみえる草の活動については、すでに荒垣恒明氏の研究があるが、本節ではその成果に学びつつ、紹介していきたい（荒垣・二〇〇三年）。

天正十六年三月二十日、伊達氏は、最上方への防備を強化すべく、荒砥城（山形県西置賜郡白鷹町）へ上長井より鑓野伏《やりのぶせり》を派遣した。同じ日、中山（同前）で、伊達方は草調儀を行い、敵（最上方）の首を二つ討ち取ったといい、このことを片倉景綱《かたくらかげつな》が大森（福島県福島市）より帰還し、政宗に報告したという。景綱は、当時、大森城主に任ぜられていた。

三月二十四日、伊達方は、玉井《たまのい》（福島県大玉村）で草調儀を行い、敵二百余人を討ち取ったとの報告が、大森城の片倉景綱と、二本松城の伊達成実それぞれから政宗のもとにもたらされた。この戦闘については、後で詳しく紹介したい。

四月二十二日、高畑城（高畠《たかはた》城、山形県東置賜郡高畠町）主小梁川宗重が、最上領の楢下《ならげ》（山形県上山市）に草を派遣し、その地の土豪とみられる雅楽允屋敷に討ち入り、一戦を遂げ、雅楽允の子と、他に一人を討ち取った。ただ、斬り合いにより、伊達方にも負傷者が出たという。

五月十四日、伊達方は、敵方の石川弾正が守る小手森《おでもり》城（福島県二本松市）に草を出し、首級五つを取る成果を挙げ、さらに一人を生け捕ったとの報告が、政宗のもとに届いた。また、安子島《あこがしま》城（郡山市熱海《あたみ》町安子島）へ、伊達方の本宮（本宮市）と高倉（郡山市日和田《ひわだ》町）

が相談して、草を出し、敵方と合戦となった。この戦闘で、伊達方の草は首級二つを挙げている。この本宮は、本宮城のことであり、当時は、伊達家臣瀬上景康・中島宗求・浜田景隆・桜田元親らが在城していたと推定される。また高倉は、高倉城（松峰城）のことであり、当時は同じく伊東重信・桑折摂津守らが在城していたと推定される。この両城には、草が在城しており、双方の草が連携して安子島城方面への草調儀を仕掛けたのであろう。

五月十九日、下長井の中津川（山形県飯豊《いいで》町）より会津喜多方《きたかた》へ草を入れたところ、敵の首級十三を挙げ八人を生け捕ったとの報告が、政宗のもとにもたらされた。また、百目木（福島県二本松市）より、相馬に向かう者を監視すべく、大森衆があらかじめ草を伏せておいたところ、通行人がやってきたため、これを捕縛し、所持していた書状を奪い取り、政宗に届けてきている。百目木城は、伊達に叛《そむ》き、相馬義胤と連携していた石川弾正の拠点であった。政宗が改めたところ、その書状には、心変わりした者が一二〇人いると記されていたという。この変心者が、伊達に転じたのか、それとも最上・蘆名方に転じたものであるかは不明であるが、伊達方が内容を特記していることから、伊達に味方しようとした者が多数出始めていることが記されていたのではあるまいか。

五月二十二日、伊達家臣の原氏の家来らが、最上領に草として派遣され、敵の首級二つを挙げ、これを政宗に進上した。

野尻
秋保
千代（仙台）
小泉
北目
名取川
名取
柴田
岩沼
村田
宮
沼辺
亘理
刈田
四保
白石川
白石
伊具
亘理
仙台湾
角田
小斎
阿武隈川
丸森
伊達
新地（簑首山）
金山
桑折
駒ケ峯
梁川
小豆畑
金原
保原
金原田
中村
山口
小国
宇多庄
大波
小島
草野
相馬
飯野
川俣
飯樋
簗館
小手
小手森
塩松
小高
小浜
津島
宮森
百目木
大蔵
移（宇津志）
鹿股
三春
船引
岩井沢
常葉
門沢
大越
中妻
田村
中津川
小野
小野

山形
狸森
鮎貝
荒砥
白兎
中山
長井
最上川
北条
楢下
下長井
二色根
金山
小国
新宿
湯ノ原
添川
下関
屋代
堀金
米沢
中津川
小野川
上長井
飯坂
綱木
杉目(福島)
桧原
大森
土湯
信夫
大塩
山(耶麻)
八丁目
北方(喜多方)
渋川
慶徳
二本松
摺上原
塔寺
日橋川
安達
金上
猪苗代
中山
石筵
玉井
岩角
柳津
高玉
本宮
糠沢
苗代田
人取橋
黒川
(若松)
大川
猪苗代湖
安子島
高倉
蜷川
前田沢
片平
福原
門田
小俣
大槻
郡山
小原田
横沢
安積
会津
富岡
御代田
中地
笹川(篠川)
越久
大地
稲村
浜尾
長沼
須賀川(須川)

戦国時代の南奥州

五月二十三日、中山（郡山市熱海町中山）より報告があり、草働きをしたところ、敵の草と遭遇し一戦に及んだという。敵方の草は、玉井（安達郡大玉村）から派遣されたもので、中山付近で伊達方の草と遭遇し、一戦を交えた。伊達方は、逃げる敵を追いかけ、三人を討ち取ったといい、その首級は伊達成実を通じて政宗に進上された。中山は、会津から楊枝峠《ようじ》（中山峠）を越えて二本松に通じる、二本松街道の要所であり、当時は、中山城があり、峠道を守る要所として、蘆名方が保持していた。伊達方は、この中山を占拠し、会津と安子島城などとの連絡を遮断しようとしていたのであろう。

閏《うるう》五月七日、百目木と津島（福島県双葉郡浪江町）の間に、伊達方の川俣衆《かわまた》が草を派遣したところ、敵方の石井弥平という者を討ち取ったという。川俣衆とは、川俣（河股）城（福島県伊達郡川俣町）のことで、伊達氏の拠点であった。

下長井の中津川（山形県飯豊町）より、会津に向けて草が派遣され、閏五月二十四日には、敵の鼻五つと、一人の生け捕りが政宗のもとに届けられている。

閏五月二十八日、伊達方の常葉《ときわ》（福島県田村市）より大越《おおごえ》（同前）に向けて草が派遣され、敵の主だった者五人を討ち取る戦果を挙げたといい、そのうちの一つの首級が政宗のもとに届けられている。常葉には、伊達方の要衝常葉城があり、大越には、相馬・岩城氏と結び、反伊達の立場を取る大越顕光の居城鳴神城があった。

閏五月二十九日、田村清康が大越へ草を派遣し、敵の首級一つを政宗に進上した。常葉も相馬口の路次に草を派遣し、敵の首級一つを挙げ、これも政宗に進上された。これに対し、政宗は褒美としてそれぞれに板物（唐織物）を贈っている。

伊達方は、六月二日、大草（福島県石川郡浅川町）へ草を派遣し、鹿股方《かのまた》（鹿又、福島県田村市）が首を一つ挙げ、政宗に進上した。六月七日、伊達方は大越へ草を派遣し、大越源三郎の敵の首を一つ挙げ、政宗に進上した。政宗は、送られてきた首級を、大脇差で切り割ったという。これは据物斬《すえものぎり》をしたのであろうか。

伊達方の伊具《いぐ》郡金山《かねやま》城（宮城県丸森町）主中嶋伊勢守宗求らは、六月十二日、相馬に草を派遣し、敵の首級を挙げる戦果を得た。中嶋は、政宗に首級三つ、笹川佐渡からは首二つが進上された。政宗はこれを賞し、中嶋と笹川に黄金を下賜している。なお、中嶋伊勢守は、この時、本宮城に在城していた。

六月十七日夜、会津蘆名の陣所に、白石宗実が草を派遣し、首級一つを挙げた。また、相馬へも、丸森城（宮城県丸森町）主黒木中務が草を派遣し、敵の首級二つを挙げた。黒木が当時どこに在城していたかは、定かでないが、同じ伊具郡の領主中嶋氏とともに、本宮城にいた可能性が高い。

伊達方は、六月十八日、石筵《いしむしろ》（郡山市熱海町石筵）と高玉（同高玉）に対し、遠藤駿河守

（伊達藤五郎家臣）が草を行い、敵の首級一つを挙げた。六月十九日、篠川（郡山市安積《あさか》町笹川）より、越久《おつきゅう》（須賀川市越久）に草を派遣し、敵の首級二つを挙げた。政宗は、敵を討ち取った伊達の兵二人に代物《だいもつ》（鳥目）を下賜している。

六月二十四日、伊達方の常葉より相馬に草を派遣し、敵の首級一つを討ち取った。政宗は、頸《くび》を挙げた者に板物を下賜している。六月二十五日、田村月斎（顕頼）が、須川（須賀川、須賀川市）周辺に草を展開させ、敵の首級一つを討ち取り、政宗に進上した。六月二十六日、常葉より大越に向けて、伊達方が草を派遣したところ、敵方の草と遭遇し（「あい草」、相草）、合戦となった。この草同士の戦闘で、伊達方が勝利したらしく、二つの首級を挙げたという。また、鬼庭石見守綱元は、相馬口の路次に向けて草を展開させ、これも敵の首級二つを挙げたといい、鬼庭は政宗本陣に帰還して自ら首を進上、報告したという。さらに、大越へ小野（福島県小野町）、鹿股の草が展開し、大越城の外矢来で敵の首級を一つ挙げたという。伊達方の草は、大越氏の在城する鳴海城にかなり接近し、外郭を襲撃したようだ。六月二十九日、伊達方の御代田《みよだ》（郡山市田村町御代田）より、昼頃から草が派遣された。残念ながら、どこに向けて草が放たれたかは定かでない。この草は、須賀川衆の騎馬武者三人を討ち取ったといい、そのうちの一人は、正意という半俗であったという。

七月三日、伊達方安原家中の者たちが、「はい草」として派遣され、敵の首級三つを挙げたという。この「はい草」は、「這草」とみられ、昼間に敵地に潜入する「昼這」に相当するのであろう。伊達方は、敵三人を討ち取ったものの、敵の追撃を受けたため、やむなく首級二つを捨てて逃げおおせたといい、確保した首級一つだけを政宗に進上したという。七月九日、守山《もりやま》（郡山市田村町守山）より小原田《こわらだ》（郡山市小原田）へ草が放たれた。守山には、田村氏の拠点守山城（森山城）があった。伊達方の草は、敵の首級一つを挙げたといい、田村顕頼の陣所より政宗のもとに届けられている。また、この日の夜、郡山に派遣されていた伊達方の草は、敵に追い立てられ、味方の陣地まで逃げ戻ってきたという。

明けて天正十七年（一五八九）二月二十八日、田村にて小野から派遣されてきた敵の草と、味方の草が遭遇し、戦闘になった。この戦いで、伊達方は、小野方の馬上三騎、徒歩《かち》十四人を討ち取る戦果を挙げ、これを政宗に報じた。

同年四月二十六日、片平（福島県郡山市片平町）より高玉へ草が放たれ、敵の首級一つを討ち取った。戦功を挙げた草は、源七という者であったという。また、片平から安子島城へも草が放たれており、敵の首級二つを討ち取った。政宗は、戦功を挙げた太郎兵衛と五郎を召し出し、太郎兵衛に五郎左衛門、五郎に喜左衛門と名乗ることを許し、さらに御代（鳥目、銭）を与えている。

五月二十三日、冨塚近江守宗綱の家中が、浜辺で草として待ち伏せを行い、敵一人を討ち、その首級を政宗に進上した。『伊達治家記録』によると、この敵は相馬方であったという。

浜辺がどこかは定かでないが、相馬領の海沿いの浜辺に伏せていたのであろうか。五月晦日《みそか》、飯樋《いいとい》（福島県相馬郡飯舘《いいたて》村）の伊達方は、相馬方の草野（飯舘村）に向けて草を放った。伊達方の草は、敵一人を討ち取り、首級を政宗に進上した。この時、相馬盛胤《もりたね》・義胤が駆けつけてきて、戦闘になったという（この時、相馬から伊達方に「御ことはあいかけられ候」とある。これは、ただ言葉をかけられただけなのか、言葉戦いを挑まれたのか、のどちらかであろう）。

六月八日の夜、片平親綱と横沢が、同心数人とともに政宗のもとに参上した。彼らは、中地（郡山市湖南町中野）へ草を行い、敵十一人を討ち取り、首級を持参してきたのだという。

七月十二日、伊達方の石田内膳宗朝が、相馬近辺に草調儀を行い、敵五、六人を討ち取った。石田は、敵の鼻を政宗に進上したという。

八月十一日、大槻（郡山市大槻町）より富岡（同三穂田町富岡）に草が放たれ、敵の四人を討つ戦果を挙げた。敵の首級四つは、その日のうちに政宗のもとに届けられている。

草調儀による大戦果

伊達氏の記録に残る、草調儀に関わる最大の戦果は、天正十六年（一五八八）三月二十四日、玉井での草調儀である。『伊達天正日記』の原文には「玉井ニ而草調儀之上、敵衆仁百余人討捕申候由、大森・二ほん松より飛脚上御申候」とある。玉井での草調儀により、敵二百余人を討ち取ったとの報告が、大森城（片倉景綱）と二本松城（伊達成実）から飛脚で、政宗に伝えられたことがわかる。

この戦闘は、伊達家中では有名で、記憶に残ったらしく、『政宗記』にも特記されている。また、幸いなことに、政宗本人が書状に、報告を受けた戦果の内容を記述している。天正十六年三月二十四日、伊達政宗は、本宮城に在番していた中嶋伊勢守宗求に書状を送り、城の普請を督励し、番匠を派遣することを伝えた。それとともに「随而昨廿三、二本松於于玉井ニ草調儀候而、玉井日向守為始、三百余人討取候、旁以可為満足候」とあるように、前日の二十三日に、二本松城から玉井に対し草調儀を行い、玉井日向守をはじめ三百余人を討ち取ったことを誇らしげに知らせている（仙台二二九号）。このことから、『伊達天正日記』における玉井での大戦果は、前日の二十三日に発生した戦闘によるもので、二十四日に記録されたのは、飛脚で政宗のもとに伝達されたからであろう。同時代史料では、これ以上の事実は明らかにならない。そこで、『政宗記』をもとに、玉井での草調儀の模様を紹介しよう。

天正十六年三月十三日、伊達成実領となっていた玉井に対し、敵方（蘆名方）の高玉より草調儀が仕掛けられた。玉井より四、五里のところにある「西原」（大玉村、実際には玉井城の近く）という山際の場所に、草を入れ、玉井からの通行人を討ち取ろうとの策だったという。これを知った玉井の伊達方が、草を討ち取ろうと、後先を考えずに追撃し始めた。高玉の草たちを、伊達方が遠くまで追いかけた。この日は、高玉方が逃げおおせたらしい。だが、高玉方は、玉井の伊達方が、兵儀なく遮二無二追いかけてきたのをみて、今度は「押切」(二、三の草を待機させ、後方を遮断し退路を断つ作戦)を置き、これを殲滅《せんめつ》しようと謀った。高玉方は、玉井より高玉に通じる山道にある矢沢(本宮市岩根)に草を置こうと考えた。そして、三月二十二日夜、高玉方の草の一部は、矢沢に伏せることとした。この草調儀には、蘆名方の安子島城や片平城からも応援が駆けつけたという。

ところが、高玉方が草調儀を行うらしいとの情報が、二十三日、本宮城の伊達方にもたらされた。そこで、二十三日朝、玉井城と本宮城の軍勢に、伊達成実も参加して、草探しが行われた。だが、敵の草を発見できず、成実は引き揚げたという。しかし、高玉方は、二、三十人を「昼這」として玉井城周辺に派遣してきた。これを知った玉井方は、討ち取ろうと攻めかかった。高玉の草たちは、すぐに逃げにかかったが、これは罠《わな》であった。高玉方は、矢沢に三〇〇人を潜ませ、待ち伏せていたのである。玉井の伊達方は、「台輪田」(比定地未詳)で敵に追いつき、ここで斬り合いになった。高玉方は、伊達方をひっかけてやろうと、わざと押されているように見せかけ、じりじりと後退した。

いっぽうの伊達方は、これが策謀だとは夢にも思わず、敵の足並みが乱れたとみて、気負いかかった。ところが、矢沢で待機していた「押切」の草三〇〇人は、タイミングがずれて、起き上がるのが早すぎてしまい、伊達方を包囲、殲滅することが出来なかったという。それでも、不意を衝《つ》かれた伊達方は崩れ、川岸（矢沢川か）まで押し込まれてしまった。伊達方は、河原で態勢を立て直し、高玉方に反撃した。この時、成実家臣志賀山三郎が、鉄炮で敵の大将高玉太郎右衛門を打ち落とし、動揺して退却を始めた高玉方の殿軍《しんがり》、太田主膳という大剛の武士を、今度は矢で射落とした。これをきっかけに、高玉方は総崩れとなり、玉井方は追撃を仕掛け、敵の首級五十三を討ち取った。高玉方は、執拗《しつよう》な伊達方の追撃を受けたため、山中などに逃げ込み、その多くは、その夜のうちに、味方の宿所に帰れなかったほどであったという。

以上が、『政宗記』巻四にみえる玉井における草調儀と、その戦闘の顛末《てんまつ》である。この記述と、『伊達天正日記』および三月二十四日付伊達政宗書状と、内容が相違することがわかるだろう。まず、『伊達天正日記』や政宗書状をみると、玉井城は蘆名方で、これに二本松城から草調儀を仕掛け、敵を討ち取ったと読み取れるのだが、『政宗記』では玉井はすでに伊達氏の手に落ちており、その奪回を目指して、蘆名方の高玉城が草調儀を仕掛けてきたとあり、事情はまったく反対である。また、『伊達天正日記』では、戦果を「敵衆仁百余人」、政宗書状では「三百余人討取」とあり、『政宗記』では「頚五十三討て取」とある。政宗は、戦果をかなり盛って喧伝《けんでん》したらしい。さらに、高玉方の大将で、伊達方に討たれた人物を、『政宗記』では高玉太郎右衛門、政宗書状では「玉井日向守」、としている。ここでは、同時代史料である『伊達天正日記』や政宗書状の内容を採用し、伊達方は、二本松城の伊達成実指揮のもと、玉井日向守が守る玉井城への草調儀を実施し、城から出てきた、玉井日向守以下二〇〇人ほどを討ち取ったと考えておきたい。

活発だった草の活動

天正十六年(一五八八)から同十七年にかけての、伊達と蘆名の抗争において、草が盛んに活動していたことを、『伊達天正日記』の記述から紹介してきた。ところで、史料を検討していくと、伊達氏が草を敵方に放っていたのは、『伊達天正日記』の記述だけでなく、かなりの規模に上っていたと推定できるのだ。それは、政宗の発給文書から想定される。

天正十六年と推定される四月晦日、政宗は家臣桜田資親に書状を送り、石川弾正が小手森城より出てきたことなどを報じ、様子をみてただちに出馬し、討ち果たすつもりであると述べている。この時、政宗は、桜田に対し「日々夜々、草其外、其身加世義此時候」と記し、日夜をわかたず、草などの稼ぎをするのは今こそだと督励している(仙台二五一号)。

また五月六日に、政宗は伊達成実に書状を送り、去る四月二十八日に、秋保《あきう》(宮城県仙台市太白区）の「境目」で、最上衆五十余人を討ち取り、さらに国分盛重が、最上・黒河の境に草を入れ、敵十余人を討ち取り勝利を得たと誇らしげに報じている（仙台二五七号）。

五月二十二日、政宗は、本宮城を守っていた中嶋伊勢守宗求に派遣した脚力《かくりき》（飛脚のこと）の報告を受け、返書を送った（仙台二六三号）。中嶋らは、五月二十一日、石川弾正らが守る小手森城に向けて行動を開始したものの、敵が挑発に乗ってはこなかったので、三の構《かまえ》まで矢を射込み、周辺の麦作を薙《な》ぎ払ったという。政宗は、この戦功を称賛し、明日二十三日には、自身が小手森を攻める予定であると述べている。そして、相馬義胤が、百目木城を攻めるべく動き出すとの情報があるとし、中嶋に秘《ひそ》かに草を派遣するよう指示した。その際に、尻籠《しこ》（矢籠）は不要だと言っているので、軽装で相馬軍を待ち伏せして攻めるのではなく、敵の動きを探ることに主眼を置いたのかも知れない。また、相馬軍が、政宗本隊に向かってくることも想定されるので、草を派遣して様子を探るよう重ねて命じている。

天正十六年五月末と推定される某宛ての政宗書状によると、伊達方は、「木こり山」に向けて草調儀を行っていた。政宗は、草調儀が実施されたことを承知しており、その成果がどうだったかを気にかけている（仙台二六六号）。「木こり山」とは、福島県二本松市にあった樵山城（樵山館）のことで、大内氏の一族が在城していたと伝わる。一時、敵に奪われたとされるが、天正十三年、伊達軍の反撃により、樵山城が自焼して落城したといい、八月には政宗が入っている（『政宗記』『伊達治家記録』）。しかし、その後、敵方が奪取していたようで、伊達方はその再奪回のために動いていたようだ。

天正十六年閏五月五日、政宗は桜田資親に書状を送り、彼が守る「境目」の動向を注視させるとともに、敵方へ草調儀を油断なく仕掛けるよう命じている（仙台二六九号）。当時、桜田が在城していたのは、塩松の宮森城（福島県二本松市）であった。

天正十六年閏五月二十三日、政宗は、亘理《わたり》元安斎《げんあんさい》（元宗）と同陣していた田中助三郎宗実に書状を送り、田中が、亘理と相談のうえ、昨二十二日に、敵地深くへ潜入し（「物深ニ及調義」）、宇田庄で三十余人を討ち取る戦果を挙げたことを称賛した（仙台二八一号）。政宗は、今後も、亘理の許可を得て、人数を連れて「加世義」（稼ぎ）することを督励している。この「物深」の「調義」とは、草調儀のこととみて間違いなかろう。作戦が実施された宇田庄とは、福島県相馬郡にあった荘園で、現在の相馬市、新地町を含む一帯に比定されている。

天正十七年四月二十六日、政宗は、向背に不安がある小浜・塩松（二本松市）の領主大内定綱に書状を送った（仙台四一五号）。政宗は、大内からまったく音信がなかったことを不安に感じていたところ、書状が到来したことを喜び、至急便で返書を送ったのである。大内からの報告には、片平親綱が、安子島城へ草調儀を行い、馬上二騎を討ち取り、首級が送られてきたことや、敵との戦闘で勝利が続いていることに謝意を表した。大内や、片平らは、安子島城に草を派遣し、揺さぶりをかけていたことが窺われる。

このように、天正十六年から同十七年にかけて実施された、伊達と蘆名・最上・相馬らの抗争では、『伊達天正日記』に記録された以上の活動を、伊達方の草が展開していたことが確認できるだろう。実際には、記録や文書に残らなかった草の活動は、極めて多かった可能性があり、実際に『伊達治家記録』には、どの記録や文書にも確認できない、草の戦功や活動がいくつも記録されている。これは、『伊達治家記録』編纂《へんさん》時には残存していた史料に基づいているものと推察され、今後も草の行動を記録した、史料が発見される可能性は高いといえるだろう。本書では、紙幅の関係もあり、すべてを紹介することは出来ないが、今後の検討課題として記しておきたい。

一年五ヶ月で三〇〇の首級

これまで『伊達天正日記』や、伊達政宗の発給文書などから、おもに伊達方の草の活動について紹介してきた。これをみると、敵地への潜入、敵城周辺や場合によっては城際に接近しての戦闘、敵の待ち伏せ、敵方の使者を殺害もしくは捕縛し、密書を奪取すること、などの活動状況が確認できた。そして、草の派遣は、敵味方双方が、日常的に、どの戦場や境目でも昼夜を問わずに行っていたこともわかった。

そして、草は敵を討ち取るだけでなく、生け捕りにして、味方の陣所に連行することも大切な任務であったようだ。敵の生け捕りについては、天正九年（一五八一）十一月、北条氏の足軽大将大藤式部丞が、夜半に草に出て、敵十余人を討ち取ったばかりか、捕虜をも獲得し、これを北条氏照に送り届けている事例がある（戦北二二九二号）。これを知った北条氏邦《うじくに》は、大藤を激賞し、小田原に帰還する予定なので、早速北条氏政に報告すると式部丞宛ての書状に記している。捕虜は、敵の情報を知るうえで、重要な証人であり、書状を奪うだけではわからない敵の内情を把握するためには不可欠であった。

ところで、草は、敵地で遭遇した敵兵を討ち取り、その首級を主君に届けることを大切な任務としており、それがまた彼らへの褒賞の基準とされていた。『伊達天正日記』の、天正十六年三月二十日から同十七年八月十一日までの、三十例を検討してみたところ、彼らが討ち取った蘆名方の首級は、天正十六年三月二十四日玉井での戦果二〇〇余人を、特殊事例として除外しても、累計は一〇七個、玉井での戦果を算入した総計は三〇七個となる。この数は、決して少なくはない。

例えば、天正壬午の乱の際、徳川家康軍と北条氏直軍が、甲斐国黒駒《くろこま》（山梨県笛吹市御坂《みさか》町）で激突した黒駒合戦において、勝利した徳川軍が討ち取った敵の首級は、「随一之者三百余騎討取候」（『家忠日記』）とあり、伊達方が討ち取った敵の数の総計とほぼ同じである。

伊達軍が草調儀で討ち取った首級数一覧

No.	年月日	数	No.	年月日	数
1	天正16年　3月20日	2	16	天正16年6月18日	1
2	天正16年　3月24日	200	17	天正16年6月19日	2
3	天正16年　4月22日	2	18	天正16年6月24日	1
4	天正16年　5月14日	7	19	天正16年6月25日	1
5	天正16年　5月19日	13	20	天正16年6月26日	5
6	天正16年　5月22日	2	21	天正16年6月29日	3
7	天正16年　5月23日	3	22	天正16年7月 3日	3
8	天正16年閏5月 7日	1	23	天正16年7月 9日	1
9	天正16年閏5月24日	5	24	天正17年2月28日	17
10	天正16年閏5月28日	1	25	天正17年4月26日	3
11	天正16年閏5月29日	2	26	天正17年5月23日	1
12	天正16年　6月 2日	1	27	天正17年5月 晦日	1
13	天正16年　6月 7日	1	28	天正17年6月 8日	11
14	天正16年　6月12日	5	29	天正17年7月12日	5
15	天正16年　6月17日	3	30	天正17年8月11日	4
				総計	307

黒駒合戦は、北条軍優位の戦局を大転換させた合戦であり（平山・二〇一五年）、その戦果と同じというのは重要である。

草による待ち伏せ戦法で、討ち取る敵の数は、個別では少ない場合が多い。『伊達天正日記』にみる戦果を瞥見《べっけん》しても、最小で首級一、最大でも十七（天正十七年二月二十八日）である。だが、これがたとえ少しずつでも、日々夜々積み重ねられれば、敵に相当の打撃を与えることができることがわかるだろう。派手な会戦ではなく、散発的とはいえ、日々の草調儀で、敵兵を少しずつ殺害することが出来れば、充分敵に損害を与え、その軍事行動を制約することが可能であったといえるだろう。

草に与えられた褒賞

いっぽうで、こうした戦果を挙げた草の人々に対し、伊達政宗が与えた褒美はどのようなものであったか。それは、『伊達天正日記』をみる限り、①代物（鳥目、銭）、②板物（唐織物）、③官途の授与、などであった。これらは、草が武士とは違った待遇を与えられていたことを物語る。

武士が戦功を挙げた場合、原則として、褒美は知行加増（加恩）であった。ところが、草の人々が知行を与えられた事例は、管見の限り、認められない。こうした褒美の違い、いわば格差には、いかなる背景があるのだろうか。そこで注目されるのは、武田氏における褒賞の基準に関する認識である（戦武二五一四号）。

一、於今度抽忠節輩者、於侍者出知行、寄騎幷凡下之輩者、当座之引物、黄金、鳥目、籾子以下充行、惣而可被叶所望之事

この史料は、武田勝頼が、長篠敗戦直後の、（天正三年）八月十日付で、保科正俊宛てに出した全二十八ヶ条に及ぶ軍法の、第四条である。この軍法で、武田氏は、信濃国伊那郡の地下人や民衆を動員し、敵が侵攻してきた際には、小屋上がりを実施させ、狼煙《のろし》などの合図

とともに、敵の退路遮断などを行わせることとしている。これは、『甲陽軍鑑』のいうところの、「地下《じげ》かまり」に相当するが、ここで注目されるのは、武田氏が示した戦功褒賞の基準である。もし武田氏に忠節を尽くし、戦功を挙げれば、侍は知行を与え、与力や凡下は、当座の引物、黄金、鳥目、籾《もみ》などを与える、という点である。武田氏の場合、戦功に応じて与えられる褒賞には、侍身分とそれ以外とでは、明確な格差が存在していた。侍（武士）以外には、知行宛行《ちぎょうあてがい》はあり得なかったというわけである。そういえば、著名な武田氏による甲州金の授与について、『軍鑑』には次のようにある。

武田軍が、伊豆国韮山《にらやま》城を攻めた時、武田重臣山県昌景の軍勢が大活躍をした。とりわけ、山県衆の河原村伝兵衛が鑓で大働きをしたといい、武田信玄は彼の戦功を激賞し、御前に召しだしたうえ、御盃《ぎょはい》を授与し、熨斗《のし》付の御腰物を下賜したばかりか、「とういのはうび」（「当意之褒美」）として、碁石金を信玄自ら両手で三掬《すく》い伝兵衛に与えたという（巻十八）。河原村伝兵衛は、同書によると、三河の牢人《ろうにん》で、山県昌景の同心（与力）であったという（巻五、巻十八）。この記述と、天正三年の武田氏の軍法による規定とは、符合することがわかるだろう。

河原村伝兵衛は、与力であり、軍功を挙げても知行宛行や加増の対象とはならず、当座の宛行が授与されるに止《とど》まった。彼が与えられたのは、信玄から御盃を賜る栄誉と、御腰物

（太刀）、そして黄金であり、軍法の規定に対応する。伊達方の草たちが、政宗から与えられた恩賞は、武田氏の場合と同じく、板物、鳥目、官途授与などであり、知行ではなかった。

このことは、武士と草（忍び）の任務を担う者たちとでは、身分といい、恩賞の内容といい、明確な格差があったことを窺わせる。このことを念頭に置くと、大久保忠教《おおくぼただたか》が、徳川氏に仕え、辛酸を嘗《な》めた戦国の世を回想して記した『三河物語』の次の一節の意味が、腑《ふ》に落ちるのである。

> 申しつるごとく、雨露・雪霜にもいとハず、夜ハカセギカマリ、昼ハ此方彼方のはたらく、昼夜身ヲ捨て御奉公申上に付て、アタリヲ剹取《キリト》ラせ給ふて、御子太郎左衛門泰親エ御代ヲ御譲リ給ふ（『三河物語・葉隠』日本思想体系、岩波書店、二一頁）

> さて又、我子共、物を聞け、親氏之御代に、三河国松平之郷へ御座被成てより此方、親氏・泰親・信光・親忠・長親・信忠・清康・広忠・家康、此御代々、野に臥し山を家として、かせぎかまりをして、度々の合戦に親を打死させ、子を打せ、伯父・甥・従兄弟・再従兄弟を打死させて、御奉公を申上（同前、一九一頁）

前者で大久保は、忠教の祖が、雨露や寒気の中をいとわず、夜はかまり（忍び）を、昼はあちこちに転戦して廻《まわ》り、日夜身を捨て奉公したおかげもあって、周囲を切り取り、初代親《ちか》氏《うじ》の子泰親《やすちか》に家督を継承させることが出来たのだと述べている。さらに後者では、初代親氏から家康までの松平（徳川）家歴代に、大久保の父祖らは、野に臥《ふ》し、かまりなどの任務をも遂行して、幾多の合戦を戦い抜き、その間にどれほどの肉親を失ったことか、と記している。ここには、徳川家に仕える武家大久保家の苦難とともに、武士たる自分たちが、かまりなどの任務を遂行してきたことに、慨嘆する意識が見受けられる。それは、主家や自分たちの家を隆盛させるためには、必要なことであったから、歯を食いしばって耐えてきたのであって、それはほんらい自分たちがすべきものではないという「かまり」「野に臥す」という任務と、それを担う人々への蔑視《べっし》である。こうした意識の存在については、荒垣恒明氏が指摘していることであるが（荒垣・二〇〇三年）、大名の草に対する恩賞の内容は、まさにそうした当時の武士たちの意識を反映しているものと考えることが出来るだろう。

外出の言い訳

永禄十一年（一五六八）三月、越後村上の本庄繁長《ほんじょうしげなが》が、武田信玄に内通し、上杉謙信から離反した。この本庄の乱には、会津蘆名盛氏《もりうじ》も信玄と結んで、繁長を支援する動きをみせた。同年四月、蘆名盛氏は、家臣小田切弾正忠を越後に派遣した。小田切は、越後国蒲原《かんばら》郡石間《いしま》（新潟県阿賀町）を本拠とし、蘆名氏に属していた。小田切弾正忠が当時在陣していたところは定かでないが、阿賀野《あがの》川沿いを走る若松街道沿いのどこかであろう。小田切は、「草調義」を行い、上杉方に損害を与えていたようだ。盛氏は、これを「少々勝利」と認識していたが、だからといって家中の者たちが負傷していないかを心配し、もしそうなら養生するよう、また下々の将兵たちにも労《ねぎら》いの言葉をかけたいものだと、小田切に書き送っている。蘆名勢は、上杉方に対し散発的な「草調義」を仕掛けながら、情勢を見計らって、盛氏に増援を要請し大規模な軍事行動に出ようと考えていたようだ（上越六〇三号）。

天正十七年（一五八九）三月、陸奥国大館城《おおだて》（飯野平城《いいのたいらじょう》、福島県いわき市）主岩城常隆は、三春《みはる》の田村氏領への圧力を強め、蘆名・相馬らと提携し、伊達・田村氏と激しく対立した。この時、岩城方は、伊達・田村方の「草調儀」をしばしば受けていたらしい。

岩城常隆は、三月十六日、田村領の境目に在陣していた、家臣塩左馬助に書状を送り、三春より「日々草調儀」をされているとの報告を受け、油断なく警戒するよう求めた。また、草調儀が仕掛けられている間は、以前より指示しているごとく、戦闘を行わぬようにせよ、と命じている（福島二六七―五八号）。また、常隆は、家臣三坂越前守に、三月十九日付で書状を送り、敵中より草調儀がなされたようだが、以前より警戒していたこともあり、さしたることもなく引き揚げたのだろう、今後も用心が肝心だと述べた。また、たとえ、伊達方が重ねて草を派遣してきたとしても、うかつに手を出して凶事を招かぬよう工夫が必要であると注意を喚起している（福島二九二―一三号）。

さらに常隆は、四月二日、家臣三坂越前守に再び書状を送った。というのも、伊達・田村方と対峙《たいじ》する最前線では、家臣らの意見がまちまちで一致せず、草調儀を行ったり、そのうえで相手に仕掛ける兵儀（作戦）が立てられないとの苦情が、常隆のもとに届けられていたからであった。常隆は、当番の軍勢として旗本を派遣し、前線の家臣らの意見を聴取すべく、使者を派遣するとともに、自分の考えや指示を申し含めておくと記している（福島二九三一四号）。

草調儀は、各城の在城衆の中から指示された者たちが、城を出て実施することになっていた。だが、在城衆の中には、命じられてもいないのに、城から抜け出ていく者が後を絶たなかったらしい。天正十三年六月二十八日、伊達政宗は、会津耶麻《やま》郡檜原《ひばら》城（福島県北塩原村）に在番していた家臣後藤孫兵衛尉信康に、二ヶ条に及ぶ掟書《おきてがき》を与えた（仙台一五号）。まず政宗は、籠城《ろうじょう》させている軍勢のうち、草調儀などの兵儀（作戦）でもないのに、城の門より外に出る者がいるという。そのような報告があれば、ただちに処罰することであろう、と述べた。そのうえで政宗は、城将後藤に対し、兵儀でもないのに、勝手な行動を取る者どもがいれば、おまえの進退に及ぶだろうから、よく心得ておくようにと釘《くぎ》を刺している。長期の在城は、兵卒の士気を減退させやすく、城の外に出ようとする者が続出していたらしい。その時、彼らが城外に出る言い訳が、草調儀をするためだ、というものであったようだ。

草調儀は注意深く

天正十六年四月、安達郡百目木城主石川弾正が、伊達氏に手切れを通告、敵対の意志を明らかにした。これを受けて、四月十二日、政宗は、川俣城（河股城、福島県伊達郡川俣町）に在番していた家臣桜田資親に書状を送って、石川弾正離反を報じ、城と境目の用心を万全にするよう求めた。そして、桜田ら川俣城衆が、石川弾正の百目木城に向けて、草調儀をよくよく注意しながら実施するよう指示するとともに、相馬口の監視なども怠らず、何かあれば注進するよう命じている（仙台二二四〇号）。

その二日後の、四月十四日、政宗は川俣城の桜田資親に再び書状を送り、石川弾正が、伊達氏の属城宮森城（福島県二本松市）にも「事切」（手切れ）を通告してきたと報じた。政宗は、石川が宮森城に攻めかかることを予想し、桜田に何かあれば、宮森を援助するよう要請した。また、石川方が桜田の守る川俣城にも草調儀を仕掛けてくる可能性に言及し、油断せぬよう求めた。さらに、相馬口で石川に加勢するような動きがあれば、ただちに知らせるよう指示している（仙台二二四一号）。

なお、草調儀には、「草動《くさばたらき》」という別称もあったらしい。慶長五年（一六〇〇）、関ケ原合戦の勃発に伴い、西軍に加担した会津上杉景勝は、東軍の伊達政宗、最上義光と激突した。

この戦闘は、西軍の敗戦と上杉軍の撤退で終結したが、慶長六年春になっても、緊張が続いていた。慶長六年三月三日、伊達政宗は、上杉景勝が徳川家康の命を承知し、上洛《じょうらく》することになったこと、さらに最上義光もあわせて上洛すると使者を受けたことを確認した。これを受けて、それまで実施していた、会津（上杉方）への「草動」の中止を命じた（仙台一一一四号）。なお、『成実記』『奥羽永慶軍記』には、「芝見」という草の別称も散見される。こうした異称が、同時代史料にどれほどの範囲で見られるかは、今後の検討課題である。

二　伏兵、伏勢、伏調儀

北条軍、伏兵を撃退す

次に、草と同義である伏兵について紹介していこう。まずは、関東制圧をもくろむ、北条氏と反北条方の戦闘で活動した伏兵の事例を列挙してみたい。

まずは、弘治《こうじ》二年（一五五六）十一月、北条氏康《うじやす》が上野国に侵攻した際の出来事である（戦北五三一号）。このころ氏康は、越後に亡命した関東管領山内《やまのうち》上杉憲政《のりまさ》に味方し、なおも抵抗を続けていた厩橋《うまやばし》長野氏、白井《しろい》長尾氏らとの戦いを続けていた。氏康は、家臣佐久間左近を物見として敵方に派遣したところ、伏兵に襲撃された。佐久間が通りかかると、頃合いを見計らって「伏兵起」（伏兵が起こり）、彼に襲い掛かった。佐久間は、太刀打ちし、伏兵を追い散らしたという。氏康は、この戦果と高名を讃《たた》え、百貫文を加増する判物《はんもつ》を与えた。

物見という役目の武士が、なぜこうも賞賛されるのか。このことについて、『北条五代記』には、以下のような記述がある。

> 聞きしは昔、ある老士が物語りされたのは、私は小田原北条家にあって、数度の軍にあった。されば、敵味方対陣の時に至って、物見に出される人は、まずもって馬に鍛錬し、その場所の案内を知る功者を専らとする。物見の武者は、境目へ乗り出し、その日の様子を見て境を越え、高い所へ登り、敵の軍旗を調べ、急いで帰陣する。それゆえ、大将軍が出馬し、対陣を張るときは、敵も味方も前手の役として、夜に入れば足軽どもが境目に行き、草に伏して敵を窺い、暁には帰る。これを、草とも忍びとも名付けた。夜の草が昼まで残ることがある。これを知らず、物見の武者が境目を過ぎるとき、かの草が起こって、帰路を取り切って討とうとする。その時には、馬達者を力とし、野へも山へも乗り上げ、馳せすぎることになるが、それは前もってよく知っていなければできない。

物見に任命される武士は、乗馬の達人で、その地域の地理に明るく、武勇の人物でなければ務まらなかったのだという。物見は、敵の様子や軍旗を調査し、誰が出陣してきているのか、兵力はどれほどか、などを頭に入れ、ただちに味方の陣所へ帰還し、報告しなければならない。そのためには、敵味方が放った草どもがうようよしている境目に入っていかねばならない。当然、馬上の武者は、目立ちやすく、しかも物見は、敵にとって情報を収集するために派遣されてきた最も警戒すべき相手である。敵は、自陣営の情報を収集されないよう、物見を殺害するか、捕縛して逆に情報を聞きだそうとする。物見の武士は、まさに命懸けだったのだ。

当然、境目に敵の伏兵が展開していることは、物見の武士にとっては想定内のことで、彼らが襲い掛かってきてもやり過ごし、巧みに馬を操って野山を疾駆し脱出せねばならない。だからこそ、乗馬の達人で、地理に明るい人物でなければならないわけだ。伏兵の襲撃を巧みにかわし、帰還することは容易ではない。しかも、ちゃんと敵情を把握したうえではなおさらである。

次に、物主（侍大将、指揮官）が敵の伏兵を撃退した逸話を紹介しよう。永禄元年（一五五八）六月、北条氏は、関東での戦いに明け暮れていた。この時、玉縄《たまなわ》北条康成（氏繁《うじしげ》）は、上総に渡海し、房総《ぼうそう》侵攻のための準備を整えていたらしい。康成とともに、上総での戦闘で功績があったのが、上総国衆秋元《あきもと》氏の家臣東修理亮である（戦北五八五号）。康成が、東に与えた判物によると、敵の伏兵を発見した東は、物主として軍勢を率いてこれを押し散らし、自身も高名を挙げ、今後も励むことを言明したという。康成は、東の戦功を称賛するとともに、これを早速北条氏康に報告し、「御褒美之御状」（感状）を授与されるよう働きかけると述べている。東が伏兵を発見し、これを蹴散《けち》らさなければ、北条方に被害が出る恐れがあったのだろう。

長尾景虎・北条の死闘

永禄三年九月、越後長尾景虎《かげとら》（上杉謙信）は、北条氏の侵攻に苦しむ関東の諸将からの要請を受け、庇護《ひご》していた関東管領山内上杉憲政を奉じ、遂《つい》に関東侵攻に踏み切った。景虎が上野国に着陣すると、関東の諸将は続々とこれに呼応し、また景虎方は、北条氏に従属していた上野国や北武蔵の国衆を次々に服属もしくは滅亡させていった。この結果、北条領国は、一挙に武蔵中部にまで後退し、永禄四年一月、景虎は、いよいよ小田原城に向けて進撃を開始した。この時、武蔵国河越城は、北条氏の勢力が大きく後退するなか、北条綱成《つなしげ》らが籠城戦を展開し、孤塁を守り、決して降伏、開城しなかった。また、河越には、同盟国今川氏真《うじざね》より派遣された今川援軍畑彦十郎、小倉内蔵助らも、綱成ら北条軍とともに籠城していたのである。

畑彦十郎は、永禄四年一月、長尾景虎軍が、上野国から武蔵に進撃してくるのを知ると、松山方面で伏兵となり、これに損害を与えた。そればかりか、長尾軍が多勢で攻めかかって来ると、畑らが連携して支援したため、無事に撤退することが出来たという。北条氏尭《うじたか》は、閏三月二十七日付で、畑の戦功を賞し、戦後に北条氏政にこれを報告し、恩賞を出してもらうよう掛け合うことを約束した（戦北六九三号）。

また四月二十五日、今川氏真は、小田原に援軍として派遣した小倉内蔵助が、武蔵河越に籠城し、数度の戦功を挙げたことを賞した（戦今一六九一号）。とりわけ沙窪（砂久保《すなくぼ》、埼玉県川越市）で伏兵となった際に、他の北条勢よりも活躍し、彼の麾下《きか》渡辺、三蔵が馬を入れ、敵を押し崩したことや、その時、小倉自身も鑓疵《やりきず》二ヶ所を受けたことを比類なき活躍と賞賛した。また、小倉は平方《ひらかた》（埼玉県上尾市）でも、長尾軍の備えに突入し、首級を一つ挙げ、さらに三月十八日には、高麗《こま》郡で配下の兵卒を励まして、敵と一戦を交え、損害をほとんど被ることなく撤退したことも褒め称《たた》えている。これらの戦功には、北条氏政からすでに小倉に感状が下賜されており、氏真はこれを踏まえて、小倉に感状を授けている。なお、この小倉内蔵助は、祖父三河守が近江出身の牢人で、今川義元に仕えたといわれ、内蔵助は伊賀・甲賀の足軽を預けられ、活動していたという（長谷川裕子・二〇一一年）。小倉の伏兵戦法は、まさに忍びを配下に置いた彼の真骨頂であったのだろう。

さらに、同年七月、北条方は、的場《まとば》郷（埼玉県川越市）で、敵の伏兵の襲撃を受けた。この時、北条家臣石川十郎左衛門尉と清田内蔵助は、防戦を遂げ、石川・清田ともに敵の首級一つずつを得る戦功を挙げた。北条氏政は、七月二十五日付で、二人に感状を与えている（戦北七一〇号・七一一号）。これも、河越衆の活躍であろう。河越の北条方は、迫りくる長尾軍に損害を与えるべく、伏兵を行ったり、逆に敵の伏兵を蹴散らしたりしながら、籠城戦を優位にしようと懸命に活動していたのだろう。これは、長尾方も同じであり、相互に伏兵を派遣しあい、敵の戦力漸減や士気阻喪を目論《もくろ》んでいたと考えられる。

薩埵山の対陣

永禄十一年（一五六八）十二月、武田信玄は、同盟国今川氏真と断交し、突如駿河に侵攻した。氏真は、ほとんど抵抗できず、駿府を捨てて懸川《かけがわ》（掛川）城に逃亡し、戦国大名今川氏は事実上滅亡した。信玄の駿河侵攻に、北条氏康は激怒し、武田と断交、越後上杉謙信と越相同盟を締結した。ここに、武田と北条の戦闘が始まったのである。北条軍は、駿河に進撃し、駿東郡・富士郡を制圧すると、薩埵山《さった》に進み、信玄の退路を遮断した。武田と北条は、これ以後、薩埵山周辺に、城砦《じょうさい》や陣所を構築し、対峙《たいじ》することとなる（清水市教育委員会・二〇〇二年）。

武田信玄と北条氏政は、薩埵山を挟んで対峙するなか、大規模な会戦こそなかったものの、互いに伏兵や草を放ち、日夜火花を散らす戦いを繰り広げていた。この中で、最も大規模な戦闘になったのは、永禄十二年（一五六九）二月二十八日のことである。武田方は、薩埵山に伏兵を秘かに派遣し、北条方の陣所構築の妨害を目論んだ。玉縄衆が、陣所を築くために、尺木を伐《き》り、搬入していたところ、武田の伏兵がこれを襲撃した。これに対し、玉縄衆間宮康信がこれと渡り合い、追い崩したばかりか、数多《あまた》を討ち取ったという（戦今二二九五号）。

この時の戦闘について、北条氏政は、越後上杉氏に送った書状で「去廿八於山手懸合有之而、信玄親類二、長円寺弟号本郷八郎右《（ママ）》衛門人を為始、十余人討捕候キ」と報告している。氏政によれば、この時、北条方が討ち取った武田方の伏兵には、何と信玄の親類で、長延寺実了師慶（一向宗僧侶、武田氏の外交僧で、信玄次男龍宝の師）の弟本郷八郎左衛門が含まれていたという。

本郷は、武田氏の足軽大将であり、しかも信玄の旗本衆の一員で、鉄炮《てつぽう》衆を担っていた人物である（戦武三九七二号）。また、『軍鑑』によると、本郷は、武田氏の御使番十二人の一人に数えられていたエリートでもあった。恐らく、伏兵を指揮していたのであろう。この直後に北条氏邦は、河原（興津《おきつ》川の川原であろう）に伏兵を待機させ、武田方二十余人を討ち取っている（戦北一一六五号）。

これに対し武田方は、馬場信春の放った透波が、北条方の薩埵山陣所に潜入し、これに火を放って焼き崩したという（『軍鑑』末書下巻下六）。だが、薩埵山の対陣で、武田方は劣勢を強いられ、北条方を押し崩すことはまったくできなかった。信玄はやむなく、四月二十四日早朝に、秘かに撤退を開始し、甲斐に引き揚げている。

敵を悩ませた活動

ここまでは、著名な戦闘における伏兵の活動を紹介してきた。ここでは、多様な彼らの活動と、不慮の戦死をめぐる後処理についての話題を紹介したい。

永禄十二年六月、伊豆国大平城（静岡県沼津市）に在城していた今川氏真は、北条氏とともに、武田信玄への反攻を企図していた。六月二十一日夜、北条家臣で足軽大将大藤式部少輔は、伏兵を指揮して、武田方の塩荷を捕捉《ほそく》し、多数を討ち取った。氏真は、大藤の戦功を賞し、それを北条氏政に報告すると述べている（戦今二四〇四号）。大藤は、塩を甲斐に搬入しようとする人々を討ち取ることで、路次封鎖を行い、武田氏の塩確保を遮断しようとしていた。いっぽうの武田方も、塩の確保に苦しみ、夜半の塩荷物運搬をせねばならぬほど、追い込まれていた様子が窺われる。

天正八年（一五八〇）三月、上野国では、武田勝頼と北条氏政の死闘が展開されていた。だが、情勢は、武田の優位となり、北条方は押されつつあった。北条方は、武蔵鉢形《はちがた》城主北条氏邦《うじくに》が武田との抗争を担い、その攻勢を懸命に凌《しの》いでいた。三月十二日に北条氏邦は、武田氏に帰属した白井長尾憲景に調略の手を伸ばし、それは効果を上げていた。それに追い打ちをかけるように、氏邦家臣富永能登守助盛（のちの猪俣邦憲）が白井長尾憲景の重臣牧和泉守が拠《よ》る多留城に攻撃を加え、城方に対して伏兵を配置し、牧和泉守の次男源六郎を討ち取る戦功を挙げた（戦北二一五一号、「石川忠総書留」）。氏邦は、この高名を早速、小田原の北条氏政に報告した。氏政は、三月十四日付で、富永助盛に感状を与えている。

天正十四年、このころ越後上杉景勝は、謀叛《むほん》を起こし抵抗を続ける、新発田《しばた》城主新発田重家《しげいえ》を攻めあぐねていた。この時、最前線の篠岡《ささおか》城（新潟県阿賀野市）に在城していた、上杉家臣唐澤大膳亮は、しばしば新発田方への攻撃に参加していた。そして、天正十五年正月早々、唐澤は、大室《おおむろ》（阿賀野市）において武主《ものぬし》（物主、指揮官）として伏兵を行い、比類なき戦功を挙げ、景勝から感状を受けている（上越三〇八〇号）。

最後に、伏兵として活動し、戦果を挙げることなく戦死した人物について紹介したい。下野の戦国大名宇都宮氏の家臣壬生徳雪斎周長は、高村大蔵進に書状を送り、息子と推定される右京亮の戦死を悼んだ（戦下九〇四号）。それによると、高村右京亮は、壬生氏に命じられ、敵方の様子を探るべく、伏兵に任ぜられた。実は、右京亮の任務は、伏兵だけでなく、「ちんどみ」（陣遠見、敵陣を遠くから観察する）をも含むものであった。だが、そのためには「草ふかき」ところ（草がうようよ展開している地域）に赴かねばならなかった。それはかりか、草ふかき場所に潜入し、陣遠見をするためには、「作場」(田畑)に人を派遣し、苅田などを行うことで、敵の草の注意をそらすことも必要であった。だが、右京亮はそれすらせず、敵地に赴き、伏兵をしつつ、陣遠見を行おうとして、命を落としたのだった。

壬生周長は、右京亮の活動を「越度《おちど》」(失態)、「油断」による死だとしつつも、「不敏」であるとして、彼の妻子、とりわけ稚児を今後取り立てていくことを約束している。伏兵とは、功績があれば賞賛され、手厚い恩賞に与《あずか》れるが、命を落とす危険が最も大きい、苛酷《かこく》な任務でもあったわけだ。

毛利・尼子の戦い

天文十二年(一五四三)、毛利元就・隆元《たかもと》父子は、周防《すおう》の大内義隆《よしたか》に従い、出雲国尼子晴《はる》久《ひさ》を攻め、その本拠地月山富田《がっさんとだ》城の包囲陣に加わっていた。だが、大内方は、晴久による調略によって切り崩され、尼子方に離反するものが相次いでしまった。そのため、大内方は五月七日、総退却を開始した。大内方、とりわけ毛利は、尼子方の猛烈な追撃を受け、元就もすんでのところで虎口《ここう》を逃れたほどであった。この時、毛利方は、追撃してくる尼子方を撃退すべく、五月八日、出雲国古志《こし》浜(島根県出雲市)に「伏勢」を置き、敵を多数討ち取った。この戦闘には、志道通良らが参加し、通良の中間や毛利家臣中村助五郎らが戦功を挙げている（尼子六一二・六一三号）。

天正二年五月、毛利輝元家臣桂元将は、戦功覚書を作成、これを輝元に提出した。輝元は、この覚書の袖《そで》に花押を据え、承認している（尼子一七七四号）。これは、元将が、元就・隆元・輝元に従って中国地方各地を転戦した際に、自らが挙げた戦功を書き上げたものである。この一条に、備中国神代《こうじろ》舞尾で、「伏勢」に襲撃され、これを撃退し、感状を下賜されたとの記述がある。

この逸話は、天正元年五月二十五日、桂元将が松山（岡山県高梁《たかはし》市）の三村元親を訪れた帰途、「神代舞尾」（神代は、岡山県新見市）で吉田与次郎（新見氏旧臣）ら一揆《いっき》百五、六十人に襲われたが、反撃して吉田ら多数を討ち取り、輝元から感状を拝領したことを、明記したものだ。桂は、吉田らの首級を、安芸国吉田に持ち帰り、顚末《てんまつ》を説明して、進上した。毛利氏は、五月二十九日に小早川隆景が、六月二日に輝元自身が「今度於新見通路敵伏勢仕候処、以其方手柄追払、剰敵一人吉田与次郎討捕之候、誠無比類候」と明記した感状をそれぞれ与えた。また、自分の居城からの帰途、凶事に遭ったことを知った三村元親も、元将に見舞状を出している。そこには、「貴所依御手柄ニ以下々面々モ遁死ヲ候、旁以無双之至候」と、元将の武勇を褒め称えている（以上、『萩藩閥閲録』巻三十九）。伏勢に襲撃されれば、ほぼ命はないものとの認識が、当時の人々にはあったことが窺われるだろう。

敵の伏兵を返り討ち

このほかに、吉川元春家臣森脇飛驒守（元和七年六月歿《ぼつ》、享年八十一）が書き残した『森脇覚書』にも、伏勢の様子が描写されている（『中国史料集』）。

本城越前守常光（本庄経光）が、須佐《すさ》高屋倉城（高櫓城、島根県出雲市佐田町）に拠って、尼子方に与《くみ》し毛利氏に反抗した際、これを攻めるべく、元就は、安芸より刺賀山城守長信、高畠源四郎を石見《いわみ》銀山近くの山吹城（島根県大田《おおだ》市）に配置した。すると、本城方が路次封鎖を行ったため、高畠らは兵粮《ひょうろう》に苦しむことになったという。このため、元就と吉川元春らが出陣し、山吹救援のため、兵粮搬入の荷駄に、選《よ》りすぐりの武士を警固として帯同させることとした。元春は、吉川家中より、二宮木工助を物頭に任じ、山県・井上・二宮・田中・佐伯ら十八人を選抜し、弓十六張と鑓二本を持たせ、山吹城に向かわせた。いっぽう、毛利方が来ることを予想していた尼子方は、雲州衆《うんしゆう》三〇〇人ほどが、別府（島根県美郷《みさと》町）で伏兵となって待ち構えていた。

それを知らぬ吉川家中の人々は、伏勢が潜む真っ只中《ただなか》に進んでしまったのである。ところが、吉川家中の井上又右衛門が、伏勢を発見し、物頭二宮木工助に「伏せぞ」と知らせると、「心得たるぞ、うまくやり遂げよう」と仲間を励まし、十八人が固まり、山県四郎右衛門が、伏勢に向けて弓矢を放ち、名乗りかけた。すると、尼子方の伏せの者が一斉に起こったという。吉川家中の人々は、弓を散々射掛けて、伏勢を圧倒し、二宮木工助は鑓で敵を突き伏せ、敵が崩れ、逃げ始めると、他の人々が斬りたて、追撃して首を四つ討ち取る「名誉之合戦」を行ったという。

この合戦が、いつのことであったかについて『森脇覚書』には記述がないが、この伏勢との合戦のすぐ後に、忍原合戦での大敗や、山吹城の降伏と、刺賀・高畠の両将が降伏、開城後に自刃する記述があるので、永禄元年（一五五八）のことであろう。なお、『森脇覚書』によれば、この別府における伏勢との合戦は、当時、尼子方の伏として参加していた井上豊後守就正という人物が、尼子氏滅亡後、毛利方に仕え、その様子を語り伝えているので、確かなことであるとの断り書きが続いている。

永禄六年ごろ、毛利方は、尼子氏の本拠月山富田城を攻めるべく、その足掛かりとして、熊野城（島根県松江市八雲町）を包囲した。これを担っていた吉川軍は、熊野城を包囲し、「高つぼ」というところに、二、三日布陣していたが、退却することとなった。この時、吉川衆は待ち伏せを行い、城方からの追撃を警戒していた。すると、熊野城から軍勢が出てきて、追撃（「付送」）を始めた。吉川衆の伏勢は、敵をやり過ごし、吉川軍が迎え撃ったのを合図に、背後から襲いかかり、敵を討ち取って撃退し、悠々と退却したという。

戦場で活用された伏調儀

東北の戦場の史料に、盛んに登場する「草調儀」に対し、北陸や中国地方では、「伏調儀」という軍言葉《いくさことば》が目に付く。越後上杉氏の事例を紹介しておこう。

天正十四年（一五八六）一月、上杉方は、天正九年以来反抗を続ける、新発田城主新発田重家を討つべく、敵方の大室城（新潟県阿賀野市）に伏調儀を行った。その結果、新発田方（「逆徒」）の水原《すいばら》衆（水原は阿賀野市）を討ち取り、首級が春日山《かすがやま》城の景勝のもとに届けられた。この伏調儀に加わった黒金宮内少輔と、酒井新左衛門尉に対し、景勝はそれぞれに感状を送っている（上越三〇七九号・三〇八一号）。景勝は、伏調儀で活躍した黒金とその配下を「高名之者共」と呼び、近くにいるのであれば、召し寄せて感じ入ったと声をかけるべきだが、遠路でありそれが叶《かな》わないので、直江兼続《なおえかねつぐ》に命じて、そのことを皆に申し届けさせるつもりだと、破格の言葉をかけている。また、酒井に至っては、彼の伏調儀は「智謀勇健、超越呂尚孫公者也、弥可励軍功事専一候」と記し、その活躍ぶりは、呂尚《りょしょう》（太公望）や孫公（孫子《そんし》）を超えるものだと激賞している。こうした感状における賞賛の文言は、通常の合戦の戦功により与えられるそれと比較して、極めて異例だと思われる。少なくとも、通常の合戦での感状で、「高名」などの文言はあるが、こうした破格の言葉は見られない。

景勝が、伏調儀を成功させた家臣らを褒め称えた理由は、その任務が極めて困難であるとともに、命を落とす危険性が極めて高い任務だったからであろう。また、それ以上に、伏調儀という任務を、武士が行うことへの抵抗感を景勝は慮《おもんぱか》り、それを成功に導いた家臣に気遣いをする必要があったからではなかろうか。

なお、伏兵は、草と同じく、各地の城砦の在城衆によっても担われていた。景勝が激賞した酒井、黒金らも、配下の人々に実施させたとみられる。天正十六年四月二十六日、沼田城主真田信幸《のぶゆき》（後の信之）は、上野国八幡山城《はちまんやま》（群馬県中之条町）の在城衆に対し、「八幡山番帳」を作成し、在城衆富沢豊前守・狩野志摩守・狩野右馬助・折田軍兵衛に与えた（戦真二二一号）。信幸は、八幡山在城衆のうち、六十四人を二班に分け、その二班が交代で城番、城普請、そして「兵伏」（伏兵）の任務を油断なく務めるよう命じた。彼らの武器をみてみると、弓・鉄炮・鑓であり、馬上の騎馬武者は一人も含まれていない。敵に悟られぬよう行動し、身を潜めて敵が近づいてくるのを待つ伏兵には、騎馬は不要だったのだろう。

天正壬午の乱に際して、北条氏直の大軍と、若神子《わかみこ》（北条軍陣地、山梨県北杜《ほくと》市）と新府《しんぷ》城・能見《のうけん》城（徳川軍陣地、同韮崎市）の間でにらみ合っていた徳川方は、北条軍の攻撃と伏兵を警戒して、家臣らが毎日当番制で警戒に当たっていた。九月十七日、能見城の物見番に当たっていた松平家忠は、敵の兵伏に襲撃された。この時、ともに戦った徳川家臣鱸小吉

（三河足助鱸《あすけすずき》氏か）が負傷している（『家忠日記』天正十年九月十七日条）。

伏兵は、敵味方双方が相手に向けて派遣しており、少しずつ、敵へのダメージを与えていくことと、敵の消耗を広げようとの意図で行われていた。

三　野臥、かまり

野臥（野伏）の登場

戦国期の史料に登場する「野伏」「野臥」は、南北朝期に突如出現した歩兵で、おもに伏兵を意味する言葉である。南北朝内乱における野伏は、戦場に姿を現すものの、正規軍同士の合戦で、主戦力として登場することはほとんどない。彼らは、①夜間に多数の篝火《かがりび》を焚《た》き、兵力を多く偽装する工作に従事したり、合戦時に山などの周辺で遊軍が存在していることを装い、敵を牽制《けんせい》する「見セ勢」「忻《たばか》リ勢」となるなど、偽装工作に従事したり、②路地封鎖などを行い、敵同士の兵粮、武器輸送や連絡を遮断する、③敵を難所に誘い込み、襲撃する、④敵を待ち伏せて討ち取る、⑤こうした作戦を行うのに、適当な場所を知らせ、案内する「案内者」となる、⑥敵が敗軍となったら、落武者狩り、追い剝《は》ぎを働く、といった活動をしていた（飯森富夫・二〇〇四年、高橋典幸・二〇〇八年）。

また、南北朝期の野伏は、戦場として巻き込まれた地域の村々から参加してくる者が多く、「○○の野伏」と地名を冠して呼称され、地域の地理に詳しい「案内者」として、南北両朝の武将から頼りにされていた。彼らは、自らの居住域を防衛するために、双方の軍勢に分かれて味方していたらしい。いっぽうで、守護が軍役として荘郷に賦課、動員する場合も広く見られた。そして、彼らは、歩兵として弓矢などを得物に、騎馬武者と連携して合戦をしたという。そして、彼らは「足軽ノ野伏」と『太平記』に記録されている（巻三十六）。同時に、野伏の供給源として、やはり無視できないのが、当時の社会に多数滞留していた、『太平記』にも登場する「溢《あぶ》レ者」たちの存在であった。

戦国期になると、南北朝・室町期よりも、野臥の人数は大規模化するとともに、活動も活発化する。彼らの活動は、草、伏兵やかまりと区別がつかなくなるほど、よく似ており、忍びが担う任務に参画していた側面が多かったのではなかろうか。

野臥の活動

野臥が合戦に参加し、領主にとって重要な軍事的地位を占めていたことを窺わせる事例として、文明八年（一四七六）五月、出雲国月山富田城主尼子清貞《きよさだ》の軍勢に関する資料がある（尼子七七号）。この年、出雲国能義《のぎ》郡で土一揆《つちいっき》が蜂起《ほうき》し、出雲守護代尼子清貞の居城月山富田城に攻め寄せた。この土一揆は、その規模と勢力から、国一揆と評価されるほど、強大であった（『新修島根県史』通史篇Ⅰ）。

一揆勢は、四月十四日、富田庄に乱入すべく進撃してきた。これを尼子軍が庄境で迎撃した。この時尼子軍は、被官福頼与五郎と、野伏一人が負傷した。同十六日には、上田（植田）、古川で戦闘があり、尼子被官二人と野伏一人が負傷した。同十九日、桜崎でも合戦があり、尼子被官一人が負傷、野伏一人が戦死している。そして、遂に一揆勢は月山富田城下に乱入し、五月二日、城下の三日市で合戦があり、尼子被官一人、野伏一人が負傷している。だが、一揆勢は、尼子軍の反撃と月山富田城の堅固な守りを崩せず、遂に敗退したらしい。

当時、応仁・文明の乱に参戦し、京都にいた出雲守護京極政高（経政）は、一揆勢を撃退した尼子清貞の戦功を讃え、感状を授与している。このことから、当時の守護や守護代、国人らは、野伏を動員し、戦闘を優位に進める工夫を凝らしていたことが知られる。

次に、永正七年（一五一〇）、今川氏親《うじちか》が、遠江における、守護斯波義達《しばよしさと》との抗争で活動した野伏について紹介しよう。この時、氏親とともに遠江各地を転戦した駿河伊達忠宗《ただむね》が作成した軍忠状によると、伊達は野伏を駆使して、斯波方を翻弄《ほんろう》している（戦今二五五号）。

永正八年十二月一日、斯波軍が、遠江国村櫛《むらぐし》、新津《しんづ》（静岡県浜松市）に攻め寄せた。駿河伊達忠宗は、この地域を守っており、ここを守り切ったらしい。斯波軍は、村櫛、新津攻略を諦《あきら》め、撤退し始めた。伊達は、これを予想しており、「しやうし淵」というところに、「のふし」を待機させたという。その戦果は定かでないが、伊達忠宗が作成した軍忠状に列挙されているので、戦果があったのだろう。

翌永正九年三月十七日、伊達軍は、斯波軍が陣取る気賀《けが》（浜松市）に進み、麦刈りや野伏による攻撃を仕掛けている。この合戦も、軍忠状に列挙されているので、斯波方にそれなりの損害を与えたと考えられる。

天文七年（一五三八）十月、北条氏綱《うじつな》・氏康《うじやす》父子は、小《お》弓《ゆみ》公方《くぼう》足利義明《よしあき》と、彼を支援する安房《あわ》里見《さとみ》義堯《よしたか》の軍勢と、下総国国府台（千葉県市川市）で対峙し、七日に決戦が行われた。『小弓御所様御討死軍物語』によると、「七日（天文七年十月）、巳の刻より申の刻に至るまで、箭軍・野伏限りなし、小弓様の御勢は二千余騎といふなり、左京の大夫氏綱は三千余騎にて控へたり」とあり、七日巳刻《みこく》（午前十時頃）から申《さる》刻（午後四時頃）まで、両軍は矢軍《やいくさ》と野伏による鬩《せめ》ぎあいを実施したという。この野伏は、矢軍の主体であったと推定される。『太平記』でも、矢軍を担う射手は、野伏だったという描写が少なくない。この合戦で、北条軍は勝利をおさめ、足利義明と嫡子義純、その弟基頼を始め、小弓公方重臣層多数が戦死し、小弓公方府は事実上滅亡した。

天文九年九月、安芸国毛利元就は、尼子晴久の大軍に、本拠地まで攻め込まれた。かの有名な郡山《こおりやま》籠城戦が始まった。この時の模様は、「郡山合戦覚書」に記されている（尼子五〇六号）。それには「一、去年《（天文九年）》九月四日ヨリ今年《（天文十年）》正月十三日之間、於通路討捕、日々於野伏射殺候不知数候、定而可有其聞候条、不能申候也」とあり、毛利方の野伏が、郡山籠城戦の期間（天文九年九月四日から同十年一月十三日）に、通路を封鎖したり、敵に弓を射かけて殺害したといい、その数知れずというほどであったという。実は、一月三日の合戦には、毛利援軍小早川興景が野伏を尼子軍に放ち、そのうえで小早川軍が襲いかかり、敵を敗走させている。だがこの合戦で、小早川軍の野伏や軍勢には、多数の負傷者が出ている（尼子四五四号）。

永禄八年（一五六五）三月、北条氏康は、古河《こが》公方家臣簗田《やなだ》晴助・持助父子の居城下総関《せき》宿《やど》城攻めを実施した。三月二日、簗田方は、城下の宿の外に軍勢を出し、備えたところ、北条方太田氏資が先陣として攻めかかってきた。そこを、簗田方の野伏が襲いかかり、太田勢を撃破し、氏康の備の前まで追い散らしたという。その後、北条軍は、氏康・氏政父子が自ら手鑓を取り、攻めかかってきたが、簗田方は北条方を寄せ付けず、遂に敵を撤退に追い込んだという（戦房一一六四号）。野伏の奇襲により、敵の鋭鋒《せんぽう》を挫《くじ》き、緒戦の勝利に繋《つな》がったという事例になるだろう。

天正八年（一五八〇）十二月、安房里見義頼《よしより》家臣岡本氏元は、佐竹氏のもとにあった梶原政景に書状を送り、房総での戦局を報じている（戦房一七七七号）。当時の房総は、里見義弘の死（天正六年五月二十日）を契機に、家督をめぐって梅王丸と義頼が、天正八年四月以来争う、天正の内訌《ないこう》に突入していた。梅王丸には、北条氏が加担しており、義頼は佐竹義重や甲斐武田勝頼と連携して、これに対抗しようとしていた。岡本氏元は、年も押し詰まった極日、梅王丸方の正木《まさき》憲時《のりとき》の攻撃を受けた。正木は、吉尾《よしお》（千葉県鴨川市）に、夜中攻め寄せてきたという。これに対し、義頼方は、あらかじめこのような事態があろうかと、警戒を万全にしており、正木勢が引き揚げようとしたその時、野伏が襲いかかり、五十余人を討ち取り、これを敗走させた。味方の野伏には、一人の負傷者も出なかったという。野伏は、敵の夜襲に備えて、警戒を命じられ、相手の隙を衝《つ》いて攻撃を仕掛けていることがわかる。

どのように集めたのか

これまでは、野伏（野臥）の活動のあり方を見てきたわけだが、それでは彼らはどのような人々で、如何《いか》にして戦国大名から集められたのだろうか。彼らは、室町期からすでに「足軽ノ野伏」（『太平記』）と認識されていた。そして、その出自も様々であった。既述のように、南北朝期における野伏の活動は、戦国期のそれとほとんど変わらない。ただ、南北朝期の野伏は、時々の政治・軍事情勢に応じて、別々の大将の呼びかけに呼応する形で参集してくる傾向に対し、室町期になると、荘郷ごとに守護役としての野伏役が賦課され、動員されるようになる。ただ、合戦終了後、落ち武者狩りや略奪のために、野伏が湧いて出てくるような状況は、共通してみられる。戦国期になると、野臥を戦国大名が重用する傾向が高まり、その人数は増加していく。以下では、戦国大名の野臥動員と利用について紹介していく。

永禄十一年(一五六八)、武田信玄は、北信濃の飯山城(長野県飯山市)や、信越国境関山(新潟県妙高市)などの上杉領に大攻勢を仕掛けた。いっぽうで、信玄は、この戦闘を行いつつ、並行して、海津城に次ぐ拠点として、長沼城の普請を開始した。当時、上杉謙信は、阿賀北衆本庄繁長の叛乱に対処するのに手一杯で、北信濃情勢に対応できなかった。この一連の合戦は、近年「最後の川中島合戦」と指摘されている。

この時、武田氏は、北信濃の本誓寺(現在は長野市松代町、当時は生萱《いきがや》〈千曲市〉にあった)、西巌寺《さいごんじ》(長野市長沼)に対し、「越国御出張之砌、野伏二人可被出」「越国口御動之時節者、野伏一人可被出候之趣、御下知候者也」と指示している(戦武一二三八号・一三一八号)。武田氏による野伏動員に関する史料は、管見の限り、この二点のみであり、これは、寺院に対する軍役(寺領の村々を対象)と考えられるだろう。この場合、野伏の動員を命じられた二ケ寺は、いずれも一向宗寺院であり、武田氏は一向一揆と極めて密接な関係にあったことが背景にあった可能性がある。なお、他宗の寺院や、神社を始め、村々への動員があったかどうかは、残念ながら明らかにならない。

そして、武田氏は、北信濃において、野伏を動員するにあたり、上杉軍が攻めてきたら、野伏を何人出して欲しいという論理で、説得していることは注目されるだろう。既述のように、南北朝内乱における野伏は、「〇〇の野伏」というように地域の名を冠して呼ばれることが多く、それは自らの居住地域を防衛するために、領主に協力し、地理に詳しい「案内者」として活動していたことに由来する。武田氏が動員した、北信濃の野伏は、これと性格が酷似している。これまでみてきた、野伏の活動をみると、毛利・尼子・簗田・里見らは、本拠や自身の領域を守るために、野伏を動員している。もちろん、敵地に攻め入った際に、引き連れていたことを窺わせるものも多いが、ある方面に軍勢を展開させ、敵が進出してきた場合には、地域防衛を大名が担うことを喧伝《けんでん》しつつ、地域の人々に協力を求め、これに応じてやってくる野伏もまた多かったのではなかろうか。

このような野伏の動員方法については、元亀二年（一五七一）十二月、武蔵鉢形城主北条氏邦が、家臣栗原宮内左衛門尉に宛てた判物に「今度信玄出張之刻、野伏以下相集、抽走廻之由、諏方部主水助申上候、誠以感悦候、弥向後武具等相嗜、走廻ニ付者、可扶持者也」とある（戦北一五六三号）。栗原は、武蔵国秩父《ちちぶ》の土豪で氏邦家臣であり、彼の活動を氏邦に報告したのは、秩父日尾城主で、氏邦重臣の諏方部主水助定勝であった。この文書は、武田信玄が元亀二年十月十九日から同二十六日にかけて、秩父郡を荒らしまわり「人民断絶」という状況になるほどの打撃を与えた作戦時のものである。武田軍の侵攻に対し、栗原は野伏を集めて、これと戦ったという。

同様の史料は、天正十五年（一五八七）九月二十日、氏邦重臣猪俣邦憲が、上野国緑野《みどの》郡三波《さんば》川《がわ》流域の北谷《きたやつ》衆飯塚和泉守に「境目之所用時ハ、谷中野伏相集、如日限召連可参候、并触口等申付候、一方本意付而者、可引立者也」と書き送っているものがある（戦北三一八一号）。当時、北条氏は、西上野の領国化を完了し、猪俣邦憲を箕輪城主に任命していた。北谷も、それに伴い、箕輪領に編成されたのである。当時の北条氏は、上野国沼田・岩櫃城を拠点に、利根郡・吾妻郡を支配する真田昌幸と激しく対立していた（平山・二〇一一年①、丸島和洋・二〇一五年、黒田基樹・二〇一五年）。邦憲が、飯塚に指示したのは、真田方が境目に攻め寄せてきた際の動員についてであり、飯塚は「触口」として、北谷一帯の村々に動員を掛け、野伏を招集するという役割を期待されていた。これもまた、敵の攻撃から地域を防衛するために、領主が村々に協力を要請したものに相当するだろう。

もし協力して、勝利を得られれば、野伏たちは、落武者狩りや追剝などの略奪を始め、様々な褒美が与えられる可能性があった。しかし、もし味方が敗北すれば、過酷な運命が待っていた。天正十七年六月五日、伊達政宗は、蘆名義広らと、摺上原で激突し、大勝利をおさめた。この時、政宗は、六月五日付で家臣中嶋宗求に「見合を以及一戦、金上・針生方為始、馬上三百余騎、野臥共ニ二千余討取」と記している（仙台四四五号）。同じことを、政宗は同日付で、郡山摂津守らにも書き送っているが、そこには「見合を以及一戦、金上・針生を為始、馬上三百余騎、足軽共ニ二千余討取」と記しており（仙台四四六号）、野臥が合戦の巻き添えで多数命を落としたことが窺われる。そして、政宗もまた、野臥＝足軽と認識していたようだ。

領国からの軍事動員

戦国大名伊達氏は、領国の郷村や町から、軍事動員を実施し、戦争を勝ち抜く懸命の努力をしていた。伊達氏の軍事力を支える裾野《すその》として、名懸衆《ながけしゅう》と野臥が著名である。

名懸衆とは、伊達氏に対し、主に弓、鉄炮、鑓を装備したうえで、軍役奉公する存在であり、伊達氏の譜代《ふだい》家臣のうち、旗本・近習に附属され、彼らを寄親《よりおや》とし、その指南と軍事指揮下に編成された寄子・同心衆のことである。名懸衆は、伊達氏直属の徒士《かち》だが、毎年正月に、米沢城に参上し、伊達氏に呼名される「呼懸式」に臨み、さらに宴を賜ったことから、名懸衆と呼ばれた。この慣例は、伊達氏の十代氏宗《うじむね》の時に、「御名を懸けられ」てその麾下に属した時以来だと伝わる（小林清治・一九六五年、『米沢市史』通史編原始・古代・中世編第四章第三節）。

名懸衆は、地頭など、伊達氏の有力家臣とは違い、知行地を持たぬ者たちで、郷村や町に住み、在家（現在の小字に相当し、田畠・屋敷によって構成される経営と収取の単位）の担い手であり、名字を持つ有力百姓層に他ならなかった。彼らの在家は、名子《なご》・下人ら奉公人を抱え、田畠《でんぱた》の経営を行っていたのである。

ところが彼らは、在家の知行主（地頭）の支配下にありつつも、伊達氏と主従関係を結んでいた。このことは、名懸衆は、地頭に対し在家役などの諸役を納入する義務を負う百姓身分であったことを推測させ、いっぽうで伊達氏への軍事奉公を担う存在でもあった。伊達氏が、名懸衆をどのように編成していったかは、不明な点が多く、検討を要するが、恐らく、彼らに賦課されていた年貢・公事《くじ》の一部、もしくは全額が免除される特権を付与され、軍役奉公をしていたと考えられる。近世の事例ではあるが、仙台藩政期に、相馬との境界にある伊具郡耕野《こうや》、川張、大蔵村（伊達氏直轄領、宮城県丸森町）の百姓は、「馬上十一騎、鑓百五十人」の軍役を務めるかわりに、年貢減免の特権を得ていたという（前掲『米沢市史』通史編）。これは、武田氏の軍役衆、今川氏の名職とまったく同様である。つまり、身分は百姓であり、地頭への貢納義務を残しつつ、その身は戦国大名に直属し、奉公を義務付けられ、地頭による検断権の対象から外されていた在村被官であったとみられる。伊達政宗の麾下にあった名懸衆は、四〇〇余人とされ、このうち『野臥日記』に登録されている名懸衆は、六十六人を数える（小林清治・一九六五年）。

これに対し野臥は、天正十七年、伊達政宗により大規模な動員が行われたことで知られる。当時政宗は、大崎氏や最上氏との和睦に漕《こ》ぎつけたものの、蘆名・佐竹氏とは依然として緊張状態にあった。しかも、和睦したとはいえ、大崎・最上氏の動向も不安定であり、いつ蘆名・佐竹と連携して、伊達と再戦に踏み切るか予断を許さなかった。こうした情勢下で、政宗は、天正十七年四月、刈田《かった》・伊達・信夫郡の郷村や町を対象にした人別帳を作成した。これが『野臥日記』『里野臥日記』である（小林清治・一九六五年・一九六七年、高橋圭次・二〇〇七年、遠藤ゆり子・二〇一七年）。

伊達の野臥は登録制

伊達氏の『野臥日記』は、各郷村や町を単位に、在家ごとに男子を登録したものである。その中には、名子・被官はもちろん、山伏、牢人なども含まれており、動員可能なすべての男子を対象にしたものと考えられる。そのうえで、そして、特徴的なのは、登録された人名の上に、上・中・下という区分がつけられていることであり、さらに各郷村や町の末尾に、その人数が集計されているのだが、上と中は集計されているのに対して、下は一切記載されていない。

このことは、『野臥日記』の調査と集計の対象が、経済的な立場（田畠・屋敷の有無、貧富の差）ではなく、身体の強壮に主眼が置かれていた可能性を示唆する。これは、『野臥日記』の中には、上・中・下だけでなく、「老」「中老」「隠居」という老齢を意味する記述があるほか、「馬上」（騎馬）、「てつ」「てつほう」（鉄炮）、「門」「門番」や「かち」（徒士）、「近習」「夫丸」「詰夫」「走夫」など、武装や役目に関する注記や、「煩」（病者）などの登録もみられることからも窺われる。

つまり、この人別帳たる『野臥日記』とは、陣夫、軍役の補いとしての動員を主眼とするもので、様々な観点からの評価基準が必要であったようなのだ。そして、調査対象とされた男子は、十五歳から六十歳（一説に六十五歳）と推定されている。ただ、村町では、可能な限り、野臥としての適性が高い者の申告を、意図的に避け、軍役を忌避しようとしていた傾向が窺われるとも指摘されている（遠藤ゆり子・二〇一七年）。

その結果、現存する『野臥日記』で調査、把握された人数は、総計一五四〇人、うち上八六七人、中八十九人、下六十二人、その他（注記なし）五二二人となる。実際には、もっと大規模な台帳づくりが行われ、野臥候補者の登録がなされたのだろう。

そして政宗が、こうした十五歳から六十歳までの男子を対象に、人別台帳（『野臥日記』）を作成し、村町から野臥を動員したのは、周囲を敵に包囲されつつある、伊達領国の危機的状況に対応してのことであった。政宗は、領国の危機、つまり地域社会の危機を契機に、村町の人々に協力を求め、民衆もまたこれに応じたのであろう。この他に、政宗は、敵方の領域の民衆の一部をも、味方として動員することに成功していたといわれ、彼らは「寄居」と呼称され、区別されていたという（高橋圭次・二〇〇七年）。こうして動員された野臥、寄居は、地域の地理を知悉《ちしつ》し、伊達軍の案内者となり、伏勢すべき場所の選定、敵への奇襲攻撃、路次封鎖と通行人の殺害、捕縛、伊達方の城砦の警固などを担ったのであった。

一揆を催す、土民百姓を催す

このような、民衆動員のあり方は、戦国大名が広く実施したことが知られる。例えば、元亀元年（一五七〇）五月、近江の戦国大名浅井長政は、岐阜に撤退した織田信長の動きを封じるべく、鯰江城に軍勢を配置した。『信長公記』元亀元年五月十九日条に「五月十九日御下りの処、浅井備前、鯰江の城へ人数を入れ、市原の郷一揆を催し、通路止むべき行仕候」とある。注目されるのは、浅井氏が、市原（滋賀県甲賀市）で「一揆を催し」て、路次封鎖を実施させたとあることだ。

このほかにも、『信長公記』天正九年（一五八一）一月三日条には「正月三日、武田四郎勝頼、遠州高天神の後巻として、甲斐・信濃一揆を催し罷出るの由、風説に付いて、岐阜中将信忠卿御馬を出だされ、尾州清洲の城に御居陣なり」などとみえる。これは、武田勝頼が、遠江国高天神城を救援すべく、甲斐・信濃で「一揆を催し」て出陣してくる、との情報を織田信忠が摑《つか》んだとあるものだ。同書には、少し時期が遡《さかのぼ》るが、天正三年十一月にも「去程に武田四郎、岩村へ後巻として甲斐・信濃の土民百姓等迄かり催し罷出で、既に打向かふの由注進候の間、十一月十四日戌刻、京都を御立ちなされ、夜を日に継ぎ十五日に岐阜に至つて御下り」との記述がある。これは、武田勝頼が、織田信忠に包囲されていた、東美濃岩村《いわむら》城を救援すべく、後詰の軍勢を率いて、信濃に出陣したことを織田方が察知し、京都にいた織田信長が、急遽《きゆうきよ》岐阜に帰還した時の記事である。ここに登場する「土民百姓等迄かり催し」とあるのは、「一揆を催す」と同義とみられる。

では、この「一揆を催す」「土民百姓を催す」とは、具体的にどのようなことなのか。このことについて、興味深い史料がある。申(天正十二年)八月二十六日、徳川家臣駒井帯刀勝盛(武田遺臣、駒井高白斎の一族)、坂本豊前守貞次(武田遺臣、甲斐衆)は、連署で黒印状を出した(静岡⑧一七四五号)。宛所は、「右之郷年寄衆」とあり、具体的には、駿河国方上《かたのがみ》惣郷(方野上)、大覚寺、八楠《やぐす》、越後島、策牛《むちうしら》良知《ち》、関方《せきがた》良知(以上、焼津《やいづ》市)の村々であった。駒井と坂本は、当時、徳川氏の郡代であったといわれる。この黒印状では、「一揆ニ可罷立在々」として、右の六ケ郷が指定され、彼らは郷中で談合のうえで、大旗一本、それぞれが指す「こしさし」（腰差、腰小簱《こしこばた》）とを用意し、旗の紋は中黒とするよう指定された。そのうえで、持ち道具は、弓・鉄炮・鑓を準備のうえ、十五歳以上、六十歳までの男子は一人も残らず参陣するよう命じられ、村の年寄分は騎乗（「乗鞍」）するようにとのことであった。騎乗する村の年寄衆とともに、村々を出陣した人々は、徳川氏が指定した物主（指揮官）原河（原川）新三郎の指揮下に入り、活躍することを求められ、陣取りの際にも、常に原河とともに行動するよう指示された（平山優・柴裕之・丸島和洋・二〇〇九年）。

つまり、「一揆を催す」とは、村々に住む十五歳から六十歳までの男子を、戦場に動員することに他ならなかった。そして、この時、徳川氏が動員をかけたのは、羽柴《はしば》秀吉との小牧・長久手合戦という緊急事態に際してであった。このことと、先に紹介した、浅井長政や武田勝頼の事例とを勘案すると、「一揆を催す」という動員方法は、戦国大名が危機的状況に立たされた場合に限定されていた可能性が浮かび上がってくる。

そして、このような動員方法は、すでに藤木久志氏によって明らかにされている（藤木・一九九三年）。たとえば、北条氏は、永禄十一年（一五六八）冬から元亀二年（一五七一）冬にかけての武田信玄襲来の危機、天正十四年（一五八六）秋から同十六年秋にかけての羽柴秀吉との対立、そして天正十七年冬から同十八年夏までの小田原合戦の三次にわたって、領国の危機に直面した際、すべての村町に対し、十五歳から六十歳までの男子を調査し、台帳に登録する人改めを実施した。武田氏も、天正三年の長篠敗戦による領国失陥という危機に直面し、同様に十五歳から六十歳までの男子を二十日間に限り、動員することに踏み切っていた。そして、彼らは、武士や軍役衆などの戦場働きする最前線ではなく、路次封鎖や兵の空白を補う最寄りの城の留守番など籠城要員として活用されるのが常態であったという。

動員したい大名と免れたい民衆

さらに注目すべきは、戦国大名北条氏が作成した、十五歳から六十歳までの男子を、人改めによって登録した台帳は、「一揆帳」と呼称されていることである。しかしながら、この「一揆帳」作成にあたって、村町は、軍役忌避の動きが強く、精兵を必要としていた大名側にとって、常に頭の痛い問題であったという。これは、伊達氏が作成した『野臥日記』にもみられる動向であった。

村町の住人のうち、特に職能により大名に奉公していた者たちは、それを楯《たて》に「一揆帳」に登録されたとしても、動員を適用されないよう、大名側に働きかけていたようだ。天正三年十月一日、武田勝頼は、駿府商人衆に朱印状を与え、三ヶ条に及ぶ特権を認定した（戦武二五三六号）。それは、御普請役・郷夫役の免除、人質提出の免除のほか「一揆之事」が明記されている。つまり、武田氏は、このころ「一揆帳」の作成を実施しており、駿府商人衆は、これまでの奉公を背景に、その適用を免れようとし、それが認められたのだろう。戦国期の一揆や野臥とは、村町の十五歳から六十歳（場合によっては、六十五歳、七十歳）の男子が、地域の緊急事態や危機に際会した場合にのみ、大名側の要請により、動員されるものであったことがわかる。なお、十五歳以上、六十歳以下という対象年齢規定は、当時の村社会の村役負担を担う成人男子の慣習に基礎を置いていたもので、戦国大名はそれを利用したといえる。

村町の一揆、野臥はまた、敗残兵を討ち取って、戦利品をせしめ、首級を大名に差し出して褒美に与ったり、身ぐるみ奪い取る追剝で利益を得ていたのだった（藤木久志・二〇〇五年）。地域の危機を、大名とともに切り抜けることと、戦勝時の利得という魅力もあり、村町の人々は動員に応じたのだろう。だが、そこには一つ間違えば、敗戦の巻き添えとなり、命を落としかねない、過酷な戦国の現実が横たわっていた。

かまりとは何か

これまで、草、野伏（野臥）について紹介してきた。最後に、それらと同じ活動をしていた「かまり」について紹介したい。かまりの語源は、敵に発見されないよう、かがまり潜むことに由来する。史料を見ていくと、かまりには、二種類あることがわかる。一つは、「かまり」と呼ばれる忍びであり、もう一つは「地下《じげ》かまり」である。前者は、訓練された忍びであるが、後者は地域の人々が動員されたものを指す。

　これは、戦国大名が足軽として雇用していた野臥と、軍役として賦課したり、村町における十五歳から六十歳までの男子を動員した野臥の相違と同様である。前者は、透波、乱波のように、アウトローに扶持《ふち》を与え、人質を取り、足軽のグループに加えて、境目や合戦場の真っ只中で活動させるプロ集団であった。いっぽう、後者は、案内者や路次封鎖、落武者狩り、城砦警固などのために、大名が緊急事態要請を発し、これに応じて動員されたものであった。そして、彼らの任務は、最前線ではなく、敵の間隙《かんげき》を衝いたり、退路や補給を断ったり、味方の作戦を有利にするための遊撃戦であった。

　また興味深いのは、これまで草、草調儀という軍言葉が、東北地方に一般的で、関東でも使用され、伏、伏調儀や野伏（野臥）は西日本を含めた広域の使用が認められるのに対し、「かまり」は、おもに関東・中部・東海地方などで使用されるものの、管見の限り、東北や西日本ではみられない呼称であることだ。このことは、『武家名目抄』が、忍びの呼称には、地域性があると指摘していたことを、裏付けるものであろう。なお、『日葡辞書』にも、かまりは掲載されておらず、地域性の強い呼称であった可能性を窺わせる。

かまりの活動

かまりは、関東・中部・東海地方の戦国史料に頻出する。いくつかの事例を紹介しよう。まずは、徳川家康の家臣で、三河深溝城主松平家忠が記した『家忠日記』にみえるかまりの記述である。

天正七年（一五七九）から同十年にかけて、武田勝頼と対峙していた徳川氏は、しばしば両勢力の境目である大井川および遠江高天神城周辺で、小競り合いを繰り返していた。とりわけ、両氏が重視していたのは、高天神城である。勝頼が、天正二年に徳川方より奪取して以来、ここの奪回は、家康にとって、領国の安全保障上、最も重要な課題であった。逆に武田氏にとって、この城を確保しつづけることで、徳川方の遠江・駿河への侵攻を掣肘《せいちゅう》するとともに、家康への反攻の足掛かりとしても重視されていた。だが、天正七年九月以来、家康は、関東の北条氏と結んで、勝頼への反撃を強めていた。

『家忠日記』天正七年十一月四日条には、「井籠ニかまり候て、のろし次第ニかけ候、ちやうきちかい候て帰候、野ニ火つけ候、鳥居彦右衛門同心にて御成敗候」とある。井籠（静岡県島田市）とは、色尾とも書き、当時、大井川を渡河する場所であった。そのため、武田・徳川両軍が、常にこの井籠を通過していたのである。そこで徳川方は、武田方の小勢や荷駄などを待ち伏せるべく、ここにかまりを配置していたのだった。ところが、この時、狼煙が揚がったので、徳川の部隊が駆け付けると、武田勢の姿はなかったらしく、それは手違い（「調儀違い」）であったことがわかり、彼らは空しく引き揚げたという。このことから、かまりは、待ち伏せをして敵を襲撃するだけでなく、合図の狼煙を揚げて、味方に敵の接近を知らせ、確実に敵を殲滅する手筈《てはず》を整えていたことがわかる。その後、揚がった煙が、狼煙ではなく、鳥居元忠《とりいもとただ》の同心が野原に火をつけたことによる、失火だったことがわかり、その同心は成敗されたという。

路次封鎖や城砦の番を担う

次に、天正七年十一月七日条に、「七日、己酉、瀧さかへかまり越候て、敵十四五人、荷物廿駄取候」とある。「瀧さか」とは、滝坂、滝堺ともいい、武田氏の遠江における拠点の一つ、滝堺城（静岡県牧之原市相良）が所在した場所である。この滝堺城は、小山城―滝堺城―高天神城という、高天神への補給路として重視された城であった。北条氏政との同盟が破綻《はたん》し、家康と氏政とが、同盟を締結し、武田氏を東西から挟撃する大勢が整えられたことで、武田勝頼は本隊を率いて、高天神城への番替と兵粮補給が出来なくなっていた。そこで、高天神維持のために期待されたのが、小山・滝堺を経由した陸路での荷駄搬入であった。徳川方は、これを阻止し、高天神城を完全に封鎖して、兵粮攻めにしようとしていたのだった。

徳川方のかまりは、滝堺城周辺に展開し、武田方の荷駄を襲撃し、敵兵を討ち取り、荷物を奪取していたのだった。この補給路遮断は、高天神城陥落を決定的にしたといえる（平山・二〇一七年）。

天正十年七月二十六日、甲斐国新府（山梨県韮崎市）、若神子（同北杜市）で、北条氏直の大軍と対峙していた徳川軍は、新府城を本陣に、能見城（韮崎市）などに砦《とりで》を補強して、敵に備えていた。松平家忠は「こやきわにかまりを置候て、手前も人をうち候」としるしている。これは七月二十八日に、砦（「小屋」）の番を務めていた家忠が、念のため、その周辺にかまりを配置しておき、北条方の攻撃に備えていた。すると、北条方の兵卒を討ち取ることが出来たという。

また、良質な史料にはみえないが、天正十年八月二十八日、対峙する北条と徳川方の間で、本格的な軍事衝突があったという（『朝野《ちょうや》旧聞裒藁《ほうこう》』巻一六二）。これは、大豆生田《まみょうだ》砦の合戦で、北条方が徳川方の陣地周辺で、盛んに苅田を実施したため、この兵がどこから来ているのかを探ったところ、大豆生田砦から出てきていることがわかった。そこで、榊原康政《さかきばらやすまさ》、久世《くぜ》広《ひろ》宣《のぶ》らが、かまり、伏兵を配備して様子を窺い、敵兵が苅田に夢中になっているところへ急襲を仕掛けた。驚いた敵兵が、砦に向かって逃げ出すと、それを追いかけ、そのまま大豆生田砦に突入し、これを陥落させたのだというものである（平山・二〇一五年）。かまりが、そのまま敵を追撃して、逃げ込もうした敵城に付け入り、攻略したという逸話は、しばしばみられるものである。このように合戦時に、「かまり」を広範囲にわたって展開させることは、当時一般的な方法であったようだ。

この他にも、合戦が始まると同時に、敵方の透波潜入や使者の通行などを阻止すべく、敵味方の境目に、広くかまりが展開し、警戒に当たるのが原則であった。天正十年二月、駿河の武田領国に徳川軍が攻め込むと、武田方は「かまり」を展開させている。このことについて、当時の様子を回想した元穴山梅雪《あなやまばいせつ》〈信君〉武田御一門衆、駿河江尻城代）家臣佐野弥左衛門（駿河富士郡の土豪）は、その覚書の中で次のように述べている（戦武四〇〇五号）。

穴山は、すでに織田・徳川氏に内通しており、徳川家康の侵攻が始まると、かねての約束通り、武田氏から離反した。この時、梅雪は、駿府に入った家康に「江尻城を徳川に明け渡します」と記した密書を届けるべく、その任務を重臣穂坂常陸介に命じた。穂坂は、ただちに佐野弥左衛門を召し出し、密書を持たせ、江尻から駿府に派遣した。だが、佐野はかなり難儀したらしい。というのも、あたり一帯のすべての道は、武田方の久能《くのう》城や山家方面から派遣された「かまり」によって封鎖されていたからである。どのような方法を採ったかは定かでないが、佐野は、何とか駿府にたどり着き、家康重臣本多作左衛門重次に書状を届けることに成功した。徳川方からは、忠節であると声をかけられたという。

この覚書から、①武田方の各城には、「かまり」の任務をこなす人々が常駐しており、②合戦時には、いち早く城外に出て、道を封鎖し、③敵の「かまり」や使者の往来を阻止し、捕縛しようとしていたこと、などが窺われる。彼らの任務は、路次封鎖だったことがわかるだろう。ただ、各城に常駐していた「かまり」とは、先に真田信之が定めた「八幡山番帳」にみられるような、在城衆を編成したものであったと推定される。

北条方の横地勝吉（氏邦家臣か）は、某年一月二十一日、下野国鑁阿寺《ばんなじ》と北条方の兵卒との紛争について、同寺に書状を送り、今後はしっかりと対応することを約束した（戦房一九五四号）。横地の書状によると、鑁阿寺から使僧の訪問を受けた北条氏邦は、寺からの訴えを聞いて激怒したという。それは、北条軍の兵たちが、一昨日、寺の護摩堂を破却するなどの狼藉《ろうぜき》を働いたからだという。氏邦が怒ったのは、鑁阿寺は、北条氏がすでに「御加妳之所」（保護すべき場所）に指定していたからで、兵たちの行動はそれを蔑《ないがし》ろにするものだったからである。それだけでなく、足利衆が鑁阿寺境内を「くさかまり場」にしていたというのだ。これは、草やかまりの人々が待機するたまり場にしてしまっていたことを示している。

横地は、このことについて、それはよいことではないと懸念を示し、彼らのうち、一人でもいたずら者が出て、悪事を働くようなことになれば大変なことになると考え、ただちに人を派遣し、厳重に注意するようにしたい、と述べている。

このことから、「くさかまり」の人々は、日頃から素行があまりよくなく、その行動が懸念されていたことが窺われる。これは、既述のように、北条の忍びとして著名な風魔の人々が、地域の住人とトラブルを起こしかねない連中と、北条氏から懸念されていたのと同様であると考えられる。

案内者として働く

慶長五年（一六〇〇）、関ケ原合戦が始まる直前、徳川秀忠は、徳川軍主力を率いて、中《なか》山道《せんどう》を進み、西軍に加担した信濃小県郡上田城主真田昌幸・信繁父子の攻略を急いでいた。いわゆる、第二次上田合戦である。この時、小諸《こもろ》城を出陣した徳川軍は、小諸郊外の深沢で、真田方の大かまり（伏兵）が潜んでいることを発見し、これを攻撃した。真田方の「大かまり」は、徳川方に追い散らされ、多くが討ち取られたという。この時、徳川方として従軍していた龍野重吉は、「みはり」というところで、首級一つを討ち取ったという。この「大かまり」は、徳川軍に不意打ちを仕掛けようとした、昌幸の作戦だったと考えられる。伏兵としての「かまり」の様子を窺わせる。

慶長五年九月三日、関ケ原合戦に際し、西軍に味方した上杉景勝は、東軍の最上義光・伊達政宗との決戦を前に、軍法を定めた（『上杉家文書 大日本古文書』三、三八二頁）。その一条に、「一、敵あいちかき処にては、かまりにつき身をかくし、敵を可討心懸肝要也、むさとけなげだてをいたし、敵之的になり、不入所にて、手負・死人ニなり候者、従類共可令成敗事」とある。敵が間近にいるところでは、かまりの後ろに付いて身を隠し、敵を討ち取るべき心がけをもつようにせよ。無駄な健気《けなげ》だて（勇猛さ）を出して、敵の標的となり、不要な場所で負傷したり、戦死したりすれば、従類を含めて成敗する、と景勝は厳しく家臣らに指示していた。

この条文によれば、かまりは、敵の軍勢間近に接近するばかりか、味方を案内してともに身を隠し、敵を攻撃する時期を見計らうのが任務であったことがわかるだろう。かまりは、味方の軍勢との共同作戦の先導役を担い、合戦を優位に導く案内者としての役割も期待されていたのである。

土地の者を徴発した地下かまり

「かまり」とは、草と同義で、伏兵として敵を待ち伏せする任務を負っていたことは、先に紹介した。『甲陽軍鑑』末書下巻下七によれば、武田氏は、敵が領国に攻め入ってきた場合に実施する防戦方法の一つとして、「地下かまり」の動員を数え上げていた。この「地下かまり」とは、『武家名目抄』にある、庶民の中から軍役として徴発され、「忍」の任務を命じられた者を指すとみられる。そして、『甲陽軍鑑』によると、彼らの任務は、まさに伏兵としての「地下かまり」と、狼煙を揚げること、合図の旗を振ること、見せ旗を持つこと、などであった。

「地下かまり」の事例として、天正三年（一五七五）八月、長篠敗戦後、信濃国伊那・木曽《きそ》郡の防衛策を定めた武田氏の軍役条目（全二十八ヶ条）の中に、次のような条文がみられる（戦武二五一四号）。

一、地下人之事者、以案内者令糺明、或疑心之輩、或部類広き族計妻子高遠へ召寄、其外之地下人ニ者、厳重ニ誓詞被申付、不可企逆心之旨被相定、然而山小屋へ入或敵退散砌歟、或通路をさいきるへき時節召出、挊可被申付事（第三条）

一、下口之貴賤、小屋入以下之支度相調候之内、上伊奈箕輪辺之貴賤相集稼之事（第十三条）

一、兼日向敵陣及行者、以火狼煙首尾、山々嶺々之人数可相集事（第十八条）

武田氏は、織田軍の信濃侵攻が開始された場合、地下人（土豪、有力百姓層）の掌握と管理を重視していた。彼らの事情に詳しい者を案内者として、武田方は向背が疑わしい者、親族が広域にいる者などについては、あらかじめ起請文を取り、妻子を人質として提出させたうえで、これを高遠城に確保するよう指示している。そのほかの地下人は、起請文だけを取って、ただちに山小屋（城砦）に籠城させることにした。その目的は、武田軍と織田軍の合戦に参戦させるのではなく、敵が退却した場合や、通過した後の路次封鎖のためであった。

この「小屋入」（小屋上がり）には、伊那郡の「貴賎《きせん》」、すなわち身分の上下に関係なく参集が要請されており、敵の動きに応じて、狼煙の合図により、「山小屋」に籠城していた「貴賎」らが行動を起こす手筈となっていた。このような、小屋上がり、路次封鎖、敵の通路攪乱《かくらん》、狼煙による合図は、『甲陽軍鑑』が記す「地下かまり」の任務たる「かまり」「のろし」「合図の旗」「見せ旗」などとほぼ一致する。『軍鑑』などには、武田氏が村町の民衆を動員して、敵を牽制するために、紙の旗を持たせて山に展開させるなどの記述が、しばしばみられる。こうした、「合図の旗」「見せ旗」については、確実な史料ではなかなか確認できないが、「地下かまり」を用いた敵攪乱の戦術として使用されていた可能性はあるだろう。

同様の事例は、越後の上杉領国でも確認できる。天正壬午の乱勃発直後の、天正十年（一五八二）七月十七日、上杉景勝は、信濃国深志《ふかし》城（現在の松本城）に在城する小笠原洞雪斎《どうせつさい》玄也《げんや》らより、援軍要請を受け取った。それは、この地域の人々が上杉方に従わないばかりか、「路次中之地下等、少々山小屋へ取上、往復差塞様ニ候」とあるように、地下人らは、山小屋に籠城し、路次封鎖を行い、上杉方を苦境に陥れていたからであった（上越三七九八号）。景勝は、今日援軍を派遣したので、今日明日中には、路次封鎖を行っている地下人らを討ち果たし、そちらと合流することになるだろうと述べている。「山小屋」に籠《こも》り、路次封鎖を実施する地下かまりの様子が、ここでも窺われる。

戦国大名に味方する地下人らが、その動員に応じて、小屋上がりを実施した後に、やがて敵が退散したので、必要性がなくなった場合、その動員解除もまた、大名の指示を待ってからであった。上杉景勝は、某年五月二十日に「柏崎町《（柏崎市）》人共小屋下之儀可致之由申候歟、至其儀者、早々還住可申付候」と書状に記した（上越三七七四号）。柏崎《かしわざき》の町人らが、上杉方に味方して小屋上がりを行っていたところ、そろそろ動員の解除（「小屋下がり」）をして欲しいと申請してきたので、景勝は彼らが柏崎町に帰還することを許可している。

こうした武田氏、上杉氏の史料に登場し、「小屋上がり」と路次封鎖などを担う「地下かまり」は、勝頼が長篠敗戦後に動員を開始した「一揆」、伊達氏の動員した「野臥」に相当するとみてよかろう。

第四章　城の乗っ取り、放火、決死の諜報活動

一　城乗っ取りと忍び

敵城の「乗取」

戦国期の史料をみていくと、敵の城を軍勢をもって攻略した場合、「攻落」「責落」「乗崩」「落居」などの文言で表現されていることが多い。だが、特殊な言葉として「乗取」というものがある。この「乗取」という文言を追求してみると、通常の軍勢による攻略ではなく、特殊な方法で行われたことを指す事実が浮かび上がってくるのだ。

たとえば、武田信玄が、天文十九年（一五五〇）に攻略に失敗し、退却する際に、村上義清《むらかみよしきよ》の軍勢に追撃され大敗を喫したことで知られる、信濃国小県郡にある砥石《といし》城（上田市）は、翌天文二十年に「乗取」によって武田方が確保した。

このことは、『高白斎記』の天文二十年五月二十六日条に「廿六日節、砥石ノ城、真田乗取」と記されている。砥石城は、真田幸綱《ゆきつな》（昌幸の父）によって「乗取」られたというのだ。しかし、どのような方法で「乗取」が行われたのかは、残念ながら明らかにならない。近世の軍記物などでは、砥石城内に、幸綱の実弟矢沢綱頼や一族が多数いたことから、彼らを調略して成功させたのだといわれる（平山・二〇一一年①）。そこで、城の「乗取」とされた事例を蒐集《しゅうしゅう》し、その内実を検討していきたい。

『浅井三代記』にみる放火と乗取

戦国大名浅井氏の活動を記録する『浅井三代記』は、近世に成立した軍記物である。その第六「千田・磯野、大嵩の城夜込に乗取事」に、京極方の雑兵（忍び）による、大嵩城（大《おお》嶽《づく》城のこと、小谷《おだに》城の一部）城乗っ取りの経過が記述されている。興味深いので、それを紹介しよう。京極方の磯野為員・千田帯刀らが、永正十五年（一五一八）五月、浅井亮政《すけまさ》の本拠地小谷城を攻略すべく出陣し、これを攻め立てたが、守りが堅く、浅井方には動揺の気配もなかった。そこで、磯野らは、小谷城の本城よりも高い場所にある、大嵩城（大嶽城）を乗っ取り、勝負を決しようと考え、六月七日夜になって行動を開始した。

六月七日（永正十五年）の夜半許の事なるに、雑兵三百、皆歩立になり山田口へ相まはり、大嵩の城の搦手、鷲の石といふ所に、から掘の切岸に足がたを打、忍びあがり、城の塀近く寄けれども、とがむる者もさらになく、静り切て音もせず、只夜廻りの城中を廻る計聞えければ、頓て鬨を撞とあぐる、城中には是を聞、騒動する事限りなし、其間に五人の者共、塀に手をかけ乗越、城中の小屋に火をはなちければ、折節北風烈しくて、四方に焼廻る、城中の兵共、太刀帯者は甲を忘れ、弓取る者は矢をはがず、上を下へと返しける

これによると、京極方の雑兵三百ほどは、夜半に、大嵩城の搦手《からめて》の空堀に潜み、切岸に足場を打ち、全員が秘《ひそ》かに忍び上がり、塀近くで様子を窺《うかが》った。内部では、浅井方が気づいた様子はなかったので、京極方の五人が塀を越えて、城内に火を放つ支度にかかり、残る人々は頃合いを見計らって、一斉に鬨《とき》の声を挙げた。同時に、城の各所で火の手が上がったという。これに驚いた浅井方は、周章狼狽《ろうばい》して、逃げ惑い、城は遂《つい》に乗っ取られたと記されている。実によく出来た話なのだが、こうした城乗っ取りは、事実なのだろうか。

「乗取」と「計策」

まずはじめに、北条家臣猪俣邦憲が行った城乗っ取りを紹介しよう（戦真関連一三一号）。天正十四年（一五八六）四月、猪俣邦憲は、上野国吾妻郡で、真田昌幸・信之父子と激しい角逐を繰り広げていた。猪俣は、大戸城（手小丸城、群馬県東吾妻町）と岩櫃城（同）との間

に位置する仙人ケ窪《せんにんがくぼ》城に狙いを定めた。そして、ついに「計策」をもって、仙人ケ窪城を乗っ取ったのである。これを知った北条氏直は、四月二十五日付で猪俣に感状を与えている。

この仙人ケ窪城は、真田信之が天正十年末、北条方に攻略された手小丸城を奪回すべく、陣所を置いた場所といわれ、真田方の拠点として岩櫃城に接近する敵を阻止する役割を担っていた（平山・二〇一六年）。残念ながら、邦憲が実施した「計策」の内容は明らかでないが、城の「乗取」とは、「計策」を駆使したものであることだけははっきりするであろう。

永正七年（一五一〇）、今川氏親の家臣本間宗季は、軍忠状を作成し、今川氏に提出した。その中に、文亀《ぶんき》元年（一五〇一）に斯波氏との間で行われた遠江での戦闘の様子が記述されている。それによると、本間宗季は、今川重臣福島玄蕃允助春らとともに、遠江各地を転戦していた。その最中、遠江国馬伏塚《まむしづか》城（静岡県袋井市浅名）に、斯波方の調略の手が伸びており、城「乗取」の「謀略」が今まさに実行されつつあった。どういう経緯かは判然としないが、本間宗季は、敵による馬伏塚城乗っ取りの謀略を知り、急ぎ城に駆け込んで、福島助春にこれを知らせた。謀略を察知されたことを知った、内通者たちは、慌てて城から出奔したといい、馬伏塚城乗っ取りはすんでのところで回避されたという（戦今二三二号）。

天正八年（一五八〇）六月、上野国全域を制圧する勢いだった武田氏は、北条領国の武蔵国北部にも触手を伸ばしていた。上野の有力国衆で、武田方であった国峰《くにみね》城主小幡信真《のぶざね》は、家臣黒沢大学助らに、武蔵国秩父郡日尾《ひお》城（埼玉県小鹿野《おがの》町）について指示を与えた（戦武三三五五号、三三五八号）。それによると、小幡信真は、黒沢らの加増要請を受諾し、そのためには、日尾城を入手することが重要だと述べている。黒沢らが申請した場所は、小鹿野周辺の土地で、その実現のためには、北条方から奪取するしか方法がなかった。そこで信真は、いかなる方法でもいいので、よく「一類」（一族）で話し合いを行い、日尾城を「乗取」るか、そうでなければ「計策」で入手するよう求めている。この文書によれば、「乗取」と「計策」は別物であり、どうも「乗取」は城の油断を見澄まして忍び込み、制圧することらしく、「計策」は城内部に内通者を獲得して、その手引きで開城か制圧をすることを指すようだ。

武田方の目標となった日尾城は、信濃国佐久郡から通じる十石峠《じつこくとうげ》街道や、上野国に繋《つな》がる道が交錯する交通の要所であるとともに、秩父郡防衛の要《かなめ》ともいえる城郭だった。当時、鉢形城主北条氏邦家臣諏訪部遠江守が在城していたとみられる（小鹿野町薬師堂蔵「十二神将午神墨書銘文」）。だが、小幡信真の工作は成功しなかったらしく、日尾城は天正十八年の北条氏滅亡まで、北条方の城郭として維持された。

敵城への「計策」と「乗取」「忍取」について、武田信玄が興味深い証言を残している。永禄七年（一五六四）と推定される十一月、信玄は重臣真田幸綱から届けられた「密書」をみて驚愕《きょうがく》した（戦武九一五号）。上野国の有力国衆安中越前入道が、上杉謙信に内通しているというのだ。それだけでなく、安中は何食わぬ顔をしながら、上杉方と連絡を取り合い、武田重臣小山田備中守虎満（玄怡《げんい》）が在城する松井田《まついだ》城を「忍取」る「計策」を企てているのだという。真田幸綱は、信玄の命により、上杉方への備えとして、上野国吾妻郡岩下《いわした》城や、群馬郡倉賀野《くらがの》城に配置され、当時は倉賀野に在城していた（平山・二〇一一年①）。幸綱は、日夜、上野国の上杉方諸将への調略を実施しており、その過程で安中越前入道の内通という情報を摑《つか》んだのであろう。

事態を重視した信玄は、甲府にいた小山田玄怡の息子小山田藤四郎（後の備中守昌成）をただちに父のもとへと派遣した。信玄は、藤四郎に書状と口上を託し、事情を知らせつつ、油断をしないようにすること、まだ安中内通の動かぬ証拠がないので、安中に悟られぬよう、決して顔色に表れることがないようにせよ、内心での警戒こそが重要であると、玄怡を訓戒している。

このように、城の「乗取」とは、周到な「計策」「謀略」のうえで実行に移されるのが常であったらしい。では、城「乗取」の「計策」「謀略」とは、具体的にどのようなものであったか。以下、事例を紹介しながら検討していこう。

敵の透波を警戒せよ！

天正十年十月、吉田真重《よしだまさしげ》は、主君である武蔵鉢形城主北条氏邦から書状を受け取った（戦真関連二五八号）。そのころ、北条氏は、天正壬午の乱の真っ只中《ただなか》で、上杉・徳川方と鎬《しのぎ》を削っていた。天正壬午の乱とは、本能寺の変勃発《ぼっぱつ》により、甲斐・信濃・上野の旧武田領国をめぐって、徳川・北条・上杉三氏が争った騒乱を指す。旧武田領国から織田家臣が続々と退去、もしくは敗死したため、この地域には支配者不在という権力の空白が生じた。これを絶好の機会とみた上杉景勝、北条氏直が続々と旧武田領国に攻め込み、いっぽう徳川家康は、信長が最後に入手した領国を上杉・北条に渡すべきでないと決意した、織田方諸将の合意と支援のもと、これを確保するために出陣した。

合戦は、上杉氏が信濃国の川中島四郡（高井・水内《みのち》・埴科・更級《さらしな》郡）を確保して撤退すると、上野を確保した北条氏が甲斐・信濃を窺い、これを阻止しようとする徳川氏との対決となった。この時、上杉・北条・徳川のもとを渡り歩き、本領真田郷はもちろん、武田氏に委《ゆだ》ねられていた上田領、上野国吾妻領と沼田領を自らの支配領域として確保しようとする真田昌幸が存在感を発揮していた。昌幸は、天正十年十月、沼田領の確保を完了すると、北条氏と断交し、徳川家康に従属、北条方への攻撃を強めていた。こうした緊張下で、氏邦は、次のような書状を、家臣吉田真重に送っている（戦北二四三一号、一部の誤記、誤読は戦真により訂正した。戦真関連一五八号）。

只今注進之処、自信濃、すつは共五百ほと参、其地可乗取之由、申来候、昼夜共ニ能々可用心候、きて（ママ）〳〵江何時も、宵あかつき夜明番、肝要ニ候、何時も一番九ツと之間あけ六比用心尤ニ候、只今さむ（寒）時ニ候間、月夜ならては、しのひ（忍）はつく間敷候、何れも物主共、覚番ニ致、夜之内三度つゝきてゐ（ママ）、石をころはし、たいまつ（松明）をなけ、可見届候、為其申遣候、恐々謹言

（天正十年）十月十三日　氏邦（花押影）

吉田真左衛門尉（真重）殿

追而時分栖（柄）ニ候間、火之用心尤候、何れも昼ねて、夜可踞候、如法度、敵之足軽出候者、門こ（戸）をと（閉）ち可踞候、此一ヶ条きわまり候、又足軽ふかく出間敷候、以上

氏邦が、吉田真重に書状を送ったのは「信濃から五〇〇人の透波が、吉田の守る城を乗っ取ろうと活動を開始したらしい」との情報を摑んだからであった。

問題なのは、吉田真重が在城していた城がどこか、透波を派遣した主体は、信濃の誰なのかである。この点については、透波の主《あるじ》は、真田昌幸であることで確定されている（丸島和洋・二〇一五年）。確定が困難なのは、吉田の在城地だ。ただ、彼が上野国のどこかに派遣されていたことは間違いない。ただし、この文書の年代は、現状で天正十年に比定されている

が、天正十一年以降の可能性もある。もし天正十一年以降であれば、上野国中山城であった可能性が高い。中山城は、北国《ほっこく》街道沿いに位置し、しかも真田氏の本領真田、吾妻郡の拠点岩櫃城と、上野国沼田城を繋ぐ要衝でもあった。北条方は、天正十年十二月にこの中山城を攻略し、沼田攻めを本格化させていた。

いずれにせよ、真田昌幸が、氏邦家臣吉田真重の守る城を乗っ取るべく、透波を大量に派遣していた。氏邦は、吉田への書状で、昼夜の警戒を厳重にするよう、特に深夜から夜明けの番を重視するよう求めた。そして九つ（午前零時頃）から、明六つ（午前六時頃）ごろを要注意の時間帯と定めている。そして、夜は三回は、怪しい場所を突《つつ》いたり、石を転ばしたり、松明《たいまつ》を投げたりして、透波が潜んでいないかを確認せよと指示した。これは城内だけでなく、恐らく城外、とりわけ空堀や土塁の法面《のりめん》を想定しているのであろう。土塁の法面には、石を転ばして、上ってこようとしている敵を叩《たた》き落とし、松明を投げるのは、暗い城外に息を潜めて待機する敵の存在を目視できるようにするためだろう。

ただし、氏邦は、寒気の時候ならば、月夜でなければ、忍びが襲ってくる危険性は低いだろうと述べている。防寒服などない時代だから、寒く、月明かりもない闇夜では、さしもの透波も任務遂行は困難であったらしい。

だが、夜番は、城方の将兵にも負担をかけることになる。とりわけ、敵の標的になっていることが明らかになった城なので、夜番を厳重にしたのであるから、なおさらである。そこで氏邦は、火の用心を厳重にするとともに、昼に睡眠を取らせて、夜は配置につかせ、息を潜めて相手の様子をみるようにと指示した。そして、もし敵が現れたら、門を閉ざし、静まりかえって戦闘態勢をとり、待ちかまえるよう求めている。そうすれば、敵も警戒してそうそうは攻撃をしてくることはなかろうとの考えを示した。

ここで明らかになるのは、城の「乗取」とは、透波を駆使した作戦の結果であるらしいことだ。こうした事例は、戦国期の史料に少なからず見受けられる。

武田信玄、厩橋城の乗っ取りを企む

家臣吉田真重に宛てた北条氏邦の書状において、彼は透波に備えるため、松明を投げて、城に接近し潜んでいる者がいないかを確認するよう求めていた。実は、同様のことが行われた史料が他にも存在する。それは、石川忠総《いしかわただふさ》の記録である『石川忠総留書』(内閣文庫所蔵)の中に「北条安芸守代々物語上州厩橋城主」と題して記録された部分にある。この部分は、翻刻紹介されたことがないので、原文を掲げよう。

武田信玄、厩橋城可忍取為に方便ニ忍の者三百人兼て被申付候、此内十四・五人本城下江可忍入所を見立、高竿を持、河原をからり〳〵とさせ、毎夜十四・五人、夜かけありき候、然処に城中兵十夜計ハ驚てたい松を河原へ投入、鉄炮を打、用心仕候、それ過候てより番の者共令油断、是をとかめす候、此趣信玄聞召、城中油断仕と思召、右三百人の者二者、知行の書出を被下、城忍取候へのよし被仰付候、ある夜右の者とも二人持計の大竹をはしこに仕候、はしこの子を布を以てかき付候、階三本彼城の岸の高さハ、九尋或ハ十尋の所へ打かけ〱上り申候、先江上りたる者は、脇へ廻り〱三百人の者とも大かた上り候て一度に鯨波を噇と作り候

一、本城の内に天神山と云高所に謙信の祈願所御座鋪御座候、此座敷金の手たいまいの鐺天井なり、其夜此所にて百人出家を揃、御日待御座候、鐺数弐・三百本有之、出家の外侍も又少々有之、凡人数弐百五六十人計在之候、鯨波の声を聞て、右の鐺天井の鐺を引落〱手々に持と云、待かけたりと呼かけ候へハ、よせて敗軍し、或ハかすより落、或ハこミ城と云所へ逃入を一人も不残討取申候、右竿竹にてからり〱ハ竹はしこをかけて人数を可入謀也、厩橋ハ息丹後守殿へ渡し、安芸守殿ハ大胡城へ隠居して被居候なり

時期はいつのことかは明記されていないが、上野国に出陣した武田信玄は、上杉謙信重臣北條《きたじょう》安芸守《あきのかみ》高広《たかひろ》・丹後守《たんごのかみ》景広《かげひろ》父子が在城する厩橋城の攻略を企図した。そこで信玄は、忍の者三百人に、城の「忍取」（乗っ取り）を命じた。武田の忍の者のうち、十四、五人が厩

橋城の本城（本丸か）下の調査を行い、城内への侵入経路の目星をつけた。その上で、夜に入ると、侵入予定経路下の河原に、高竿《たかざお》を持ってきてこれを転がしたという。高竿は、河原でカラリカラリと大きな音を立てたため、城方は大いに驚き、闇夜の河原に向かって松明を投げ、鉄炮《てつぽう》を打ちかけたという。

武田方の忍の者は、これを毎夜十日ほど続けて行った。すると、城方の番兵は、いつも音がするだけで、別段何事も起こらなかったことから、次第に気にしなくなり、警戒の度合いが緩んだという。これを知った信玄は、城兵は油断し始めた、今こそ好機到来と考え、忍の者三〇〇人に、厩橋城乗っ取りに成功したら、知行を与えるとの証文を発して士気を鼓舞し、城乗っ取りを下知した。忍の者らは、ある晩、二人で持つほどの大竹を梯子《はしご》に仕立て、その先端に鉤《かぎ》を取り付け、城に向かった。彼らが拵《こしら》えた梯子は、全部で三本あったといい、それを、あらかじめ目星をつけておいた厩橋城の岸（法面、高さ九尋《ひろ》から十尋〈約十三メートル〉）のところに据え付け、すばやく登って行った。先に城に登った者は、後続の邪魔にならぬよう脇に移動し、三〇〇人全員が登り切ったことを確認すると、いっせいに鯨波を挙げたという。

武田方の誤算と失敗

武田方の忍の者は、夜、多勢が不意に鯨波を挙げたので、城兵らは周章狼狽し、城から逃亡するか、なすすべなく討ち取られるだろうと考えていたのであろう。ところが、事態は意外な方向に展開する。

その夜、城方の多くは、厩橋城の本城（本丸）内の天神山というところにあった、上杉謙信の祈願所の座敷に集まっていたという。その座敷は特殊な造りになっていたらしく、釣り天井だったといい、そこには二、三〇〇本の鑓《やり》が収められていた。その時、座敷には、一〇〇人ほどの僧侶《そうりょ》と、武士らあわせて二百五、六十人がおり、御日待《おひまち》（人々が前夜から潔斎して一夜を眠らず、日の出を待ち拝む行事のこと）をしていたという。そこに、いきなり鯨波が轟《とどろ》いたのだから、通常であれば大いに動揺するところであった。ところが、城方の人々は、釣り天井から鑓を取り出し、僧侶にもこれを持たせ、迎えうったのだった。彼らは、「待っていたぞ」と武田方の忍の者らに言い放ち、襲い掛かったのだった。城方は、武田方が忍の者を使って、城内に侵入してくるのを察知し、実は待ち構えていたのだった。

忍の者たちは、待ち受けていた城方の反撃に敗れ去り、追いたてられ、城の下に転落するか、曲輪《くるわ》の端に追い詰められ一人も残さず討ち取られてしまったという。忍の者が、十日あまり、河原で高竿を転がして、カラリカラリと音をさせていたのは、竹梯子を登る人の音に城方の番兵を慣れさせる策謀だったのだという。こうして、信玄の謀略は失敗に終わり、忍の者三〇〇人は全滅してしまった。

武田方の城乗っ取り計画を阻止した、北條高広は、まもなく厩橋城を息子景広に譲り、自身は大胡《おおご》城に移り、隠居したという。こうした経緯をみると、信玄が厩橋城の北條高広を攻めたのは、元亀元年（一五七〇）か同二年のどちらかであった可能性が高い。記して後考をまちたいと思う。

城方の忍び防御策

既述のように、北条氏邦家臣吉田真重は、上野国中山城と推定される城郭を守備していた際に、真田方の透波に狙われているとの情報を受け、城兵に警戒態勢を厳格にするよう命じていた。この時、北条方の城兵は、音のする方角に向けて松明を投げ、その正体を見極めようとしていた。

城兵が、忍の者の動きや正体を見極めるために、松明を投げていたことについては、武田信玄が放った忍の者の策謀にあたって、厩橋城の番兵が、夜、音のする方向に松明を投げ、鉄炮を打っていたとの『石川忠総留書』に残る証言も紹介した通りである。

つまり、戦国期の城砦では、日常的に夜番の城兵が、怪しい人影や音などを聞いた場合には、松明を城外や空堀に投げ込み、その明かりで正体を探るのが常態であったことが窺われ

大坂冬の陣図屏風に描かれた提灯
（デジタル想定復元部分、画像提供：凸版印刷株式会社）

る。西ヶ谷恭弘氏は、中世城郭の発掘事例から、空堀の底から炭化物が大量に出土する事例がいくつもあることを指摘し、これが忍び対策のために、当時の城兵が松明を投げ入れていたからではないかと指摘している（西ヶ谷・一九八八年）。

その後、近世初期になると、もっと洗練された方法が採用されるようになる。慶長十九年（一六一四）十一月の大坂冬の陣において、大坂城では、城の塀や櫓《やぐら》から、城外の堀に据え付けられた柵《さく》に紐《ひも》を渡し、そこに提灯《ちょうちん》を吊《つ》るして惣構《そうがまえ》の土居や堀を照らし、夜半に敵兵や忍びの接近をあらかじめ察知する工夫が施されていた（「大坂冬の陣図屏風《びょうぶ》」〈部分、復元〉）。これは、松明から提灯へと進化したものであろう。

由良成繁、大胡城乗っ取りを企む

武田信玄による厩橋城乗っ取り作戦の様子が記録されている『石川忠総留書』には、大胡城主北條高広の逸話が、もう一つ収められている。上野国の国衆新田《にった》金山城（群馬県太田市）主由良《ゆら》信濃守成繁《しなののかみなりしげ》は、北條高広の在城する大胡城の乗っ取りを企み、その作戦の実行を家来に指示した。時期は定かでないが、ある年の十二月中旬のことであったという。由良方は、北條方への調略を試みたらしく、北條家臣の宮内と青木《たくら》の両人を抱き込むことに成功したらしい。宮内と青木は、新田の家臣と四月（実際は正月か）一日に密談し、由良の軍勢を、大胡城内に引き入れるとの密約を交わした。

なお、この謀略が計画された時期であるが、由良成繁は、天正六年（一五七八）六月に死没していることや、北條高広が大胡城に在城し、安芸守を称していること（天正二年以後）などから、天正二年から同五年までの出来事と考えられる。残念ながら、これ以上時期を絞り込むには手掛かりに乏しい。この逸話も、全文翻刻、紹介されたことがないので、参考のために原文を掲げておく。

一、六十五年以前十二月中旬、新田城主由良信濃守内の者とその外近辺の兵と談合申、大胡城可乗取の謀をめぐらし、安芸守内四月(ママ)一日宮内弁青木と申者令密談、由良人数を大胡城へ可引入之旨ニ仕、大胡三十町余在之所にて、宮と申杉の大森候に人数を引込置候

一、その夜、安芸守臥入被申候に、丑時計に只今虚事可出来に不知して臥入候かと夢を見られて驚、かつはと起、四方を見候へは、暗ク候に付て、物に厭められ候哉とおもひて、またまとろミ申され候に、またうす墨染の衣を着たる老僧来て、安芸守か腹をふミて、先にも告に、又臥事油断也、早々起よ〳〵と夢を見る、これに驚てかつはとおき、帯を仕なから脇指の下緒をくはへ、番のものを起し、城中四方の番の者ともをおこさせ、二・三の丸、宿町の者迄おこさせ、かいをたて、鉄炮をはなつ

一、右二宮に居る忍の者共、かい・鉄炮の音を聞て今夜方便相違申と夜中に引取、殊外の寒夜に付て、杉森の内にて凍死者六・七人有

一、毎朝草さかしに四・五騎充罷出候、此者共、二宮辺に枯草ふしたる事を怪ミ見候得者、森内に朝日うつろひ候草中をみれは、人の様成もの見エ申に付て不審、寄合怪之そろ〳〵と寄みれは、人凍死有、早々安芸守に告之と云、則家老をはしめ上下の兵とものの妻子皆城中江呼取

霊夢に跳ね起きた北條高広

城内で手引きする宮内、青木との密談により、その夜、城乗っ取りの作戦が動き出した。由良の兵たちは、大胡城から三十町（約三・二キロメートル）ほどのところにある宮という杉の生い茂った森に潜んだという。彼らは、おもに忍びの集団と兵たちで構成されていたらしい。決行の夜、眠っていた北條高広は、丑時《うし》（午前二時頃）に夢をみた。それは、まもなくとんでもない凶事が起こるというのに、それを知らずに寝ているとは何事か、と叱責《しっせき》されるものだった。驚いてがばっと跳ね起き、周囲を見回しても暗いだけで、別段変わった様子も見られなかった。北條は、何かの勘違いだろうと思いなおし、再び横になった。そしてまどろみ始めると、またもや夢を見たという。今度は、薄墨染めの衣を着た老僧が夢枕に立ったといい、寝ている北條の腹を踏みつけて、先ほど（凶事が迫っていることを）教えてやったというのに、また寝るとはなんたる油断だ。早々に起きろ、起きろ、といわれて、さすがの北條も跳ね起きた。

北條は、帯を直し、脇差《わきざし》の下緒《さげお》を咥《くわ》えながら寝所を出て、城番の者たちを叩き起こし、二の丸、三の丸に詰めている者たちはもちろん、城下の宿町の人々まで起こすように命じたという。

凍死した忍び

北條は、叩き起こした人々に、貝を吹かせ、鉄炮を打たせたという。記録にはないが、城兵や城下の人々も北條の真意をいぶかしんだことであろう。だが、宮の杉の森で待機していた由良方の忍の者（草）たちは、大胡城方面から響き渡る貝と鉄炮の音を聞いて、今夜の計策は露見したと感じ、大胡城乗っ取りを断念し、夜中に撤退していったという。だが、その晩はことのほか寒かったため、待機中に六、七人もの凍死者を出したという。

翌朝、大胡城から毎朝の日課として、「草さかし」（草探し）と呼ばれる、忍狩りの騎馬武者四、五騎が城外に出た。彼らが宮の杉の森近辺にさしかかったとき、枯草が伏せてあるところを発見し、草が潜んでいるのではないかと疑ったという。そして、森のなかにも、枯草があり、そこに朝日がさしこんでいたので目を凝らすと、人のようなものが見えた。「草さかし」の騎馬武者らは、不審なものの正体を見極めようと、協力し合いながら枯草に近づいて行った。すると、そこには凍死した遺体があったという。この遺体を草だと察知した彼らは、さっそくこの事実を北條高広に報告した。高広は、忍びが大胡城を狙っていたことを察知し、家老をはじめすべての家臣の妻子をみな城に入れるように指示したという。

その後の経緯については、記されていないが、この計策に、北條家臣の宮内と青木が関与していたことが『石川忠総留書』に記録されているところをみると、城内の詮議《せんぎ》が行われ、内通者があぶり出されたのであろう。大胡城は、その後も、北條高広が在城し続けているので、由良氏の城乗っ取りは実現しないまま終わったようだ。

寒い夜は大丈夫？

『石川忠総留書』の記録をみると、寒空の下、深夜に敵城乗っ取りのために待機する草（忍び）の者たちは、厳寒に耐えねばならなかったことがよくわかる。そして、低体温症となり、凍死する者も出たことが明記されており、当時の彼らの任務の過酷さを窺い知ることができるだろう。このことは、北条氏邦が、家臣吉田真重に宛てた書状のなかに、「寒い夜は透波が襲ってくることはないだろう」とあったのを想起すれば、透波による城乗っ取りという作戦は、通常は厳冬の寒夜の時期なら、月夜の日以外は実行されることはまずないだろうと、戦国期の人々が認識していたことが推測できるだろう。

むしろ、そのような常識的判断があったからこそ、由良氏の忍びたちは、北條家中に内通者を獲得すると、寒夜を厭《いと》わず、城乗っ取り作戦の実行を急いだのだろう。だが、城の内通者からの合図が来る前に、北條が夢のお告げを信じ、城方を起こし、警戒を緩めてはいないぞということを、法螺貝《ほらがい》や鉄炮で誇示したことで、由良方は作戦の失敗を悟ったのだった。

駿河興国寺城攻防戦

　ここでの舞台は、駿河国駿東郡の興国寺城《こうこくじ》（静岡県沼津市）である。現在では、否定する学説が優勢であるが、かつては伊勢宗瑞旗揚げの城としてもてはやされた。今川氏の属城であり、永禄十一年（一五六八）の今川氏滅亡直後は、北条氏が領有するところとなり、武田氏との激しい戦闘が行われた。元亀二年（一五七一）十二月、武田・北条両氏の同盟（甲相同盟）が復活すると、興国寺城は武田方に引き渡された。その後、天正七年九月、御館《おたて》の乱を契機に、甲相同盟が決裂すると、武田方の興国寺城は、北条方の標的としてしばしば争乱の舞台となった。

　北条氏に奪われた興国寺城を、武田信玄が奪取すべく、本格的に動き出すのは、元亀二年のことである。元亀二年正月、武田方は興国寺城を奪うべく、忍の者に乗っ取りを命じたらしい。その規模は、数百人にも及んだという（戦北一四五九号・一四六〇号）。このとき、興国寺城を守っていた城将は、北条重臣垪和《はが》氏続《うじつぐ》であった。武田方の忍びは、いきなり本城に忍び込んできたという。これを知った垪和氏続は、家来や在城衆を指揮し、自身も太刀を抜いて武田の忍びと戦った。また、氏続の一族と推定される垪和善次郎も懸命に敵と斬りあい、一人を討ち取った。城将垪和氏続らの奮戦によって、城内に忍び込んだ武田方数百人のうち、五十人は「仕庭」（仕場、現場のこと）で討ち取られたという。武田方の忍びは、興国寺城の乗っ取りに失敗したのだった。

その後、武田と北条は同盟を復活させ、興国寺城も武田方に割譲されたため、城は平穏であった。ところが、天正七年以降、興国寺城は北条方の標的となってしまう。時期は定かでないが、天正七年から同九年ごろのこと、北条氏に仕えていた清水正花は、江戸時代になって自らの戦功覚書を書き残した（戦下一七三二号）。その中で、彼は、興国寺城を攻めるべく、夜秘かに接近し、「窪小屋」というところに乗り込んで、敵六人を討ち取ったという。だが、残念ながら、城を奪い取ることはできなかった。

葛西城乗っ取りが実現したら褒美を与えよう

忍びによる城乗っ取りについて、比較的記録に恵まれているのは、下総国葛飾郡《かつしか》にあった葛西城《かさい》（東京都葛飾区）である。この城は、関東管領山内上杉氏と北条氏との争奪戦の舞台となっている。葛西城は、山内上杉氏の家臣大石氏が守っていたが、天文七年（一五三八）二月二日、北条氏綱の攻撃を受け落城した（『快元僧都記』）。北条氏は、遠山弥九郎を葛西城将に任じ、上杉氏への守りを固めた。ところが、永禄三年（一五六〇）、上杉謙信が関東侵攻を開始すると、北条氏の勢力は大きく後退し、葛西城も謙信方によって攻略された。この時、葛西城に誰が配置されたかは定かでないが、岩付太田氏の支配下に入っているので、太田氏の家臣が配属されたとみられる。

北条氏康は、葛西城の奪回を重要課題と位置づけ、永禄三年四月には、必ず葛西を回復しなければならないと決意を述べているほどである（戦北六二六号）。そして、この時、葛西の武士本田兵衛太郎正勝に誘いの手を伸ばした。氏康は、永禄五年三月、本田正勝に、北条方に味方し、彼の下にいた同心らをあわせて引き入れることに成功したら、江戸や足立周辺はもちろん、どこでも望みの地を与えると約束した（戦北七四八号・七四九号、『寛政譜』巻六九七、この地域の状況については、加増啓二・一九九三年、葛飾区郷土と天文の博物館編・二〇〇一年を参照）。

そして、同年三月二十二日、氏康は、本田正勝に「葛西要害以忍乗取上申付者、為御褒美可被下知行方事」と、葛西城を忍びをもって乗っ取るように命じる判物を与えた（戦北七五〇号）。この中で氏康は、本田が忍びを駆使して葛西城乗っ取りが実現したら、褒美として曲金《まがりかね》と金町《かなまち》（葛飾区）でそれぞれ一ヶ所、両小松川《こまつがわ》（東小松川、西小松川、江戸川区）において二ヶ所の知行を、さらに本田の「同類・親類中」には五〇〇貫文を与えると約束している。

この文書から、本田正勝は、武士身分ながら、忍びを召し抱えていた人物と推定される。正勝は、永禄五年四月十六日にも、北条氏政よりさらに江戸の飯倉《いいぐら》を加増するとの判物を与えられ、葛西城乗っ取りを督励されている（戦北七五九号）。そして、本田らは、四月二十四日、約束通り、葛西城（「青戸之地《あおと》」）の乗っ取りに成功した。この作戦には、北条家臣興津右近らも参加しており、氏政から褒賞されている（戦北七六五号、葛飾区郷土と天文の博物館編・二〇〇一年他）。また、葛西城乗っ取りを主導し、忍びを指揮した本田正勝には、約束通り知行が与えられたと推定されている（戦北七七四号）。

ここでも注意したいのは、武士身分の本田正勝には、恩賞として知行が、彼の指揮下で活動した「同類・親類中」で括《くく》られた忍びの人々には、銭が与えられることになっていたことである。

なお、葛西城は、その後、北条氏の拠点として重視され、天正十八年（一五九〇）、豊臣方によって攻略されるまで北条方の城として機能し続けている。

城乗っ取りに狂奔する戦国大名たち

この他にも、敵城の乗っ取りを指示、画策する戦国大名の史料は少なくない。

大永《だいえい》四年（一五二四）正月、北条氏綱は、扇谷《おうぎがやつ》上杉朝興の本拠江戸城（東京都千代田区）の攻略に成功し、朝興を河越城に追った。これを契機に、武蔵の情勢は北条氏優位となり、氏綱は江戸城を足場に武蔵や下総への侵攻を本格化させていく。そして、同年四月二十日、北条氏綱は、「一、蕨地利、北新（北条新九郎氏綱）去廿日夜乗捕、門橋焼落、令破却、江城へ納馬候」とあるように、武蔵国蕨《わらび》城（埼玉県蕨市）に迫り、夜半にこれを「乗捕」り、門や橋を焼き落とし、城を破却して江戸城に撤退したという（戦下三六五号）。北条方がいかなる手段を用いて蕨城を「乗取」ったかは定かでないが、力攻めではない手段で、扇谷上杉方の要衝を一つ潰《つぶ》した意義は極めて大きかった。

近江の戦国大名六角氏は、永禄二年（一五五九）、浅井賢政《かたまさ》（長政）に突如離反された。しかも、要衝佐和山《さわやま》城（滋賀県彦根市）をも奪われる恰好《かっこう》になってしまったのだ。佐和山城には、浅井家臣百々氏が在城し、六角氏の反攻に備えていた。六角義賢《よしかた》は、同年五月、伴中務少輔に佐和山城を攻撃させたが失敗に終わった。そこで六角氏は、重臣後藤賢豊、蒲生定秀、池田定輔が連署した七ヶ条に及ぶ「条々」を作成し、佐和山城を七月までに落城させた者への褒賞を明示するとともに、それによって佐和山城奪回を果たそうとした（戦角七八九号）。

それによると、まず第一条で、「乗取調義」を実現した者には、褒美として五万疋《びき》と、百々内蔵介の知行地のほか、佐和山城の守備を任せることなどを明示した。このことから、当時の城攻めは、力攻めより「乗取」という方法がまず優先されていたことが推察される。次いで、「別条調義」（別の策略）で城を、五、六日の間に手に入れれば、「乗取調義」と同じ褒賞を与えるとしている。なお、興味深いのは、「毒等之調義」がみられることで、当時は、城を奪取するために、何らかの方法で毒を仕込むという策略も、選択肢の中にあったことを窺わせる。この他、佐和山城への調義に伴い、戦死した者へはその子孫に五〇〇石を与えるとの約束もなされている。それほど、六角氏にとって、佐和山城失陥は痛かったのであろう。

永禄八年七月、北条氏政は、家臣根本石見守に対し、彼の奔走で「彼地」を乗っ取る努力が続けられていることを賞し、下野国小山《おやま》領にある古河公方足利義氏《よしうじ》御料所淡志川(場所未詳)の代官職に任ぜられるよう、公方義氏からの御判形を拝領できるよう取り計らうことを約束した(戦下七六六号)。根本が、北条氏に対して「乗取」を約束した城がどこであったかは不明であるが、下野国であることは間違いない。このころ北条氏は、越後上杉謙信に従属していた武蔵、下総の国衆への攻勢を強めており、上杉方の退潮が顕著になっていた時期にあたる。氏政にとって、上杉方の城を一つでも取ることは極めて重要であり、しかも軍勢を大規模に動かすのではなく、「乗取」という方法で獲得できるのであれば、それでよいというのが本音であったようだ。

乗っ取りの成功が勝敗を決す

永禄十二年(一五六九)十二月、越中からの遠征を切り上げ、無理を押して関東に出陣し、沼田に着陣していた上杉謙信は、敵対していた小田《おだ》氏治《うじはる》の本拠小田城を、太田資正が「乗取」ったことを喜んだ。しかし、謙信が望んでいた佐竹義重《よししげ》・宇都宮広綱《うつのみやひろつな》らの沼田参陣は実現せず、自らの利益ばかりを優先して、獲得した片野や小田の仕置きに熱中していることに不満を吐露している（上越八四八号）。

その後、小田城は、佐竹氏に帰属していた太田資正らが保持することで、佐竹の支配下に入っている。小田氏治が出陣したことで、手薄となった本拠地小田城を、太田氏が「乗取」ったことは、佐竹氏の対北条戦に大きな影響を与えていた。ここでも、城の「乗取」が、合戦の帰趨《きすう》に大きな影響を与えたことが知られる。

御館の乱に勝利し、上杉景虎を滅ぼした上杉景勝は、天正八年（一五八〇）、なおも景虎に与《くみ》した勢力との闘いに明け暮れていた。景勝は越後平定を、旧景虎方は生き残りをかけて、城砦の争奪戦を繰り広げていた。そこでも、軍勢による攻略と並行して重視されていたのが、城の「乗取」に他ならなかった。

天正八年閏《うるう》三月、景勝家臣桜井吉晴・佐藤平左衛門尉は、天蓋倉城《てんがいくら》（新潟県魚沼市）を「乗取」り、敵を多数討ち取ったことを春日山城に報じた。景勝はこれを労《ねぎら》うとともに、桜井・佐藤が増援と鉄炮の玉薬補給を求めてきたことに対し、至急手配することを約束している（上越一六三四号）。ところが、その数日後、逆に景勝方の大澤城（鉢巻城か、新潟県魚沼市）が、北條衆《きたじよう》によって乗っ取られてしまった。その知らせを聞いた景勝は「口惜次第ニ候」と悔しがり、犬伏城《いぬぶし》（十日町市）の守備を固めるよう指示した（上越一九三八号）。

天正十四年（一五八六）、常陸の戦国大名佐竹義重と、下野の宇都宮国綱《くにつな》は、敵対する下野の壬生義雄と戦っていた。壬生氏は、北条氏の支援を受けつつ、彼らに対抗していた。さらに壬生は、佐竹の宿敵伊達政宗とも連絡を取り、背後を牽制してもらおうと工作している。こうしたなか、佐竹・宇都宮連合による壬生、鹿沼《かぬま》攻めが、本格化した。同年七月、佐竹・宇都宮連合軍は、結城晴朝《はるとも》の軍勢（参陣したのは、水谷勝俊）の合力を得て、鹿沼に攻め寄せた。北条氏直は、壬生に援軍を派遣し、自身も小田原城を出陣した。北条軍の来援よりも早く壬生氏を下すべく、佐竹・宇都宮・結城連合は、鹿沼城を「乗取」る工作に着手している。この間、両軍は衝突し、宇都宮家臣芳賀高継は「（壬生方の）宗たるもの二十人を生害」させたと、陸奥白河義親に報じている（戦下一七〇七号）。またこの書状の中で、芳賀高継は、鹿沼城の「乗取」については、城内に手引きする人々がいたので、力攻めではなく「乗取」の作戦を選択したものの、壬生方に察知され失敗してしまい、実に残念だったと述べている。

敵の計画を見破る

文禄元年（一五九二）三月、もと常陸国行方郡《なめがた》玉造《たまつくり》氏の家臣大場大和らが、「老父在世之比」の政情を記した書状に、当時の城攻めの模様が記されている（戦下二一〇三号）。この戦闘の模様は、「天文五年丙申之年兵乱」とあるものの、内容や登場人物などから、実際には天文十五年（一五四六）頃の内容であると推定されているものである（中根正人・二〇一六年・二〇一九年）。この当時、常陸国では、府中城（茨城県石岡市）主大掾《だいじょう》氏と、小田城（つくば市）主小田氏との和睦《わぼく》に亀裂《きれつ》が入り、小川城（小美玉市小川）主園部氏と、行方郡での国衆間の抗争をきっかけに、再び戦闘に及んだ。

とりわけ、行方郡玉造城（行方市玉造）主玉造氏、手賀城（同）主手賀氏と、小高城（行方市麻生）主小高氏（大掾一族）との対立が深刻化し、玉造・手賀方は大掾氏を、小高氏は小田氏をそれぞれ味方につけて激突するに至ったという。この時、小高方は家臣吉川半蔵らが、手賀方は家臣山口和泉らが戦死するなど、双方に大きな損害が出たらしい。

そこで小田政治は、形勢を一挙に転回すべく、息子氏治とともに出陣していた土岐《とき》・菅谷氏らに命じて、手賀城への調略を行なわせたという。ここにみえる土岐は、江戸崎城（稲敷市江戸崎）主土岐氏を、菅谷は小田重臣菅谷氏を指すとみられる。そして、小田方の調略とは、手賀城内へ秘かに忍び込み、火の手を挙げて、一挙にこれを乗っ取るという「謀略」であった。

だが、この「謀略」を耳にした府内（府中のことであろう、石岡市）の代官新九郎という人物が、急ぎこれを知らせたため、事なきをえたという。この代官新九郎とは、府中城主大掾氏の家臣であろう。いかなる理由かは定かでないが、敵方の「謀略」の情報を摑み、急いで注進したのだと記録されている。残念ながら、手賀城に「忍入」る主体が、小田方の軍勢であるのか、それとも忍びなどであるのかは、判然としないが、忍びであった可能性が高いと思われる。

二　忍びによる潜入と放火

遠江をめぐる斯波と今川の戦い

永正五年（一五〇八）七月、駿河の今川氏親は、父義忠《よしただ》以来の宿願である遠江守護職の補任《ぶにん》を、室町幕府将軍足利義尹《よしただ》（義稙《よしたね》）によって認められた。今川氏は、遠江守護職をめぐって斯波氏と争っており、氏親は宿願成就のため、将軍足利義澄《よしずみ》の支援を長く続けていた。ところが、義澄は斯波氏に肩入れするようになったため、氏親は次第に義澄とは距離を置くようになり、永正五年に、義澄を追放して京都に帰還し、将軍の座に返り咲いた義尹を支持したのである。このことが、氏親の遠江守護職補任に繫《つな》がったというわけだ（黒田基樹・二〇一九年①②）。

しかし、氏親にとって、遠江守護職補任は大義名分の獲得に過ぎず、それを実現できるかどうかは、遠江に割拠する斯波方の国人や土豪らを如何《いか》にして従属させるか、そして斯波氏の介入を自力で排除できるかにかかっていた。

永正七年、今川氏親は、遠江に侵攻を開始し、斯波義達《よしさと》とそれに呼応する反今川方の国人らとの抗争が始まった。この時、氏親とともに遠江各地を転戦した駿河伊達忠宗によって作成された軍忠状が残されている。その中に、「しのひ」（忍び）の活躍の模様が明記されているのだ。それを紹介しよう（戦今二五五号）。

永正七年十二月二十八日夜、伊達忠宗は、斯波軍が陣所を置く「まきの寺」へ忍びを放った。「まきの寺」がどこなのか、比定地は不明であるが、遠江国西部であることは間違いなかろう。忍びは、夜半に陣所に火を放ち、これを炎上させることに成功した。斯波軍はたまらず、「まきの寺」の陣所を放棄し、遠江国花平《はなだいら》（静岡県浜松市北区引佐町）に移動したという。だが、伊達忠宗は斯波軍を攪乱すべく、謀略の手を緩めなかった。

明けて永正八年一月五日の午刻（正午頃）、移動し整備したばかりの、斯波軍の花平陣所は、陣所ばかりか、番所、台所からも立て続けに出火した。これも忠宗が放った忍びの仕業であった。

さらに、二月二十日夜、忠宗の放った忍びは、子刻《ね》（午前零時頃）、「するゑ野殿」（末野殿、斯波義延〈斯波義敏《よしとし》の子、義寛の弟〉）の陣所と家来たちの陣所三十間にも放火した。またこの日は、斯波氏に味方していた遠江国井伊《いい》次郎の陣所があった深嶽《みたけ》城（三岳城、引佐町）にも、忠宗が派遣した忍びが潜入し、亥《い》刻（午後十時頃）に、井伊の陣所と番所に火を放っている。

その後、三月九日には、斯波方の太田左馬助の陣所をはじめ、あちこちで三十間ほどが、忠宗の放った忍びによって放火され、炎上している。これも寅《とら》刻（午前四時頃）のことで、深夜に忍びが暗躍していたことが知られる。

これら、伊達の忍びによる放火の成果がどれほどであったかは、これ以上明らかにならないが、忠宗が軍忠状に列挙したことといい、これを今川氏親が戦功として認定したことといい、今川方では周知の成果と認識されていたことは間違いない。当時、今川方は、刑部《おさかべ》城（浜松市北区細江町）と気賀（同前）に拠点を置いており、伊達忠宗も刑部に在城していたと推定されている。

斯波方は、斯波義寛（「武衛様」）・井伊次郎・引間《ひくま》衆（大河内氏）らが、しばしば刑部城を攻めたものの、いずれも撃退され、戦局は次第に今川方の優位となった。そして、永正十年三月、斯波義達は井伊次郎に護《まも》られ、三岳城に籠城したが、今川軍の猛攻を受けて尾張に退去したことで、遠江は今川氏親が平定したのである。この時、井伊氏は斯波方に与した井伊次郎が追放され、今川方に味方した直平《なおひら》が家督相続を許されたと推定されている。

川中島合戦で忍びに放火された城

川中島合戦とは、甲斐の武田信玄と、越後の上杉謙信とが、北信濃の川中島周辺を舞台に、対陣と衝突を繰り返した合戦を指し、それは天文二十二年（一五五三）、弘治《こうじ》元年（一五五五）、弘治三年、永禄四年（一五六一）、永禄七年の五回が定説であった。ところが近年では、永禄十一年の長沼、飯山周辺での合戦を含める考え方が強くなっている。

このうち、ここで話題としたいのが、天文二十二年の合戦である。この年の四月、武田信玄は、筑摩《ちくま》郡の小笠原長時《ながとき》方の掃討と、埴科《はにしな》郡葛尾《かつらお》城（坂城《さかき》町）主村上義清《よしきよ》殲滅のため、深志（松本市）から善光寺《ぜんこうじ》街道（北国西街道）を抜け、川中島平への進出を試みた。すでに武田氏は、小県郡のほぼ全域を制圧していたので、これが成功すれば、武田氏は村上氏の本領の包囲を達成できることとなる。

武田軍の侵攻の前に、苅屋原・塔原《とうのはら》（松本市）・青柳（筑北村）など小笠原方の拠点を相次いで陥落し、村上方の屋代・塩崎・石川氏らは、義清から離反した。このため村上義清は、葛尾城を捨てて、四月九日、越後国上杉謙信のもとへ逃亡した。その後、謙信の支援を得た村上義清が、本城葛尾城と、小県郡塩田平を奪回し、塩田城（上田市）に入って武田方に対抗した。だが、これも七月から八月にかけて実施された、武田軍の反撃により、村上氏は再びすべてを放棄して越後へと亡命したのであった。

そこで上杉謙信は、軍勢を率いて川中島に進出し、九月一日、更級郡八幡《やわた》（千曲市）で武田軍先鋒《せんぽう》隊を撃破、武田方の拠点荒砥城を占拠、三日には青柳を放火した。これが、第一次川中島合戦である。謙信は、さらに虚空蔵山《こくぞうさん》城（松本市）を攻略し、武田重臣今福石見守らが守る苅屋原城を窺い、深志城に迫る勢いであった。

そこで信玄は、謙信の背後を脅かすべく、十三日夜、上杉軍に「尾見」と「新戸《あらと》」で夜襲をかけた。『高白斎記』に「十三夜、尾見、新戸忍焼、敵ノ首四拾□討捕、敵首七室賀方被討捕候、翌朝各ニ御褒美被下候」とある。

ここに登場する「尾見」は麻績《おみ》城（麻績村）、「新戸」は荒砥城のことであろう。そして、この二つの城を、忍びが焼いたと明記されており、その混乱に乗じて、武田方は敵兵の首級を挙げたという。忍びの放火と夜襲には、武田方に帰属していた元村上一族室賀氏も参加していたらしい。麻績城と荒砥城の被害がどの程度であったかは定かでないが、武田方の忍びによる活躍は、上杉軍を動揺させるには十分であった。

謙信は、腹背に攻撃を受けるばかりか、退路を断たれることを恐れ、十五日申刻（午後四時頃）、撤退を開始した。これを察知した武田方は、上杉軍を追撃し、少なからぬ打撃を与えたようだ。上杉軍は、八幡付近まで撤退すると、十七日に坂城南条に放火し、二十日に越後へと引き揚げた。

　こうして、武田信玄と上杉謙信の最初の対決は幕を閉じた。これがいわゆる第一次川中島の合戦である。長尾軍は、当初村上義清らの本領帰還を実現させたが、武田軍の反撃によってそれが水泡に帰し、次に今度は謙信自身が軍勢を率いて武田領奥深くまで侵攻したが、何ら得るところなく撤収した。

　このように、武田信玄は、上杉謙信の攻勢を凌ぐべく、忍びを使って上杉軍の背後を攪乱し、見事に謙信を撤退させることに成功したのだった。忍びによる敵城放火が、極めて戦略的に有効であったことを物語る事例といえるだろう。

貴重な書物を失った僧侶の無念

　房総半島の富津《ふっつ》市金谷《かなや》に、金谷城跡が残されている。東京湾を一望できるばかりか、三浦半島が目視できるこの城は、真里谷《まりがやつ》武田氏の拠点、特に海上交通の監視を目的とした拠点として整備されたといわれる。残念なことに、城の遺構はかなり破壊が進んでしまっているが、過去の遺構を図面化した縄張図をみると、かなり大規模な城郭であったことがわかる。この城をめぐっては、天文二十二年に、「房州逆乱」のあおりを受けて炎上したことで知られる。

　金谷城は、里見義堯が領有したが、里見氏と北条氏康との対立が激化すると、上総と安房の境目に位置し、海上防衛の拠点でもあったため、しばしば北条方の攻撃にさらされた。

天文二十二年、北条氏康は、安房里見氏への攻撃を本格化させ、北条綱成を上総に出陣させた。綱成は、金谷城と妙本寺要害の攻略を目指したといわれ、四月、妙本寺要害を攻略した。これは、安房の里見方に動揺を生んだ。北条氏康はすかさず、里見氏の家中に調略の手を伸ばし、北条方への帰順を誘っている。六月、北条方の調略に、少なくない里見方の武士が呼応し、北条方に与して蜂起した。これは当時「房州逆乱」と呼ばれていたらしい。

この時、里見義堯と親交が深かった、日蓮《にちれん》宗中谷山妙本寺（保田《ほた》妙本寺）の要賢房日我は、金谷城に避難し、戦乱の去るのを待っていた。日我は、この時の模様と、その後の苦難を覚書として書き残している（戦房九九八号）。日我は、東国の日蓮宗僧侶きっての碩学《せきがく》として知られ、当時、彼は自らの学問と知識の集大成として「いろは字書」の編纂に精魂を傾けていた。彼は幼い時から、東西の多くの知識人と交わり、様々な書物を求め、研鑽《けんさん》を積んできたといい、彼の貴重な蔵書類や草稿類は多数にのぼっていたという。ちょうどその時、北条氏の安房侵攻と「房州逆乱」が始まったのであった。

日我は、所蔵していた蔵書類や草稿を「聖教櫃《びつ》、皮籠《かわご》、笈《おい》」に入れて荷造りし、金谷城へ避難することを決意したのだった。そして、城内に運び込まれた荷物は、なんと牛十駄に及んだという。ところが、この貴重な蔵書類と草稿は、天文二十二年七月十三日の夜、突如発生した火災により、すべて失われてしまった。その原因を、日我は「いろは字下奥書」に「右、いろは字書之縁由者、予荀自幼稚之昔、至老衰之今、於東西都鄙、求学之内外典、其員繁多、爰総房両州之堺金谷籠城、于時天文癸丑七月十三夜、竊士侵味（実）城放兵火、因茲諸籍悉焼亡」と書き記している。それは、金谷城を攻略しようと、七月十三日夜に、秘かに敵方の者が金谷城の本城に侵入し、火を放ったことが原因だったというのだ。これは、北条方の放火であることは間違いなく、忍びの活動だった可能性もある。金谷城は、その後も、里見方として維持されているので、焼失したのちにしばらく放棄され、安房を維持した里見義堯・義弘によって再興されたとみられる。

なお、日我は、金谷城から脱出すると、失った典籍や草稿を惜しみながらも、里見氏の庇《ひ》護《ご》を受け、安房の各地を仮寓《かぐう》し移動しながら、「いろは字書」の再編集に挑み、刻苦を重ねた末、永禄二年（一五五九）十二月、五十二歳の時にそれを成し遂げている。日我の労作「いろは字書」は、残念ながら妙本寺に下巻しか現存しないが、その一部が今も残されているのは幸いといえるだろう。

水海城焼亡をめぐる混迷

下総国猿島郡の水海城《みずうみ》（茨城県古河市）は、古河公方足利義氏の重臣簗田氏の属城として知られる。水海城は、関宿城に簗田氏の本拠が移るまでは、本城として重きをなした城であった。現在、城跡は、跡形もなく、そして周囲の地形や景観も、近世から近現代にわたって実施された河川改修により、中世とは大きく異なっている。

当時、関宿城と水海城は、利根川と江戸川などに挟まれ、大小の河川が複雑に入り組む水上交通の要所であった。しかも、水海城は、その名の通り、大山沼、釈迦沼、長井戸沼に囲まれるなど、自然の地形に恵まれた要害堅固な城郭であったと推定される。そのため、簗田氏と関宿・水海城は、宿敵北条氏の攻撃をしばしば受けていたが、河川や湖沼という自然地形を利用した要害を頼みに、天正二年に降伏するまで、これを撃退し続けている。

簗田氏は、本拠地関宿城や、古河公方足利氏の御座所である古河防衛の要《かなめ》として、水海城の防備には特別な注意を払っていた。永禄九年十一月、第一次関宿合戦の真っ只中において、簗田持助は家臣石田隼人佐が、水海城に在城し、奮戦したことを賞し、彼が望んでいた官途を与えることを約束している（戦房一二二七号）。

ところで、この水海城は、時期は定かでないが、焼失したことが文書から確認できる。興味深いのは、その経緯と城兵たちの動きである（戦房一一六五号）。簗田晴助は、某年正月早々の夜半、水海城から出火したとの知らせを聞いたらしい。火事は、水海城の際の「小屋」とあるから、本城との境目、外曲輪の建物と推定される。どれほどの規模の火災であったかは定かでないが、その後も城は維持されているので、一部の建物が焼亡したことで収まったようだ。

城が火事に見舞われたのは、重大事態であった。簗田氏は、出火原因を厳重に調査させた。水海城に在城していた家臣斎藤但馬守は、調査結果を、一月六日、簗田晴助に報告した。それによると、敵地（北条方）と申し合わせをしたという形跡は見られなかったこと、さらに忍びが潜入して火を放ったという痕跡《こんせき》もなかったことであった。このことから、城で出火があった場合、まず疑われたのは、城兵たちの中に、内通者がいることと、城外から敵の放った忍びが侵入し放火したことの二通りであったことが知られる。

忍びの仕業ではなかったようだという調査結果の根拠は不明だが、放火の道具が火災現場から発見されなかったことによるのかも知れない。後で紹介するが、火打の道具を隠し持っていたのを敵方に発見され、言い逃れができずに忍びであることを自白したという記録があることから、火打の道具などの有無が判断材料だった可能性はあるだろう。

さて、火災の原因は失火だったことで一件落着となったわけだが、それまで不安だったのは水海城の城兵たちの方だったようだ。彼らは、全員が、敵方と接触していないかを、斎藤但馬守により厳しく尋問されたのだろう。簗田晴助は、一件落着となった直後、斎藤に書状を送り「小屋之者共心やすく存、ちり〳〵（散々）にかりしりそらす、可致在城之由、堅可申付候」

と指示している。城兵たちは、調査結果が出るまで、様々な噂や憶測をささやきあい、互いに疑心暗鬼になっていたようだ。晴助は、流言飛語を慎み、今後は安心して在城を続け、城を守るように、斎藤を通じて指示している。

敵の懐に忍び込め！　命懸けの潜入

天文十年（一五四一）一月十四日、本拠地郡山城に籠城し、尼子晴久の大軍と戦っていた毛利元就は、末国左馬助に感状を送り、その功績を讃《たた》えた（尼子四七三号）。それによると、末国は、一月六日に、「青之町」に忍び入り、町に放火したばかりか、気づいて襲いかかってきた敵と切り結んだのだという。また十三日には、「宮尾」に在陣する敵を切り崩す戦功を挙げている。

永禄十二年（一五六九）七月、武田信玄は武蔵国秩父に侵攻し、北条方を攻めた。この時、秩父の寺社の多くは、武田軍の放火に遭い、多数が焼失したと伝わり、地元の秩父では、今も「信玄焼き」と言い伝えている。ただし、この合戦に信玄自身は出陣した事実はなく、別動隊によるものと考えられる。

武田軍別動隊は、七月十一日、三山谷《さんやま》（埼玉県小鹿野町三山）に侵入し、北条氏邦配下の出浦左馬助、多比良将監、斎藤右衛門五郎らと衝突した。北条方は、斎藤新左衛門尉らが戦死したという。三山谷の武田軍別動隊が、その後どのように動いたかは定かでない。

ところで、秩父攻めを実行した武田軍別動隊は、信濃国佐久郡より十石峠を越えてやってきたと推定される。これは、十石峠街道を利用したものと思われ、途中、神ケ原《かがはら》（群馬県神流《かんな》町）で二手に分かれ、三山谷から鉢形を目指す軍勢と、夜中に移動し土坂（群馬県神流町）から鉢形を目指す軍勢が移動し、七月十一日、同時に秩父に侵入したと推定される。夜中に移動した軍勢は、土坂というところに忍び入り、そこを越えて武蔵国秩父に侵入し、阿熊《あぐま》（埼玉県秩父市吉田阿熊）に駐留したという。これを、早朝、物見山から遠望して発見した阿佐美伊勢守は、急ぎ下山して、鉢形城主北条氏邦に報じ、「吉田之楯」に入って守りを固めたという。この「吉田之楯」は、吉田館と思われ、それに相当するのは、秩父氏館であろうか。

阿佐美の活躍で、夜陰に紛れ、北条方に捕捉《ほそく》されることなく秩父に侵入した武田軍別動隊は、大きな戦功をあげることなく撤退したとみられる。ただ、秩父の寺社の多くが焼亡したといわれており、それが事実とすると、武田軍別動隊は北条方を牽制するために、放火を行っていた可能性があるだろう。信玄の狙いは、秩父筋を攻めることで、鉢形城の北条氏邦を牽制し、さらに滝山城の北条氏照の注意を秩父と鉢形防衛に逸《そ》らすことあったと考えられる（戦北一二八三〜五号・一二九一号）。信玄は、この直後の八月下旬、上野国から一挙に関東を縦断し、北条氏の本拠小田原城を包囲している。

北条方も、負けてはいない。元亀二年（一五七一）二月、北条軍の紅林八兵衛は、氏政より感状を拝領した。それによると、同年二月十三日夜、紅林は他の仲間らとともに、武田軍の陣所に忍び込み、そこで遭遇した敵一人を、仲間の松長左大夫と協力して討ち取った。これを知った北条氏政は、太刀一腰を与えると感状に明記している。

この時の戦闘は、北条氏政の膝下《しっか》で行われたと考えられるので、時期的にみて駿河国深沢城攻防戦であろう。当時、北条綱成が籠城していた深沢城を、武田信玄は大軍をもって包囲していた。有名な「深沢城の矢文」が武田方から城方に射込まれ、降伏開城を迫っていたのは著名である。

北条氏政は、深沢城を救援すべく、元亀二年一月十日に小田原城を出陣したが、北条綱成は耐え切れず、遂に一月十六日に開城し、深沢を退去した。信玄は、その後も、深沢城で仕置きをしていたとみられ、武田軍主力は同城周辺に在陣していたと考えられる。紅林らは、深沢城周辺に在陣する武田軍の陣所に、夜半に忍び込み、暴れまわったのであろう。

織田信忠の陣に忍び込む

天正六年（一五七八）六月、織田信長と激しく戦っていた毛利氏は、そのころ、信長嫡男信忠自身が率いる大軍の攻勢に直面していた。ところが、この時、毛利方は、忍びを放ち、何と信忠の陣所に潜入させていたらしい（抄録、尼子一八二八号）。

一、城介方陣所へも忍等可被差上哉之由承候、彼此御心遣之段申茂疎候、其外五畿内荒信（荒木村重）なとへも涯分御調略肝要候〳〵、雖不及申候、あさとに候ハぬ様御賢慮専一候〳〵、任承之紙面調候て進之候、猶此表之儀追々可令申候間先留筆候、万吉恐々謹言

六月二日（天正六年）　　元春（花押）

古因（古志重信）

御返 申給へ

これは、吉川元春が、古志重信に宛てた書状の一節である。古志は、信忠の陣所に忍びを潜入させたようだ。この成果については、明らかになっていないが、元春がそれを大いに賞賛しているので、織田の陣所では騒ぎになったのではあるまいか。元春は、五畿内や荒木村重への調略も重要だと述べているので、古志は忍びの派遣や調略を担う一人だったのだろう。

また、永禄八年（一五六五）、肥後《ひご》の戦国大名相良頼房は、対立する宇土《うと》城主名和《なわ》氏の放った忍びの攻撃を受けている。『八代日記《やつしろにっき》』永禄八年五月二十二日条に「同廿二日、小河ニ宇土ヨリ忍来候て火付候へとも取きやし候、忍かめ坂ノことく来候、かめ坂ニテ蓑田杢左衛門尉方人足行合、人足手負候」と記録されている。

肥後国宇土城の名和氏は、同国益城《ましき》郡の戦国大名相良氏の属城小河城（小川城、宇城《うき》市小川町）に忍びを放ち、火を放った。だが、これは相良方が発見して消し止めたため、大事には至らなかったらしい。相良方は、忍びを追跡したが、「かめ坂」（場所不明、小川城下の町場の地名か）を抜けて逃げられてしまったようだ。この時、「かめ坂」で、相良家臣蓑田杢左衛門尉配下の人足が、忍びと行き会い、負傷したという。人足は、忍びを捕縛しようと挑みかかり、果たせず、負傷したのであろう。

天正十四年（一五八六）四月、宇都宮国綱は、対立する壬生義雄《みぶよしお》の拠点鹿沼城攻略を企図した。すでに数年に及ぶ戦闘が繰り返され、宇都宮氏は、佐竹氏とともに何度も壬生城や鹿沼城を追い詰めながら、あと一歩攻めきれなかった。宇都宮家臣片庭清三郎は、秘かに鹿沼に忍び入り、各地を放火してまわったらしい（戦下一六六三号）。片庭が放火したのは「坂田其外町中焼破候」とあることから、鹿沼城のある坂田山をはじめ、「町中」とあることから、その城下であったと考えられる。

敵の潜入を許した岐阜城

かの織田信長も、本拠地岐阜城に甚大な損害を受けるのをすんでのところで回避した経験を持つ（静⑦七六三号）。天正二年（一五七四）五月、織田信長は滞在していた京都から、急《きゅう》遽《きよ》岐阜に帰国した。甲斐の武田勝頼が、遠江に侵攻し、徳川方の要衝高天神城を包囲したとの注進を受けたためである。信長が、京都を発し、帰国の途についたのは、五月十六日のことであった（平山・二〇一四年）。その後は、徳川家康を支援すべく、出陣の準備を行っていたとみられる。

その真っ只中の六月六日夜、岐阜城で大騒動が発生した。城に、多数の敵が忍び入り、「当城二段」とあるから、岐阜城のどこかの曲輪まで潜入を許したと推定される。これに気づいたのが、織田家臣横井伊織時泰であった。横井は、忍び込んだ敵と渡り合い、これを追い払ったという。敵が一人であったのか、それとも複数であったのか、またこれと渡り合ったのが横井一人であったかなど、詳細は残念ながら、明らかではない。ただ、岐阜城の夜の在番人数が少なかったらしいことは、信長自身が横井への感状において「当番之儀無人候共、可出精事専一候」と述べていることからみて、間違いなかろう。

信長は、遠江出陣を来る十四日に決定したと横井に知らせ、岐阜の番をいっそう懸命に務めるよう督励している。そして、岐阜城に忍びを潜入させた敵とは、武田勝頼とみて間違いなかろう。武田方は、家康支援の準備に忙殺される織田信長を攪乱すべく、岐阜城に忍びを放ったと考えられる。横井が気づかなければ、岐阜城にどのような災厄があったか予断を許さぬ状況だったのは間違いないだろう。

商人に化けて城に火をつけた男の話

筆を九州に転じよう。天正十一年三月、筑前国岩屋城《いわや》（福岡県太宰府市観世音寺）で起こった事件を紹介したい。この事件は、戦国の生き残りであった城戸清種（立花道雪《たちばなどうせつ》・宗茂《むねしげ》父子の旧臣）が、父城戸豊前守知正の証言と、自らの見聞をもとに元和元年（一六一五）にまとめた『豊前覚書』に記録されているものだ（天正十一年三月七日条）。

天正六年、日向国耳川《みみかわ》合戦で島津義久に大友宗麟が大敗を喫すると、大友氏の退潮は必至とみて見切りをつけ、島津に帰属する国衆が相次いだ。豊前国でも、筑紫広門《つくしひろかど》や秋月種実《あきづきたねざね》らが島津氏に呼応し、大友方を圧迫するようになる。これを懸命に防いでいたのが、大友重臣高橋紹運であり、彼は岩屋城と宝満《ほうまん》城を足場に頑強に抵抗していた。筑紫・秋月氏にとって、とりわけ岩屋城は何としても無力化するか、奪取することが必要な城といえた。

そこで、筑紫広門は、天正十一年三月、岩屋城に策略を仕掛けた。それは、三月七日の夜が、庚申待《こうしんまち》の日に当たっており、それを利用して岩屋城に放火するというものだった。筑紫が考えた策略とは、工作員を、茶売りの商人に変装させ、岩屋城に潜入させるというものだった。その日は、夜を徹して、祭事と宴席を行うのが習わしであった。大友と島津の最前線である岩屋城に、茶売りの商人に化けた島津方の筑紫氏の工作員がすんなり城内に入ることができたのも、庚申待という祭日ならば、商人を迎え入れることも大目に見られていたからではなかろうか。

なぜ筑紫氏が、工作員を、わざわざ茶売り商人に仕立てたのかといえば、茶売りには、火を仕込んだ茶竈《ちゃそう》がつきものだったからだ。茶売り商人は、すんなりと岩屋城に入ることを許され、虚空蔵台というところ（本曲輪のことか）から、大手口に向かって、茶を売りながら下って行った。そして、周囲の様子を見計らいながら、人目がない隙に、火種（「たまこ火」）を、建物の陰に投げ込んでまわった。そして、大手口を無事に通過すると、急ぎ筑紫方の武蔵城（福岡県筑紫野市）に逃げ込んだという。この城には、筑紫氏の家臣帆足弾正が在城していた。茶売り商人に化けた工作員は、指示どおり岩屋城に火種を多数投げ込むことに成功したと報告した。これを聞いた帆足弾正は、ただちに筑紫広門に、策略の成功を伝えた。広門は、あらかじめ家中に出陣の準備を指示しており、ただちに岩屋城乗っ取りを下知した。

このころ、岩屋城ではあちこちで出火が始まっていた。城方は、出火を知って慌てて火を消し止めたが、一ヶ所を消すと、すぐに別のところで出火が起きるといったありさまで、たちまち手が回らなくなり、城内は炎に包まれた。そして、岩屋城は夜半にすべての建物が焼け落ちてしまったという。岩屋城の火災を見た宝満城の軍勢が急ぎ駆け付け、岩屋城の防衛を固めた。そのため、岩屋城に迫っていた筑紫勢は不利を悟り、作戦を中止して空しく撤退したという。

また、岩屋城焼失の知らせは、翌八日巳《み》刻（午前十時頃）、立花道雪のもとに届いた。立花氏は、ただちに法螺貝を吹かせて家中を招集した。大貝が吹き鳴らされたことに驚いた家臣らが、何事かと参集すると、岩屋城が筑紫氏によって焼け落ちたことを知らされた。立花家中は奮起し、ただちに岩屋城に出陣し、防備を固め、焼け落ちた城の再興にあたったという。

筑紫広門の工作員は、忍の者であったとみて間違いなかろう。こうした策略が、日常的に戦国期では行われていたとみられる。なお、岩屋城は、天正十四年七月、島津軍の猛攻を、高橋紹運がわずかな手勢で半月も守り抜き、遂に壮烈な戦死を遂げ、落城したことで知られている。

真田昌幸の謀略

天正八年（一五八〇）、武田勝頼の命を受け、上野国で活動していた真田昌幸は、東上野の要衝沼田城攻略の策を進めていた。昌幸は、沼田城将で、北条方の用土新左衛門尉（後の藤田能登守信吉）への調略を実行しつつ、沼田封鎖をも進めている。すでに武田勝頼の攻勢と調略により、上野の国衆は続々と武田方に帰属し、沼田と北条領国の武蔵との連絡は遮断されていた。さらに、天正八年三月、小川城（群馬県みなかみ町）主小川可遊斎も、昌幸の誘いに応じ、武田方となった。残るは、三国峠《みくに》の麓《ふもと》に位置する猿ヶ京城《さるがきょう》（同町）のみとなった。昌幸は、猿ヶ京城に籠城していた、須川衆の中沢半右衛門尉、森下又右衛門尉らを内通させることに成功した。そして、昌幸の密命を受けた中沢は、五月四日までに猿ヶ京城の三の曲輪に火を放ち、これを焼失させたのである。昌幸はこれを賞し、中沢に荒牧で十貫文を重恩として与える判物を与えている（戦武三三三八号）。そして、二日後の、五月六日には、中沢と森下に、おまえたちの「調略」により、猿ヶ京城が武田方になったら、望み通りの恩賞を与えようと約束した。昌幸は、彼らが申請してきた場所を必ず渡すと述べ、すでにそこは先に服属した小川可遊斎に給与した土地であるにもかかわらず、彼には替地を与えて対応し、約束どおり希望の場所を与えると破格の待遇ぶりを示している。

こうした昌幸の努力もあり、はっきりした時期は定かではないが、猿ヶ京城はまもなく降伏、開城している。そして、堅城沼田城も、天正八年八月下旬までに開城し、十月の武田勝頼の東上野遠征により、上野国は、伊勢崎《いせさき》、新田金山を除く地域が、武田領国に編入されることとなった（平山・二〇一七年）。

三　目付の活動

ペリーの様子を探った「目付」

『甲陽軍鑑』などに、「目付」とは、透波のことであると明記し、彼らは敵の情報を探るべく、敵地の奥深くに潜行する命懸けの任務を遂行する人々であるとされている。このような、諜報《ちょうほう》活動を主任務とする「目付」は、近世においても存在していた。

嘉永《かえい》六年（一八五三）、「黒船」で浦賀《うらが》に来航し、日本を震撼《しんかん》させたアメリカ合衆国東インド艦隊司令長官マシュー・ペリーは、第一回の日本訪問と、翌嘉永七年の再訪問の模様を、『日本遠征記』に記録していた。その中で、ペリーは、出会った日本側の人物について、詳細な記述を残している。その中に、次のような記録がある（『ペリー提督日本遠征記』下、角川ソフィア文庫、一二五頁）。

日本の代表団はポーハタン号に乗り込んだ。この代表団は黒川嘉兵衛という高官（浦賀奉行支配組頭）と、前回と同じ二人の通訳、灰色の上着を着た三人の役人だった。この三人は、目をたくみに使う者、すなわち日本語でいう目付であり、文字どおりに訳せば四方八方を見る人、言いかえれば、密偵あるいは諜報員らしかった。

また、『ペリー日本遠征随行記』（新異国叢書8、雄松堂書店）の四月十九日水曜日（嘉永七年三月二十二日）条にも次のような記事がある。

通訳の達之助が今朝ふたたび来艦したが、昨日彼が引き受けたはずのことを何一つ実行していない。本当に頼み甲斐のない相手で、何か手に入れようと頼んでみても、骨惜しみばかりする。長官の嘉兵衛（下田出役浦賀奉行支配組頭、黒川嘉兵衛）と、もう一人の役人で彼のスパイと思われる中台信太郎がいっしょであった。

江戸幕府の目付の存在は著名であるが、彼らはアメリカ側の情報を探るために、日本側の交渉役の一員として、艦隊に乗り込んでいたのだった。しかし、目付の役割とその活動内容が、「密偵」「諜報員」「スパイ」であると、アメリカの軍人は見抜いていた（中台信太郎は、当時大目付であった）。情報を探る密偵、スパイとしての「目付」は、戦国の忍び以来の伝統であったことが確かめられるだろう。だが、戦国の忍びである「目付」の活動は、もっと泥臭く、かつ命懸けの任務であった。その実態を、史料をもとに紹介しよう。

上杉謙信が頼りにした「目付」

永禄七年（一五六四）秋、越後の上杉謙信は、北信濃の川中島に出陣し、武田信玄と対峙した。いわゆる第五次川中島合戦である。この合戦の詳細は、不明な点が多く、謙信がいったいどこに在陣していたかも判然としない。通説では、信玄が塩崎城に本陣を置き、川中島を取り巻く布陣をし、謙信は善光寺付近にいたのではないかといわれている。

九月七日、謙信重臣直江政綱（実綱）は、岩船長忠、堀江宗親に書状を送り、武田軍の様子を警戒するよう厳命している（上越三四四号）。その書状によると、岩船と堀江は、信越国境に近い小玉坂《こだま》（長野県飯綱町）周辺に在陣していたらしい。武田軍の一部は、「もとり山」（髻山、長野県長野市浅川西条）に小旗五本を掲げて、自らの存在を誇示しながら、毎日のように「武見」（物見）を出してきており、上杉方はその動きに神経を尖《とが》らせていた。

武田方の動きに対し、上杉方の岩船・堀江は、毎日のように「目付」を派遣し、武田軍の様子を探らせ、その内容を逐一直江政綱に報告していた。もちろん、その詳細は、ただちに謙信の耳にも届けられたのである。上杉方の「目付」は、小玉坂まで進出してきた武田勢の内情を探るとともに、自ら謙信本陣まで報告に行っていたのであった。

政綱は、こうした「目付」のことを「彼脚力才覚之分」と指摘し、健脚で才覚にすぐれた人物と認識しており、だからこそ岩船、堀江らの陣所より毎日、小玉坂の敵方まで往復し、その動きを読み取ることができたのであった。このことから、「目付」の任務を担う透波は、すぐれた身体能力と才覚を持つと認められた者が選抜されていたと考えられる。

直江政綱は、武田勢が本気で動き出すような状況を見誤ることになれば、上杉方にとって凶事になりかねないと懸念しており、「目付」を宵にかけて派遣し、彼らとともに時々敵陣に攻撃を仕掛けるように指示した。その際に、留守中の備えを万全にするよう求め、もしそれが困難ならば、足軽だけでもよいので、攻撃を試みるよう伝達している。「目付」が、味方の足軽たちの案内役にもなっていたことがわかるだろう。

健脚と才覚を買われて、敵陣の様子を探索し、攻撃の案内役をつとめ、宵に活動する「目付」こそ、『軍鑑』に登場する透波としての「目付」であろう。

第五次川中島合戦は、信越国境の要衝飯山城の補強を終えた謙信が、春日山城に帰陣したことで終結した。だが謙信は、武田方の動向が気になって仕方なかったらしい。なおも信越国境の小玉坂付近に張陣していた岩船長忠、堀江宗親に書状を送り、武田方の様子を探るべき「目付」を早々に派遣するよう求めた（上越四三六号）。謙信の帰陣を知った武田軍が、そのまま退陣するのか、それとも犀川《さいがわ》を渡河して中野方面に押し出してくるのか、それを見届けて詳細を報告するよう指示している。そして、岩船長忠に対し、「目付」を派遣し詳細が判明次第、復命のため春日山に帰ってくるよう求めた。

これをみると、「目付」はどうやら岩船長忠が指揮、監督をしていたらしい。「目付」の情報次第では、上杉軍の作戦が大きく動く可能性があったことが知られる。彼らの日々の行動こそが、信越国境の安全保障のカギを握っていたことがわかるだろう。

敵の築城を監視せよ

永禄十一年（一五六八）七月、武田信玄は、信越国境に突如進軍した。実はこの直前、越後では上杉方の有力国衆本庄繁長が信玄に内通し、叛乱を起こしており、この鎮圧のため上杉謙信は阿賀北出陣の準備中であった。信玄は、その間隙《かんげき》を衝《つ》いて、信越国境の上杉方攻略と謙信の本拠春日山城を脅かそうとしたのである。

同時に信玄は、海津城と連携して上杉軍の川中島進出を阻むための城郭普請をも実行に移していた。この時、築かれたのが長沼城である。長沼城は、今では跡形もないが、かつては三ヶ所の丸馬出を備え、本丸、二の丸、三の丸など、複数の曲輪で構成される威容を誇った巨大城郭であった。武田軍は、長沼築城を行いつつ、上杉方の要衝飯山城に攻め寄せたのである。これを八月十日昼の注進で知った上杉謙信は、急ぎ信越国境の関山城に、上杉景信、山本寺定長、黒瀧衆らを派遣してこれを固め、春日山防衛に躍起になった。だが、武田軍の猛攻にさらされていた飯山城への支援はままならず、謙信は焦りの色を隠せなかった。そこで謙信は、「目付」を派遣して武田軍の様子を探らせ、飯山の戦局や長沼築城などを詳細に報告するよう指示した（上越六一一号）。

永禄十二年八月、越中に出陣中であった上杉謙信は、春日山城の留守居直江景綱・本庄宗緩に書状を送り、信濃の武田方の動きに厳重なる警戒を怠らぬよう訓戒した（上越七九九号）。とくに謙信は「飯山・市川・野尻新地用心目付油断有間敷候、信州口替儀候者、早々註進尤候」と特記し、飯山城、市川城、野尻城の防備にはとりわけ配慮するとともに、武田方に向けて「目付」を派遣し用心を重ね、「目付」が何かを察知したら、ただちに報告するよう求めている。

元亀二年（一五七一）五月、上杉謙信は、関東出陣の準備に入った。それに先立ち、謙信は上野国沼田城（群馬県沼田市）に在城する重臣河田重親に書状を送り、武田・北条方の様子を探るため「其許より目付を指越、敵之様体正説聞届注進専一候、不限其方に其地之城衆手寄々に目付を指越ゝゝ、敵之模様実所聞届可注進候由可申候」と指示した（上越一〇四九号）。これによると、敵の様子や噂の正否を確かめるために、河田が「目付」を派遣していただけでなく、河田の指揮、監督下にある上野国の上杉方諸城にも、それぞれ「目付」が召し抱えられていたようだ。そして、各城に配備されていた「目付」は、城衆の「手寄」（自分の工夫）で、つまり独自の指揮、監督と判断のもとで、敵方への探索を実施し、その結果を河田に報告していたことがわかる。河田は、配下の諸城配属の「目付」と、自身の放った「目付」からの報告を集約し、謙信に知らせていた。

天正二年（一五七四）二月、上杉謙信は上野国厩橋城（群馬県前橋市）代北條《きたじょう》高広より、

新田方面における北条方との戦闘の報告を受け取った。上杉方が勝利をおさめ、敵の首級が厩橋に届けられてきたことを知った謙信は、大いに喜んだ。しかしいっぽうで「南方之儀、昼夜案候、目付をも差越、珍儀有之者、早速注進待入候」（北条方の出方を昼夜心配している。「目付」を派遣し、変わったことがあったら、すぐに知らせるようにせよ。待っている）と、上野国女淵《おなぶち》城（前橋市）将の後藤勝元・新六に念を押していた（上越一一八六号）。

敵地での危険な任務

永禄二年（一五五九）三月、北条氏康は、城普請のため、二十日ほど上野国へ出陣することにした。だが、懸念されるのは、房総里見氏の動向であった。氏康は、北条方に従属していた内房正木兵部大輔に書状を送り、浦賀に北条綱成・康成父子、遠山康光らを、鎌倉に北条幻庵を配備し、小田原城の留守居には、息子氏政を残留させ、江戸湾からの攻撃に対処できる備えを固めた。そのうえで、里見氏の動きを探るべく、正木に「目付」を敵地に送り込み、逐一氏康のもとに報告するよう求めている（戦房九九一号）。

永禄四年三月、関東に出陣してきていた長尾景虎（上杉謙信）は、遂に北条氏康・氏政父子の本拠地小田原城を目指して南下を始めた。北条方は、各地で長尾方の軍勢と戦闘状態に入った。北条家臣で足軽大将大藤秀信は、「ぬた山」（沼田山、南足柄市）に布陣し、攻めかかってきた敵軍を退け、敵六人を討ち取り、頸《くび》注文を小田原に届けた。北条氏政は、大藤の戦功を讃えるとともに、敵陣へ「目付」を潜入させ、その動きを探らせるよう指示している（戦北六八六号）。大藤は、忍びを配下に召し抱えていたことが窺われる。

また、時期は定かでないが、永禄五年ごろ、北条氏康と対峙していた、下総結城城の結城晴朝は、味方に宛てた書状において、彼が放っていた「目付」からの報告内容を知らせている。それによると「氏康者川辺之陣にて候、岩付陣事調候由」とあり、北条軍は、荒川に布陣し、岩付城攻撃への準備を進めているとの情報を摑んでいたらしい。結城の「目付」も、夜中に結城の陣所へ帰ってきて、晴朝に復命している（『埼玉県史料叢書』12付二六九号）。

永禄十一年二月、北条氏は、家臣山角刑部左衛門尉定勝の同心小窪六右衛門尉の懇願を受け、彼に武蔵国入西《にっさい》郡萱方《かやがた》で十貫文を褒美として与えることと、「一騎仕立」（騎馬武者）の山角同心となることを承認した（戦北一〇六七号）。小窪の懇願が叶えられたのは、彼が上杉謙信が石戸（埼玉県北本市）に出陣してきた際に、「目付」として活躍した功績を、北条氏が認定していたからである。小窪は、それまで「目付」の任務を負い、山角同心の徒歩《かち》武者であったらしい。「目付」の働きを功績として、知行加増と騎馬武者への昇格が認められるほど、その任務は作戦上、重要かつ危険度が高いとみなされていたのだろう。

永禄十一年と推定される八月、諏方勝頼（後の武田勝頼）は、武田重臣で一門の栗原伊豆守に書状を送った。当時勝頼は、父武田信玄とともに、北信濃に出陣し、長沼城を足掛かりに、上杉方の飯山城を始めとする諸城を攻撃していた。これが、「最後の川中島合戦」と近年評価されている戦闘である。当時謙信は、本庄繁長の叛乱のため、まったく動くことが出来ず、信越国境の防御を家臣らに命じるのが精一杯であった。

この時、栗原伊豆守は、甲駿国境近くの某城に在城していたらしい。恐らく、まだ断交してはいないものの、駿河今川氏真の動向に、武田方は神経を尖らせていたようだ。というのも、勝頼は書状の冒頭で、駿河の陣触《じんぶれ》について記しているからである。残念ながら、書状に欠損部分があるので、詳細は判然としないが、北信濃の武田信玄のもとへ、駿河今川氏が陣触を行ったらしいとの情報が入ったのであろう。勝頼は、急ぎ書状を送り、事実かどうかを探るため、栗原に「目付」を放ったかどうかを問い合わせている。そのうえで、栗原が在城する城の普請や警備を堅固にするよう要請するとともに、逐一情報を伝えてくるよう指示している（戦武一三〇七号）。

地元の土豪に案内させる

天正十年（一五八二）六月、本能寺の変後、織田大名が相次いで退去もしくは敗死した旧武田領国の甲斐・信濃・上野をめぐり、徳川家康・北条氏政・上杉景勝の三大名が激しい争奪戦を繰り広げた。これが、天正壬午の乱である。

この時、北条氏直率いる本隊と、徳川家康の本隊とが、甲斐で対峙した。当初、大軍の北条氏直が徳川、上杉方を圧倒し、北信濃と伊那の南部を除く、ほぼ信濃全域を北条氏が制圧したほか、甲斐国の都留《つる》郡、巨摩郡北部も支配下に収めていた。北条方は、甲斐の徳川方の様子を探るため、「目付」を潜入させることにした。だが、北条方の「目付」は、甲斐の地理や事情に暗く、任務は困難が予想された。そこで、北条氏は、信濃佐久郡の土豪井出氏に「案内者」としての任務を依頼した。井出氏は、これに応じ、北条の「目付」を案内して、甲斐に潜入し、見事任務を果たして帰陣した。氏直は、これを賞し、扶持《ふち》を与えることを井出氏に約束している（戦北二三七一号）。

越後の戦国大名上杉景勝は、天正九年以来、新発田城主新発田重家の叛乱に苦慮していた。天正十一年八月、景勝は、赤谷城を攻略すべく軍勢を差し向けた。これを知った新発田方が、八幡に進出し、上杉軍と衝突した。合戦は、雌雄を決することができないまましばらく続いたらしい。そこで景勝が、「目聞」を派遣し、敵味方の状況を詳しく偵察させた。景勝は、「目聞」の報告内容を参考に、作戦を立案し、旗本を率いて新発田勢に襲いかかった。すると、景勝の狙いどおり、上杉軍は新発田軍を突き崩すことが出来たという。この時、景勝に新発田軍の様子をつぶさに観察して報告した「目聞」とは、小倉伊勢入道という人物であり、景勝は彼の功績を讃え、手が空き次第、勧賞することを約束した（上越二八三二号）。この場合の「目聞」とは、目利（物事をみる目に優れていること）を指すとみられるが、敵陣に接近して情報を探るという意味では、「目付」とほぼ同じ役割を果たしていた。

境目の監視

敵味方の接点、それは「境目」と呼ばれる最前線である。そして、そこが忍びの活躍が最も期待された場所であった。草や、かまりなどが日常的に活動し、散発的な小競り合いや殺し合いが行われる危険な地域でもある。戦国大名は、その「境目」に「目付」を派遣し、常に情報を探らせていた。そうした事例を、以下、紹介しよう。

天正六年（一五七八）、上杉謙信急死後、越後は、彼の養子景勝と景虎が家督をめぐって激しく争う御館の乱が勃発した。景勝は、春日山城を、景虎は、府中の御館を、それぞれ本拠とし、互いに殲滅戦を戦い抜こうとしていた。当時、双方の陣営がともに気にかけていたのは、関東の北条氏政の動向であった。景虎は、兄氏政の来援を期待し、景勝は北条軍の援軍が越後に入るのを懸命に拒もうとしていたのである。

七月、上野国と越後国の境目に位置する、坂戸《さかど》城を守備していた深澤刑部少輔に対し、景勝は書状を送って、国境警固を強めるよう指示している（上越一五七八号）。まず、景勝は、景坂戸城・荒砥城・直路《じきろ》城の普請を油断なく実行するとともに、境目に「目付」を派遣し、北条方の動きを監視するよう求めた。また、守備の兵力が乏しいとの報告を受けているので、近日、まとまった軍勢を派遣するから、詳しい指示はその時にまた行うと伝達している。なお、この指示を行った二か月後の九月に、北条軍が三国峠を越えて越後に侵入し、坂戸城を連日攻め立てた。坂戸城の上杉軍は、苦戦しながらも、遂に厳冬の季節まで持ちこたえ、北条軍を雪と寒気の越後に叩き込んだ。そのため、北条軍は敗退し、関東に撤退している。

そして天正七年三月二十四日、上杉景虎は、景勝によって攻め滅ぼされた。御館の乱に勝利したとはいえ、景勝に従わぬ旧景虎方は、越後の各地で反抗を続けており、関東の北条軍がいつまた攻め込んでくるか、予断を許さぬ情勢が続いていた。景勝は、坂戸城に在城し、関東を睨《にら》む安部重左衛門尉、登坂与五郎に書状を送り、在城を続けている足軽衆への扶持として、黄金十枚を送り、彼らに配分するよう指示するとともに、城普請と関東の境目に向けて「目付」をきめ細かく派遣して、情報を探らせ、敵の様子を報告するよう求めている（上越一八一七号）。

天正壬午の乱で北信濃四郡（高井・水内・更級・埴科郡）を制圧した上杉氏は、その後、筑摩・安曇《あずみ》郡を平定した松本城主小笠原貞慶《さだよし》と対立を深めていた。というのも、天正壬午の乱勃発直後、上杉景勝は、筑摩・安曇郡をも制圧し、深志城（松本城）には、上杉氏に匿《かくま》われていた小笠原洞雪斎玄也（小笠原長時の弟）を置き、小笠原旧臣を糾合させようとしたのである。ところが、洞雪斎は、上杉家臣の言うがままという存在で、小笠原家の再興と上杉からの自立を望む、筑摩・安曇郡の武士たちからの支持を失っていった。そこへ、京都から帰国してきた小笠原貞慶（長時の子、洞雪斎の甥《おい》）により、洞雪斎と上杉方は放逐され、筑摩・安曇郡を喪失してしまった。これ以後、上杉氏と小笠原貞慶との対立は、貞慶が関東に転封される、天正十八年まで続くこととなる。

天正十一年六月、小笠原貞慶の軍勢が、上杉家臣芋川越前守親正の守る牧之島城《まきのしま》（長野県信州新町）に向けて侵攻を開始した。芋川親正は、よくこれを防ぎ、小笠原軍の撃退に成功した。景勝は、六月二日付で芋川に書状を送り、その戦功を賞すとともに、境目に「目付」を派遣し、小笠原軍の動向を監視することが肝心であると督励している（上越二七九一号）。

敵陣の動きを探れ

境目に派遣され、日夜、敵方への監視を怠らぬ「目付」らが、もし敵軍が動き出したらしいとの情報を摑んだら、彼らはどう動いたのだろうか。いくつかの事例を紹介しよう。

天正七年十一月、駿河国江尻城（静岡県静岡市清水区）に在城していた穴山信君《あなやまのぶただ》（武田一族）は、駿河田中城（藤枝市）に在城していた三浦右馬助より書状を受け取った。この手紙は、十一月十七日辰刻《たつ》（午前八時頃）に三浦が認《したた》め、江尻に送った至急便であった。この書状は、酉刻《とり》（午後六時頃）、江尻に届いている。その内容は、徳川家康が、遠江国横須賀《よこすか》城まで移動してきているとのことであった。これを知った三浦は、ただちに信君に報じるとともに、自身の判断で、徳川陣を探るべく「目付」を派遣した。信君は、「目付」による徳川の陣場などの詳細が判明次第、早飛脚で知らせてくるよう求めた（戦武三一九六号）。

実はちょうどこの時、江尻城には武田勝頼も本隊を率いて在城していた。勝頼は、駿豆国境に布陣する北条氏政軍の動向（「東陣」）を監視しつつ、氏政と同盟を結んでいた徳川軍の動きも注視していたのである。この直前の九月、武田方は、黄瀬川で北条軍と対峙していた間隙を衝かれ、用宗《むちむね》城（静岡市）を攻め落とされ、駿府（静岡市）、由井、倉沢（同市清水区）などを焼き払われている。

天正十年二月、織田軍が武田領国への侵攻を開始していたころ、越中でも織田軍が動き出した。松倉城に在城していた上杉重臣須田相模守満親が織田方に向けて放っていた「目付」が帰還し、重大な情報を伝えてきた。それによると、織田軍は戦支度を整えているとのことであった。

当時、越中の上杉方は手薄で、到底、織田の攻撃に耐えられる状況にはなかった。そこで、須田とともにいた菅名綱輔は、春日山城の景勝重臣竹俣慶綱らに事態を報じ、増援を要請している（上越二三七九号）。須田とともに、松倉城にいた黒金景信・楠川将綱らも、「目付」から詳細な報告を得ていたようだ。彼らもまた、「境目」から前日報告を受け、織田軍が上杉方の安城（富山市）に向けて、五、六百人ほどを差し向けてくる様子であること、さらに「半手」（敵味方の境目の村々、両属が認められていた地域）にも、陣具などの提供が命じられていること、などから、織田軍は二、三日のうちに動き出すと予想していた（上越二三七八号）。なお、織田軍は「目付」の情報通り、安城を攻め、四月初旬、これを攻略した。城将菅名綱輔は撤退を余儀なくされ、春日山城に召喚されている。「目付」の情報は、実に正確だったことが窺われるであろう。

天正十年六月、本能寺の変が勃発し、旧武田領国の甲斐・信濃・上野では天正壬午の乱と呼ばれる争奪戦が始まる。この時、いち早く動き出したのは、越後上杉景勝であった。景勝は、北信濃四郡を制圧すると、筑摩・安曇郡への遠征を企図した。この時、この地域を支配していたのは、織田信長より論功行賞として筑摩・安曇郡を与えられた木曽義昌《きそよしまさ》であった。義昌は、本能寺の変の情報を知ると、深志城（松本城）に在城しつつ、諏方郡などに調略の手を伸ばし、勢力拡大を狙っていた。だが、織田の後ろ盾を失った義昌に、筑摩・安曇郡の武士は容易に靡《なび》かず、木曽氏は勢力拡大どころか、深志から放逐される危機に立たされていた。

上杉景勝は、木曽の動向を探るべく「御中間」（景勝直属の奉公人）を信濃に派遣し、木曽氏や信濃の武士の様子を探らせた。この「御中間」は、六月二十六日、春日山城に帰還し、木曽義昌は深志城に在城していること、信濃の武士はみな小屋上がりをしており、義昌は「正体なし」（実権を喪失している）と報告したという（上越二四二九号）。信濃の武士が、小屋上がりをしているということは、木曽義昌に対し敵対行動をとっていることを意味している。もはや、義昌は、筑摩・安曇郡を支配することはできないと認識されていた。これを知った景勝は、軍勢を派遣して、木曽氏を追放し、匿っていた小笠原洞雪斎玄也を、深志城に配置している。

目付を放って情報探索

天正十一年（一五八三）、上杉景勝は、織田信長に代わって勢力を拡大していた羽柴秀吉と提携することとし、秀吉に敵対する北陸の柴田勝家、佐々《さっさ》成政《なりまさ》らを牽制しようとした。そして、三月、秀吉は景勝に対し、越中出陣を要請し、柴田方の背後を衝くよう求めた。だが、景勝は、新発田重家や、関東の北条氏、信濃の徳川方の動向が不穏であったこともあり、これに応《こた》えることができなかった。そして、同年三月、柴田勝家ら北陸勢は近江に出陣し、賤《しず》ケ岳《がたけ》合戦が始まったのである。

この時、上杉方は「目付」を上方に向けて放つとともに、湯原八丞という家臣も派遣し、両陣営の詳細を探らせた（上越二七一四号）。この二つのルートで探索させた情報は、三月二十九日までには上杉方のもとに届けられた。湯原は、情報を記した書状と、「上方双方陣取之模様書付」を送ってきたという。

いっぽう、帰還した「目付」の情報によると、羽柴秀吉の勢いは凄《すさ》まじく、越前国境に迫るほどで、越前陥落（柴田勝家方の敗退）は目前であろう、とのことであった。上杉家臣斎藤信利は、湯原と「目付」の情報を突き合わせ、ともに同じことを報告してきていることを確認し、これを春日山城の景勝に伝えている。なお三月二十九日は、まだ羽柴と柴田の合戦は始まっておらず、会戦は四月二十日、勝家の滅亡と越前平定は、四月二十四日のことである。このため、湯原八丞と「目付」が察知した情報は、正確ではなかったことがわかるが、秀吉優勢である、との情報が上方を駆け巡っていたことは確かであろう。この虚報は、秀吉方が流布させた可能性もある。

天正十六年五月、陸奥の戦国大名伊達政宗は、田村顕康を攻める相馬義胤を討つべく、米沢城を出陣した。顕康は、政宗出陣を聞くと、これに合流したいと思ったが、相馬との合戦のため、田村領を留守にするわけにはいかず、果たせなかった。いっぽう、政宗は、相馬方の動向などを探るため、「御目付」を派遣した。しかし、伊達の「御目付」は、地域の事情や地理に暗かったため、政宗は田村氏に「案内者」の同行を依頼したらしい。顕康はすぐに、伊達の「御目付」に、田村家中の案内者を同行させ、相馬方の探索と、伊達の陣所へ無事に送り届けることに成功している（福島七〇二―一九二号）。そして、翌閏五月十九日、伊達・田村軍は、相馬軍と激突し、これを退けている。

敵地の異変を探れ

敵と対峙する最前線（「境目」）では、変事が多々発生した。いったい何が起こったというのかを探るべく、忍びが放たれた。ここでは、とりわけ有名でありながら、謎の多い、天正九年（一五八一）に発生した越中の事件を紹介しよう。

天正九年は、越中の情勢が大きく動いた時期でもあった。まず、越中の上杉方を統括していた重臣河田豊前守長親が、越中松倉城で病没した。享年三十九と伝わる。その命日は、三月二十四日だといわれる（『戦国人名辞典』）。ところが、織田方の記録『信長公記』には、五月二十四日と明記されている。河田は、織田の越中侵攻を食い止めるなど、善戦しており、信長を悩ませていた。彼の死について『信長公記』は「信長公の御憎を蒙る者、悉く天然と相果て候」と記している。

天正九年五月四日の戌刻《いぬ》（午後八時頃）、上杉方で越中魚津《うおづ》城（魚津市）に在番していた安部政吉・丸太俊次・田中尚賢は、遠く願海寺《がんかいじ》（富山市）方面に火の手が揚がるのを発見した。願海寺城は、かつては上杉方に属していた国衆寺崎氏の居城であった。寺崎民部左衛門尉盛永・喜六郎父子は、上杉謙信死後、御館の乱が勃発すると、織田方の調略に応じ、景勝から離反していた。だが、何が起こったのか、一向にはっきりしない。そこで、安部らは、五日未明に「目付」を派遣し、事情を探らせたのである（以下、上越二一二一号）。

「目付」は、五日の深夜に帰還し、驚くべき情報を伝えてきた。それは、織田方であった願海城主寺崎盛永が、能登で切腹させられ、さらに寺崎家臣小野大学助・大貝采女が織田重臣菅谷長頼を願海寺城の二の曲輪まで引き入れて、実城（本丸）を包囲していること、などであった。しかも、実城に籠城していた寺崎喜六郎は、小野大学助を手討ちにしたものの、彼も負傷したという。さらに、願海寺城の異変に動揺した、上杉方の滝山城（富崎城、富山市婦中町）も、在城していた越中衆寺嶋牛之助・小嶋甚助（神保氏旧臣）が自ら城に火を放ち、退去してしまった。しかも、どこに落ち延びるかの報告もないままであり、彼らは行方がつかめないのだという。

「目付」の報告に驚いた安部政吉らは、五月六日卯刻《う》（午前六時頃）、急ぎ書状を認《したた》め、春日山城の直江兼続に報告した。そして、詳細を摑むべく、帰還した「目付」を再び現地に派遣し、さらなる情報収集を命じたという。

こうした緊迫した情勢下で、上杉景勝は、病死した河田の後任として、上杉一門上条宜順を松倉城に派遣した。上条は、五月二十日正午に着城し、黒金景信・楠川将綱・広井忠家や、越中衆と相談のうえ、松倉城を始め、越中の上杉方の防備などについて協議を行った。特に変わった様子はないものの、上条は「目付」を放ち、織田方の様子を探り、景勝に報告することを約束している（上越二二二九号）。

上条は、寺崎父子の行方について、越中や能登に「目付」を派遣して、引き続き探っていたらしい。彼は、黒金景信・山田長秀に命じて、「目付」を放ち、織田方の情報を収集させた。「目付」は、六月二日に松倉城へ帰還し、集めた情報を上条に伝えた。それによると、五月二十六日に、佐々成政が越中富山から能登に行ったこと、寺崎喜六郎も、これに先立つ五月二十日に能登へ召喚されたこと、などであったという。上条は、これを六月三日付の書状で、春日山城の直江兼続に報じている。そして、これを最後に、管見の限り、寺崎父子の情報は、上杉方の史料から消えてしまう。

いっぽう織田方が記すこの事件の顚末《てんまつ》は、上杉方の摑んだ情報とは大きく異なる。『信長公記』天正九年六・七月の記事をみると、寺崎盛永・喜六郎父子は、同年六月十一日、織田信長に呼び出され、近江国佐和山城の丹羽《にわ》長秀《ながひで》に預けられ、幽閉されたとある。そして、七月十七日、寺崎父子は切腹を命じられたという。この時、寺崎喜六郎は十七歳で、眉目《びもく》秀麗な若衆であったといい、父盛永への別れの挨拶《あいさつ》が周囲の哀れを誘ったという。盛永は、親が子よりも先に逝くことは本義であると言って自刃した。喜六郎は、流れる父の血を舐《な》め、私もお供いたします、と言い放ち、自刃したという。寺崎父子の最期は、織田方も褒め称え、太田牛一《おおたぎゅういち》も印象深く書き留めている。

なお、寺崎父子誅殺《ちゅうさつ》の理由について、『信長公記』は「御尋ねの子細これあり」と記すのみで、詳細は判然としない。ただ、寺崎父子幽閉直後、越中木舟城主石黒成綱と家老らが、同じく近江に呼び出されて誅殺されたほか（『信長公記』天正九年七月六日条）、能登七尾《ななお》城では、遊佐続光らが菅谷長頼によって誅殺され、温井・三宅らが逐電している（同六月二十七日条）。

このように、信長は越中や能登で織田方に帰属した国衆を次々に誅殺していることがわかるだろう。恐らく、上杉方の調略に応じる動きが、越中・能登で広まっていた可能性が高い。これは、河田が死の直前まで、北陸の織田方に調略の手を伸ばしていた成果とみられ、それに応じる動きも出始めていたようだ。そのことが、寺崎父子や木舟城主石黒、能登七尾の遊佐らの成敗へと繋がったのであろう。

それにしても、『信長公記』に記される寺崎父子の最期が事実であるとすれば、五月六日に上杉家臣安部らが「目付」を放って収集した情報は、誤りであったことになる。詳細は定かでないが、願海寺城に火の手が揚がるなどの異変が起こったことは事実で、謀反を疑われた寺崎父子は、織田家臣菅谷長頼により捕縛され、六月に近江に送られたのではなかろうか。記して後考をまちたいと思う。

撤退の真意を探る

敵の異変に戸惑い、その事情を探ろうとした事例を、もう一つ紹介しよう。それは、信濃小県郡上田城主真田昌幸である。天正十三年（一五八五）閏八月二日、真田昌幸は、徳川家康重臣鳥居《とりい》元忠《もとただ》・平岩親吉《ひらいわちかよし》・大久保忠世《ただよ》・芝田康忠らの率いる軍勢を、本拠地の信濃小県郡上田城で迎えうち、これを撃破した（第一次上田合戦）。徳川軍は、その後も、尾野山城、丸《まり》子《こ》城、長窪城などの真田方を攻撃したが、いずれも失敗に終わり、小諸城に後退し、情勢を窺っていた。真田昌幸は、上杉景勝からの援軍を得て、上田城の守備をいっそう強固にし、逆に小諸城攻撃に向けた準備を始めていた。

ところが、十一月、徳川軍は突如、小諸から撤退してしまったのである。これを察知した真田昌幸は、何が起こったのか、事情を探るべく、甲斐まで「目付」を派遣した。昌幸が、上杉景勝重臣直江兼続に宛てた書状には「急度奉啓上候、当境無異儀候、仍申来候者、甲州・佐久郡・諏方郡主ニ指置候平岩七之助（親吉）・芝田七九（康英）・大久保七郎右衛門尉（忠世）、何をも遠州へ召寄之由候、如何様之致相談候哉、不被存候、甲州辺へ目付差越、様子承届候者、急度注進可申候、此等之趣可預御披露候」とあり、昌幸が「目付」を甲斐に潜入させたことがわかる。そして「目付」に、徳川軍の不可解な撤退の理由を探らせていた(戦真一八四号)。

徳川軍が急遽撤退したのは、天正十三年十一月十三日、家康重臣石川数正《いしかわかずまさ》が、一族と信濃小笠原貞慶の人質らを伴い、三河から尾張に出奔し、羽柴秀吉方に付いたためである。石川は、徳川氏の取次役であり、秀吉との交渉を担っていた。だが、家康や徳川家中は、秀吉との決戦を主張する意見が大勢を占め、利あらずと考えていた石川は孤立してしまっていた。しかも、石川が取次役を担っていた信濃松本城主小笠原貞慶が、秀吉方に転じてしまったため、面目を失った数正はいっそう孤立化を深めたばかりか、羽柴への内通をも疑われてしまった。こうした状況下で、数正は、調略の手を伸ばしてきた秀吉の誘いに応じ、尾張へ出奔したのであった。

慶長五年(一六〇〇)九月、関ケ原合戦が行われ、徳川家康が圧勝した。同じころ、東北では、徳川方の伊達政宗、最上義光と、石田方の上杉景勝が激しい戦いを繰り広げていた。伊達政宗は、九月二十四日、最上氏と連携を取りつつ、上杉軍を撃破すべく、伊達・信夫筋へ出陣する意向を固めていた。このことを、留守政景《るすまさかげ》に報じた政宗は、上杉軍が退却するような動きをみせれば、ただちに攻撃するよう指示した。特に夜陰に紛れて、撤退する可能性もあるので、あらかじめ状況を把握するためにも、「目付」を派遣し、逐次情報を把握しておくよう求めている（仙台一〇七四号）。敵に接近し、深い情報を探り出す間諜《かんちょう》を、東北地方でも「目付」と呼称していたことが確認できる。

第五章　戦国大名と忍び

一　中世の夜と忍びの世界

中世の夜と闇

戦国の忍びたちの様々な任務と、活動の実態を紹介してきたわけだが、彼らのほとんどは、夜の闇にまぎれて活動していた。それは、忍びたちの多くが、夜盗などの盗賊出身だったからである。彼らが専ら活動する夜の世界とは、中世の人々にとって、いかなる時間帯であったか。中世の夜については、笠松宏至「夜討ち」という著名な研究がある（笠松・一九八三年）。笠松氏は、この論文の中で、中世の「昼」と「夜」は、掟《おきて》や法の世界において、まったく違う時間帯であったと指摘した。中世の権力や村町などの集団が、法や掟を制定し、厳しい秩序の維持と実現を図ったのは、おもに「昼」であって、「夜」はその外にあったという。「昼」の法や掟にも、「夜」を規制しようというものは確かに存在したが、それをはるかに上回る、「昼」が果たす保護や束縛のない、「夜」のルールのみが作用する無法な世界、それが中世の「夜」だったという。それは、時間帯のアジールともいうべき、「無縁」の世界であった。

笠松氏の指摘に、付け加えることはないが、戦国期の夜について、史料をもとに、当時の人々の夜と闇の世界に関する認識を紹介したい。

まず、『結城氏新法度』第十条・第二十条をみてみよう。

一、人の作刈り、又夜人の作場にてうたれ候事、咎なきと申べからず候、何たる用たるべく候哉（第十条）

一、夜中に人の屋敷へ木戸・垣立ち候所を乗り越え、切り開け候て入り、討たれ候もの、侘言すべからず、盗か又何たる不振舞歟、如何様一たゝり事にて候間、死損たるべし、殊に町々の木戸・門の［　］討たれ候もの、善悪不可入、悪盗・悪逆人たるべし、是非之義不可言候（第二十条）

殺人は、いつの時代も重刑と認識されていたが、罪に問われぬ特殊な事情が、戦国期には存在していた。第十条によると、ある者が、もし他人の農作物を刈り取ってか、または夜間に他人の耕作地で殺害された場合に、殺された者には罪がないなどと、申し立てることは許されなかった。この場合の申立人とは、恐らく殺害された者の係累が想定されているのだろう。結城氏はこれを一蹴《いっしゅう》している。それは、他人の農作物や、夜間という時間帯に、他人の耕作地に入ることに、いったいどのような用事があるというのか、という理由にもとづくものであった。

続く第二十条では、夜中に他人の屋敷の木戸や垣根の立っているところを乗り越え、あるいは切りあけて侵入し、屋敷の者に発見され、討たれた者についての訴願を拒否している。夜中に、他人の屋敷の敷地に侵入することは、盗みなどの不法行為を行おうという目的以外には考えられない、というのが、結城氏の認識である。もし当人が殺害されずに、生きていれば、その行為だけで懲罰を受けるはずであったのだから、討たれたことは本人の死に損だ。ことに町々の入口にある木戸や、門を乗り越えて討たれた者は、善悪を論ずるまでもなく悪盗、悪逆人である。もし、その者が討たれても、是非を論じてはならない。

第十条では他人の作物を持っていたら、悪盗、盗賊であることは当然だが、夜の耕作地に入り込んでいただけでも、そのように見なされることとある。いっぽうの第二十条でも、何かを盗んだり、それに準じる行為を、まだ行っていなくても、夜間に、他人の屋敷地に入り込んだり、町の木戸や門を乗り越えただけでも、悪党、悪逆人と認定されていた。

夜の犯罪は極刑

戦国期の村社会の掟でも、夜の犯罪は、極刑と相場が決まっていた。天正十三年（一五八五）六月二十八日、近江国上大森（滋賀県東近江市）惣分が制定した惣掟（「定置目条々之事」）には、「よいの六時より後、一切作之物取不可来事」「朝六より前、野らへ不可出事」と定められた（『中世政治社会思想』下巻二〇九頁）。この村では、朝六（午前六時頃）より前は、野良仕事に出てはならず、宵六時（午後六時頃）以後は、たとえ自分の田畠《でんぱた》の作物であろうと、収穫することは禁止されていた。つまり、宵六時から朝六までは、外出と農作業が厳しく規制されていたわけである。

同じく、近江今堀（滋賀県東近江市）惣分も、天正十六年七月十一日に惣掟（「定めおき目之事」）を制定している（『中世政治社会思想』下巻二一二頁）。そこでも、「いね、よい之六ツいせん、又あか月六ツいせんニもち候てとおり候ハヽ、同さいくわにおない可申事」《（こ脱カ）》とあり、暁六ツ（午前六時頃）から宵六ツ時（午後六時頃）の時間帯で、稲を持ち歩いていたら、村として罪科に処すこととされていた。さらに、不法行為を発見し、その相手を仕留めた村人に対しては「田・のらの物ぬミとり候をミつけ、しとめ候ハヽ、ひるハ壱石五斗八木、よるにて候ハヽ、三石、ほうひ可仕候事」《（盗取）》とあるように、褒美が与えられることになっていた。しかし、その褒美の内容は、昼間が米一石五斗であったのに対し、夜間は倍の三石であった。このことからも、夜の罪がはるかに重罪とみなされていたことが窺《うかが》われるだろう。中世の人々にとって、夜間に外出すれば、厳しい眼が向けられたことを示す史料は、他にも多くある。周防大内氏の領国では、夜中に、湯へ入ることは、原則として禁止されていた。ただし、例外があり、それは湯治の人、女性、農人に限定されていた（『大内氏掟書』長禄三年五月廿二日制定）。

ましてや、町中の通りや道を、夜間通行することには、苛酷《かこく》なほど厳しい規制がなされ、その時間帯の往来者に向けられる眼は、いっそう冷酷であった。周防大内氏の掟書では、夜中に大道を往来する者に対しては、もし相手が「異相不審之者」ならば、通行を制止せよ、旅人ならば宿を問いただしたうえで、通行を許可することとなっていた。この他に、路頭での、夜念仏なども禁止されていた（『大内氏掟書』長禄三年五月廿二日、文明十八年〈一四八六〉四月廿九日）。ここでは、罰則規定が比較的緩やかである。

提灯・松明を持たない者は処罰

だが、戦国争乱がたけなわになると、次第に罰則は過酷な内容へと変化していく。すでに戦国時代へと突入していた東国では、領主の規制も厳しさを増している。長享《ちょうきょう》二年（一四八八）六月、下野国足利の鑁阿寺に、長尾房清が与えた禁制には「鑁阿寺々中其外の事、夜の五以後七以前、音せてとをる人体あらハ、悪党として可致其沙汰、若急用たらハ、ちやうちん・たいまつを以て、往還すへし、若此制止をそむく族あらハ、権門勢家おきらハす、可有其成敗之状如件」と明示された（栃①三六一）。ここでは、朝七つ（午前四時頃）以前、夜五つ（午後八時頃）以後、寺の内外を「音もなく」通行する者は、悪党と見なして処断する。もしこの時間帯で急用ならば、提灯《ちょうちん》もしくは松明《たいまつ》を持って通行せよと指示している。

この規定は、すでに文明四年（一四七二）十一月、山内上杉氏の家臣と推定される某が、鑁阿寺に与えた禁制において規定されていた（栃①三六二）。某禁制には「五以後ら《（わ）》うくハん《（往還）》ともから《（輩）》、ちやうちん《（提灯）》ニ火をとほし《（燈）》わうふく《（往復）》あるへき事」とあり、夜五つ以後、往還を通行する者には提灯の携行を義務付けている。また「もん《（門）》をのり《（乗）》、かへ《（壁）》こゑ《（越）》候ハんともから《（輩）》の事、からめとり《（搦取）》、ひろう《（披露）》あるへき事」とあり、門や壁を乗り越える行為をした者は、ただちに捕縛し通報することになっていた。さらに「夜たう《（盗）》の事、いんけ《（院家）》中御とうしん《（同心）》、合力あるへ《（き脱）》事」とあり、夜盗の摘発に鑁阿寺も協力するよう要請されている。

このような、往還の通行規制については、武田一族穴山信君が、天正五年（一五七七）十二月二十一日付で、駿州往還の宿として著名な、南部《なんぶ》宿に対し与えた伝馬掟にも「下山江通候者、至申刻者南部ニ可一宿、駿河へ通候者ハ、酉刻以後南部ニ可令一宿事」と規定されている（戦武二九〇四号、なお、信君の子勝千代も、天正十一年三月二十一日付の南部宿宛伝馬掟で、同文の規定を指示している（戦武三九八三号）。穴山氏は、南部宿（山梨県南部町）に対し、下山方面（穴山氏本拠地、身延町、甲府方面）への通行は申刻《さる》（午後四時頃）まで、駿河方面への通行は酉刻《とり》（午後六時頃）までを期限とし、それ以後の時間帯は、通行人に南部宿への一泊を命じている。夜間の人の通行を封じるためであろう。

また越後の上杉景勝も、天正九年七月、柏崎町に宛てた制札において「夜行を相立、ちやうちん（提灯）をともし（灯）、可令往復事、付、火をともさす令横行ものあらハ、はなしうち（放討）に可成之事」と規定している（上越二一六六号）。ここでも、夜間の通行人は、提灯を灯《とも》すことが義務付けられ、それに違反している者は、放し討ち（殺害）してもかまわないと述べている。

このほかに、戦国大名伊達稙宗が、天文二年（一五三三）三月十三日に制定した蔵方掟の一条に、「一、日暮候而、質之取請不可有之事」とある（『伊達家文書』）。夜間に蔵方に持ち込まれる質物は、盗品の恐れがあると認識されていたのであろう。昼間、正々堂々と質物を持参できない者は怪しいといわんばかりだ。

このように、中世では人の殺害に及ぶ行為には、厳しい規制があったにもかかわらず、こと夜間という時間帯になると、それが外れ、一定のルールに従って行動していない者は、保護の対象外とされたのである。そして、「昼」を支配する権力や集団が作成した、法や規制というルール外にはみ出す者たちは、悪党（悪盗）、悪逆人と認定され、厳しい追及の対象となっていたことがわかる。

しかしながら、悪党たちも、「昼」の権力や集団から捕縛されぬ限り、あらゆる法や掟の執行から逃れることができた。それが、中世の夜の世界であり、それを支配するアウトローたちの世界であった。アウトローたちは、自分たちが自由に跋扈《ばっこ》する「夜」に、戦国大名や村町の力が及ばぬよう、厳しい仲間意識を持ち、その情報が決して洩《も》れぬように動いていたようだ。『相良氏法度』において、「夜討・山立・屋焼」などの悪党摘発のために、彼らの内部からの密告を、当人に限って罪科消滅と引き換えに奨励したことや、各地の戦国大名が、村町に連帯責任をちらつかせながら、悪党密告の義務化を推進したことなどは、アウトロー集団の摘発がいかに困難であったかを物語っている。

夜討と朝駆

戦国期においても、夜間の時間帯に行動する者は、特別なルールに従う者以外は、悪党だと認識され、成敗の対象とされていた。ところが、戦場において、夜間の行動と戦闘は、りっぱな軍事行為と認識され、それが奨励すらされていたのである。これが、戦国の合戦で数多く展開された「夜討」「夜合戦」である。

厳密にいうと、「夜討」は、敵の城砦《じょうさい》、陣所、屋敷など、誰かが主人として支配する、門や垣、塀などが囲い、周囲と隔絶した場所を襲撃することであり、「夜合戦」は「夜討」を含む、夜間の戦闘全体を指す言葉である。

例えば、天正二年九月二十一日、山名《やまな》豊国《とよくに》は、家臣牛尾《うしお》大蔵左衛門尉《おおくらざえもんのじょう》春信《はるのぶ》に感状を与えているが、それは、山名の「当館」に敵が夜討を仕掛けてきた時、牛尾が仲間を助け、奮戦したことを褒め称《たた》えたからである（尼子一七七七号）。この時、豊国は鳥取城に在城し、毛利方と戦っているので、これは鳥取での出来事であろう。

天正十六年四月、伊達政宗は、蘆名・最上・大内らと対戦していた。四月二十二日、伊達方の小梁川宗重（置賜郡高畠城〈山形県高畠町〉主）が、楢下（山形県上山市）へ草を派遣し、敵の土豪の屋敷に夜討を行っている。この時の模様を、『伊達天正日記』は「小梁川殿《(宗重)》ならけ《(楢下)》江草こし《(越)》御申候て、うたのせう《(雅楽允)》屋しき《(敷)》ちらし《(散)》御申、その上いつせん《(一戦)》御さ《(座)》候て、うたのせうこ《(雅楽允子)》又一人以上首二上御申候、たちうち《(太刀打)》とも《(共)》て《(手)》をおい《(負)》申候」と記している。伊達の草は、楢下の雅楽允屋敷に討ち入り、激しく戦い、雅楽允の子とその家来を討ち、首級二つを政宗に進上したという。この時、激しく斬り合った伊達方の草にも、負傷者が出たとある。

また、敵城への夜襲も、夜討の一形態である。北条氏に仕えたことがある清水正花は、後年、自らの武功を覚書として書き残した（戦下一七三二号）。その一節に「上州新田之城夜責被致候時、門を開、鑓下ニ而八人討取候、但度々弓ニ而手負仕候儀、度々之合戦爰許ニ金井茂右衛門被存候事」とある。上野国新田金山城（群馬県太田市）を攻めた時、清水は門を開け、弓で射られ負傷しながらも、鑓《やり》を振るって敵八人を討ち取ったといい、それは同僚の金井が証人として承知していることだと述べている。

最も史料が豊富なのは、敵の陣所に夜討を仕掛けたというものである。先の清水正花は、武蔵松山で、敵からの夜討と戦ったと記録している。それは「武蔵国松山近所陳取候時、岩付より夜懸之夜一戦、当所ニ而勝負無其隠高名也、爰許ニ而源七幷年寄候者ハ何茂存候事」とある。この記事は、永禄五年（一五六二）、北条氏康と武田信玄が、共同で武蔵松山城を包囲した時、上杉方の岩付城主太田資正が、「夜懸」を仕掛けてきた時のことと推定される。太田方の夜討を、北条方が撃退し、その一角を清水が担ったというものだ。

天正十年（一五八二）七月、天正壬午の乱が勃発《ぼつぱつ》した時、徳川方の酒井忠次《さかいただつぐ》らの先陣は、信濃国諏方郡に入り、高島城主諏方頼忠《すわよりただ》を包囲していた。これに対し、諏方は、七月二十四日昼、城外に人を派遣、諏訪湖に舟を利用して、諏方領の村々に徳川の陣所へ夜討を仕掛ける工作を行った。徳川方の形原《かたはら》松平家信《いえのぶ》は、舟が湖上を出ていく様子をみて、夜討を警戒し、家来に陣配りと警備を厳重にするよう指示したという。果たして、同日夜、敵の夜討が行われた。『家忠日記』に「廿四日庚辰　かたのハら衆陣取へ夜うちヲ入候」とある（天正十年七月二十四日条)。形原松平は、準備をしていたので、この夜討を難なく撃退したという(平山・二〇二五年)。また、天正十二年、小牧・長久手合戦の際に、徳川方は、羽柴方の陣所に夜討を実施している。『家忠日記』天正十二年四月二十六日条には「廿六日壬申、敵陣へ尾州衆夜討ヲ入候、敵うちとり候」とある。

境目の村を攻撃する

このほかにも、敵の村や境目の村への夜討、朝駆について紹介しておこう。天正七年から同十二年にかけて、下総結城晴朝《はるとも》は、下野国生井郷《なまい》(栃木県小山市)の諸村に、断続的に禁制を与えている。まず、天正七年五月十八日、結城氏は生井郷のうち、白鳥村に制札を与えた(戦下一二六二号)。この時、結城氏は、佐竹義重らとともに下野に出陣し、榎本城《えのもと》(栃木市)に迫り、北条方と対峙《たいじ》していた。

この時、結城氏は、生井郷のうち白鳥村に対し「夜盗・朝かけ御動」を禁じた。同様の禁制は、天正十一年十一月にも出されており、そこには「動幷夜盗・朝かけ、其外慮外之義」が禁止対象となった(戦下一四五三号)。そして、結城氏から、これらの行使を禁じられた規制の対象は「当洞中」(結城方)であった。つまり、結城軍は、「動」(通常の軍事行動)のほかに、夜盗、朝駆を村々に仕掛けてくる主体だったわけだ。

その後、天正十二年八月二十一日、同十月十三日に、結城氏が与えた制札には、これまでの上・下生井に加えて、「中岫《なかくき》」（中久喜村、小山市）、「石の上」（石ノ上村、小山市）、下国府塚《しもこうづか》（小山市）を「半手」（敵味方にとって両属の村）に指定したと報じ、住民に帰村するよう促した（戦下一四五三号・一五〇九号）。そのうえで、「当洞中」（結城方）は、これらの半手の村に対し「夜盗・朝かけ・乗込以下之行」「乗こみ・あさかけ其外小様之行」することを禁止した。半手の村は、対立する勢力の境目に位置する村であり、かつ双方に年貢・公事《くじ》などを半分ずつ納入することで、どちらにも加担しないことを認められていた。それゆえに、戦争が始まっても、攻撃や略奪の対象にはならなかったのである。

この半手の申請をせず、いっぽうの大名に加担する立場を維持すると、敵対する大名は、容赦なく境目の村々を蹂躙《じゅうりん》した。

武田の忍びに悩まされる村

天正八年二月二十五日、北条氏は、武田勝頼との激しい戦闘に巻き込まれ、苦境に陥っていた伊豆国田方《たがた》郡の村々を保護すべく、この地域に関わる全ての領主に、五ヶ条に及ぶ条目を与えた（戦北二一四二号）。

この中で、①敵味方の戦場になる恐れがあるからといって、作付を怠るようなことがないよう、しっかり管理せよ、②村の百姓が、帰村を促す領主の意向に背き、他郷へ移居したら、そこの領主に断ってから召し返すように。もし渋るようなら、北条氏に訴え出よ。後で召し返しを行ったうえで、百姓や従類たちを処刑するであろう、③田方郡が戦場になったからといって、百姓らが分国中のどこに落ち延びようとも、領主の意向に背いたままなら、時効を決めず発見しだい処刑する、とした。

このほかに、次のような条文がある。

一、先段郷村放火、方々へ令逃散、失墜造作をハ為領主遂塩味、少々指置をも有之而、百姓等ニ合力懇可被申付事

一、郷村へ如何様ニも立帰而可有之者、尤候、若又夜中忍ニも可被追散地形者、其向寄〳〵ニ令徘徊、出作ニも可致之迄候事

百姓たちが、村を捨てて逃亡したのは、武田方に放火されたからであった。北条氏は、家などを失った百姓を支援し、その再建のために、領主が少々の恩恵を施すとともに、様々な協力を惜しまぬよう指示した。こうして、百姓たちは帰村を始めたわけだが、それを狙い撃ちしていたのが、ほかならぬ武田方の忍びであった。やっと帰村できた百姓たちは、夜中に武田方の忍びに襲撃され、逃げ惑っていたようだ。とりわけ、武田方との境目に近い場所にある村に、そうした忍びによる夜討の被害が集中していたらしい。その場合は、特例として、

最寄りの村に避難し、自分の村への耕作は、出作のようにすればよいと指示している。

ここでも、忍びは、夜討を行い、敵方の村と百姓に損害を与え、家屋敷などに放火していたのである。このように、夜討と朝駆は、中世の夜に相当する時間帯を利用して、忍びや、戦国の軍勢が行った軍事行動だったわけである。

いっぽうで、敵の夜討、朝駆を警戒し、当然、味方はその対策を進めていた。伊達氏は、「白石若狭守は、敵若し夜討に寄するかと、芝見を付けて用心すれども更に夜討も無かりけり」(『奥羽永慶軍記』八「政宗攻大内備前守事」)、「其夜は五里被引揚、御野陣被遊候、夜懸も可有之歟と、辻々芝見を被差置候得とも無何事候」(『成実記』天正十三年十一月二十四日条)とあるように、敵の夜討を防ぐため、敵方に向けて「芝見」という忍びを派遣したり、道の辻々《つじつじ》に「芝見」を配置して、万一に備えていたという。

夜を支配する者たち

戦国の世では、おおよそ午後八時以後から明け方の午前四時までは、「昼」の法と保護の外とみなされた時間帯と考えられていた。そして、「昼」から「夜」への移行期にあたる宵(日暮れ時)と、「夜」から「昼」の境界である暁(夜明け)は、夜ほどの厳しさはないが、それに準ずる時間帯とされ、うかつな行動をしてはいけないとみなされていたらしい。夜間に出歩くものは、問答無用で殺されても文句がいえぬという、特異な時間帯が、中世の夜と闇だった。その時間帯に蠢《うごめ》く人々こそ、悪党たちアウトローだったわけだ。

ところが、上杉謙信が「夜技鍛錬之者」、結城政勝が「一筋ある物」と呼んだ、草、夜業、透波《すっぱ》、乱波《らっぱ》、伏などを行った悪党たちは、そうした夜間に活動をしても、成敗されることはなかった。夜に活動しても、処罰されない人々、それが戦国の忍びの特権だったのである。昼間も、大名の軍勢が敵地を進むとき、その前後や、周辺を警戒して歩き、特に「切所」と呼ばれる難所は、当然敵の忍びや彼らに案内された軍勢が潜んでいることが予想された。だからこそ、真っ先に忍びが派遣され、偵察を命じられたのである。そして、日が落ちて夜になると、陣所の警備は、武士から忍びたちの担当へと交替される。

篝火《かがりび》や捨篝を的確に配置し、陣所の周囲に、嗅物聞《かぎものきき》や芝見などを放ち、敵の忍びや軍勢の接近をいち早く察知するための任務も、彼らが担っていた。そして、これまで数多くの事例を紹介してきたように、敵味方の最前線には、双方の忍びが、草、伏、かまりとしてうよよ展開し、時には双方が遭遇して戦闘に発展することもあった。宵から夜中、そして暁までの時間帯、忍びたちは敵の城砦、陣所、最前線の戦場、敵の村町に忍び寄り、殺害、放火、略奪、夜盗など、中世では「大犯」とされる行動をなんの躊躇《ちゅうちょ》もせずに実施した。その行為は、大名領主から、褒賞されこそすれ、処罰されることはなかった。敵に向けて行使されるあらゆる行動は、通常では不法、大犯とされたものでも、逆に褒賞の基準とされたわけである。

二　忍びの運命

忍びと内通者

敵城を乗っ取ったり、放火したりするためには、何らかの方法で、あらかじめ内通者を確保しておくか、味方の者を紛れ込ませておくことが最も有効である。そのようなことが、果たして頻繁に行われていたのだろうか。実は、大名や大身の武家屋敷などを狙った盗賊が、戦国期には横行していたようなのだ。しかし当然のことながら、彼らの屋敷の周囲は塀や垣根で囲まれ、出入口には、門や木戸があり、番衆が置かれていた。にもかかわらず、城内や屋敷へ外からの侵入を許してしまったのはなぜなのか。『結城氏新法度』第三十四条に次のようなものがある。

一、屋敷の内の盗以下は、番衆知らざるのみにて候、さて町門・木戸開け、橋かけ、人馬引出、何にても取候はゞ、其夜番衆盗人に組み候か、無沙汰か、其夜の番衆へ此咎なすべく候、中城・西館同前この規定によると、屋敷内部での盗難については、出入口を警備する番衆にとってあずかり知らぬことと言っても許されるだろう。だが、夜間に町の門や木戸を開け、橋をかけ、人馬を引き出して盗みが行われたならば、その夜の番衆が盗人《ぬすっと》の一味であるか、怠けていたかのどちらかであるから、その夜の番衆の責任を追及せねばならない、とされていた。

結城氏は、自らの本拠である中城・西館（結城城）はもちろん、領国における屋敷で盗賊が侵入した場合の、番衆の罰則を以上のように定めたのである。この条文から、木戸、跳ね橋もしくは引き橋などを備え、夜番が配置されている、結城氏の本城や、大身の武家屋敷にすら、夜に盗賊が侵入することがあったことが窺われるのは興味深い。結城氏は、その理由を、夜番たちの怠業か、盗人の一味であるかのどちらかしかないと指摘していた。

ここで注目されるのは、怠業ではなく、盗賊の一味が夜番として結城家中に潜り込んでいた（もしくは買収されていた）という事実である。この場合は、盗みが目的であるが、城乗っ取りや放火などの破壊行為が目的の場合も同様であった可能性があろう。

戦国大名やその家臣らは、敵の城にあらかじめ内通者や透波などを潜入させておき、その手引きで城を奇襲攻撃したり、乗っ取ろうと策を弄《ろう》していたとみられるが、その手法はまさに盗賊と同じであった。このような事態が日常化していたからこそ、結城政勝は、分国法において立法措置を取らざるをえなかったと考えられる。

なお戦国法では、夜に屋敷の木戸や垣根を乗り越えたり、切り開けたりして敷地内に侵入すれば、それだけで「悪盗」「悪逆人」と認定され、屋敷主などによる殺害が容認されていた(『結城氏新法度』第二十条など)。

連携失敗の事例

城の乗っ取りの策定にあたって、内通者と調整を行ったことを示す史料が残されている(上越六四五号)。永禄十一年(一五六八)三月、越後村上の本庄繁長が、武田信玄に内通し上杉方から離反した。この煽《あお》りをまともに受けたのが、藤懸城《ふじかけ》(新潟県村上市)主大川長秀《おおかわながひで》である。彼は、謙信からの要請に応じて、本庄方を攻めるべく出陣したが敗北し、逆に本拠地を奪われてしまった。そこで長秀は、老母と弟二人を連れ、出羽国土佐林氏(大宝寺氏の重臣)を頼り、藤懸城の奪還を目指した。

永禄十二年一月十三日、大川長秀は、大宝寺の援軍と、上杉家臣三潴《みづま》出羽守政長らの支援を得て、いよいよ藤懸城の奪還に乗り出した。長秀には秘策があった。というのも、城内にあらかじめ内通者(「手曳輩」)を潜入させていたのだ。ところが、寄せ手の上杉勢と、内通者との連携がうまく取れなかったらしい。大川は、一、二夜ほど懸命に連絡をつけようとしたのだが、これが裏目に出て、内通者は活動が目立ってしまったのか、城内の警戒網に引っ掛かり、成敗されてしまった。手だてを失った大川は、このまま撤退することはできない、あと五日でも十日でも在陣して城を攻めるべきだと主張した。だが、三潴らから、後手の備えをいったいどうするつもりなのかと説諭された。大川は、若輩だったこともあり、年長で合戦の経験も豊富な三潴らの説得を受け入れ、翌十四日に燕倉（村上市）まで撤退したという。

城の攻略は、内応者を獲得するか、潜入させておくことが最も効果的であり、力攻めによる味方の被害や、兵糧攻めによる長期在陣というリスクを減らす意味でも、重要であった。だが、「手曳輩」はまさに命懸けの行動が要求されたわけで、成功すればよし、もし失敗すればたちまち命を失うこととなった。

敵はいかにして味方に紛れ込むのか

敵の忍びや、命令を受けた人物が、味方のところにやってきて、まんまと自分たちの懐に潜入して情報を抜き、攪乱《かくらん》や破壊工作を行うことを、各地の大名領主たちは大いに警戒していた。では、いかにして忍びたちは、敵地に潜入したのだろうか。

その一つの手段として、わざと敵地に逃げ込むふりをし、敵地の武家のもとで悴者《かせもの》や下人となり、時を待つというものだ。このことについて、結城氏は『結城氏新法度』第二十四条で「敵地・敵境より来候下人・悴者、仕ふべからず」と注意を喚起している。敵地や、境目からやってきた者を、むやみに侍（悴者）や武家奉公人（下人）にしてはならないというのだ。彼らこそが、味方のふりをして、破壊活動や情報収集を行う忍びの可能性が高かったからであろう。

武田信玄も、敵地からやってきた人間たちに、警戒を怠らなかった。永禄七年（一五六四）四月二十六日、上野国赤坂城（群馬県高崎市）に在城していた武田譜代金丸若狭守忠経《かねまるわかさのかみただつね》と、上野国衆和田《わだ》兵部大夫《ひょうぶだゆう》業繁《なりしげ》は、敵地からやってきた者を捕えたと、武田信玄に報告した（戦武八九〇号）。怪しい者を捕えたのは、赤坂城の在番衆であったらしい。敵地から来た人物を怪しんだ武田方は、様々な尋問をしたようだが、その人物は答えに窮したらしい。そして遂《つい》に「真実目付ニ候」（実は私は上杉方の目付でした）と白状したという。信玄はこれを喜び、敵の目付を召し捕った者に褒美を与えるように指示し、援軍として近日、山宮氏ら鉄炮《てっぽう》衆を派遣すると伝え、城内の用心に油断することのないよう命じている。

また、合戦の混乱に乗じて、陣所に何げなく紛れ込む忍びもいたらしい。あまり良質な史料ではないが、『関八州古戦録』巻之第八「甲州勢小田原乱入付相州三増峠合戦の事」には「甲州勢、風祭、久野の道筋より丸子川を渡り、飯泉に於て人数を集め、爰にて前隊後駈を定め、大磯、平塚、田村を打過、反田より中津川を越て牛窪坂に懸り、三増の町筋に退去なり、北条家も調陣の透波を兼て寄手の陣へ入置しなれは、此帰路を聞定め、さらは途中に待伏して討走らしむへし」との記述がある。これは、永禄十二年十月、北条氏康・氏政父子の本拠小田原城を包囲した武田信玄が、同四日、甲斐に撤退を開始した時の記述である。信玄が、いったいどのルートを使って撤退するのかを、北条方は懸命に探り出そうとしていた。そこで、北条方の透波を、武田方の陣所に潜入させ、彼に撤退に関する情報を摑《つか》ませ、報告させる手立てを取っていたのだという。

いっぽうの信玄も「敵国へ入ての武者押なれは、なしかは油断せらるへき、諏方の森より三増までの間に人曹《ママ》を所々にて捕へ、件の模様を聞届け」とあるように、三増峠に向かう道筋で、北条方の「人曹」（忍びか）を捕縛し、北条の軍勢が待ち伏せしている事実を摑んだのだとある。

敵国から来た人には要注意

天正元年（一五七三）九月八日、武田勝頼は、三河国古宮城《ふるみや》（愛知県新城市《しんしろ》）に在城していた後閑信純・伴野宮内少輔・依田能登守・竹重藤五郎に書状を送った（戦武二一七三号）。この直前の八月、徳川家康の攻撃により、長篠城が奪回され、さらに作手《つくで》亀山城主奥平定能《おくだいらさだよし》・信昌《のぶまさ》父子が、徳川方に寝返るという事態となり、武田方が動揺していた時期である。この書状で勝頼は、古宮城の周辺に、謀叛《むほん》を企てている者がおり、そこを奪取すべく、行動を起こそうとしているらしい。そこで、城内の用心と、三十六人衆の中から、徳川方に心を寄せ、謀叛を起こそうという者がいるかどうかを、しっかりと確認して、早飛脚で報告するように命じている。勝頼が、こうした事情を知ったのは「敵地内通之族如申越者」とあるように、徳川方に潜入させていた内通者からの情報だったのである。

また、天正四年五月晦日《みそか》、武田氏は、原出雲守に朱印状を与え、敵国からやってきた人々については、厳重な身辺調査を行い、不審な人物がいたら、ただちに報告するように命じている（戦武二六六三号）。原出雲守が滞在していた場所などの詳細は不明であるが、武田氏が他国から来た人々が、単なる難民、流民、移民だけではなく、それを装った潜入者である可能性に神経を尖《とが》らせていたことだけははっきりするであろう。

天正十年五月八日、北条氏は、相模《さがみ》・駿河国境にある足柄《あしがら》城（神奈川県南足柄市）の城当番掟を定め、これを城将北条氏勝《うじかつ》に与えた（戦北二三三六号）。その中に、城を出入りする者のチェックをするよう指示した条文がある。

一、小足柄・猪鼻両口共ニ門外へ不出、大手・法経寺口計、草木取可出候
付、彼草木取、毎朝手判を以被出、彼手判を以帰路をも被改専一候、此番衆肝要之所候、有分別者を可被置候、依田衆可指加

在城衆は、原則として城外へ出ることは禁止されていたが、毎朝、草木取のために、城外に出ることは許されていた。その際に北条氏は、城への出入口を、大手口と法経寺口に限定し、小足柄口と猪鼻口《いのはな》は閉鎖させた。その上で、城外に草木取のために出かける者には、「手判」（通行手形）を渡し、外出する時と帰城する時の二度、必ず番兵に厳重に点検させるよう指示した。こうすることにより、足柄城に敵が味方と偽って潜入することを防ごうとしたのであろう。忍びなどが潜入するとなれば、忍び入りを除けば、城兵の帰城時以外にないと想定されていたことがわかるだろう。

味方のふりをして、相手の城砦や陣所に潜りこむ方法は、伊達軍の片倉や黒脛巾のほか、伊賀衆も下人になりすますのが定石《じょうせき》だったことは既述の通りである。

忍びは生け捕りに

戦国大名は、敵地から放たれる忍びの潜入を阻止すべく、その摘発に全力を挙げていた。また、城周辺などに出没する敵の忍びの捕縛にも全力を挙げていた。

永禄七年四月九日、上野国赤坂城（群馬県高崎市）に在城していた武田重臣金丸忠経、上野国衆和田業繁は、同城在番衆の飯島小次郎《いいじまこじろう》という人物が、城下の烏川《からすがわ》付近で、様子を窺っている不審な人物を発見し、これを捕縛したと、甲府の武田重臣原昌胤に報じた（戦武八八八号）。どうやら敵らしい人物と思われ、去る三月二十日に捕縛されたという。金丸・和田は、捕えた敵方と思《おぼ》しき人物を、ただちに甲府に護送する手配をし、詳細な尋問を武田氏に委《ゆだ》ねている。

捕虜となった敵方の人物は、厳しい尋問を受け、逆に敵方の情報を自白するよう強要された。恐らく、拷問なども日常的に行われたであろう。

天正九年八月二十日、武田勝頼は、駿河国江尻城（静岡県静岡市清水区）代穴山梅雪に書状を送った（戦武三六〇一号）。この中で勝頼は、駿河国興国寺城（沼津市）の在番衆が捕縛した捕虜（「生捕」）が甲府に護送され、その人物を尋問したところ、「先の大風雨で、北条方の海賊衆は安宅船《あたけぶね》を始めとして、多数が破損した」との情報を摑んだと報じ、「北条方の海賊衆は、まともな作戦が遂行できないだろう」との見通しを示している。この大風雨とは、この直前の八月十日、東海地方を襲い、駿河湾沿岸に甚大な被害を出した台風のことを指すと推定される（藤木久志編・二〇〇七年）。

この他に、天正十年八月十二日、天正壬午の乱の真っ只中《ただなか》にいた徳川家康は、信濃飯田《いいだ》城に、徳川方の奥平信昌、鈴木喜八郎らとともに籠城《ろうじょう》していた、信濃国衆下条兵庫助頼安に書状を送っている（信⑮三九二）。この時、家康は、甲斐新府城を本陣とし、若神子城を本陣とする北条氏直の大軍と対峙《たいじ》していた。徳川方は、この最前線において、北条方の兵士を捕虜にし、北条軍の内情を聞き出していたらしい。その結果「自氏直陣生捕仕候申分者、当表出張事聊爾千万故、只今可令退散行之談合迄之由、何も同前申候」との情報を摑んだようだ。つまり、北条氏直の陣所から来た者たちを生け捕り、彼らから聞き出したところでは、北条軍が甲斐に進撃したのは、うかつ過ぎた作戦であるので、もはや撤退すべきであるとの話し合いが行われているとのことで、これは複数の者が異口同音に証言している、ということであったらしい。

このように、戦国大名は、敵方から放たれる忍びの摘発に血道をあげており、それは各地の在城衆などが城周辺の警戒を実施する際の重要な任務であった。敵地と通じる街道筋などでも、点検が行われていたことであろう。

また、敵と対峙する最前線でも、敵の忍びを殺害するだけでなく、敵の情報を探るために生け捕りにすることも重視されていた。先に掲げた、徳川方が、北条方の者を生け捕りにして、そこから氏直や家臣らの談合の内容を聞き出したのは、その好例といえる。

捕えられた忍びの運命

同様の事例を紹介しよう。佐竹氏の記録『佐竹家旧記』二のなかに『古先御戦聞書』という記録がある（東京大学史料編纂所謄写本）。そこには、佐竹氏の合戦などに関する聞き書きが収められている。この一部に、天正十二年（一五八四）五月から八月にかけて、佐竹義重・宇都宮国綱《くにつな》・結城晴朝ら北関東の領主連合軍（「東方之衆」）と、北条氏直軍が、下野国沼尻《ぬまじり》を舞台に対決した、沼尻合戦の記録がある。合戦の詳細は、齋藤慎一《さいとうしんいち》氏の労作に譲るが（齋藤慎一・二〇〇五年）、その一節に、北条方の忍びが捕縛された事情が記録されている（『藤岡市史』資料編古代・中世三一号、齋藤慎一氏のご教示による）。

それによると、両軍は、沼尻の地形や双方の堅陣に阻まれ、なかなか相手に決定的な打撃を与えられないまま、七月十三日を迎えた。すると、北条氏直から、佐竹方に使者が来て、今日より十六日までは、年に一度の玉祭（魂祭、盂蘭盆《うらぼん》）だから休戦し、十七日からまた戦いを再開しようではないか、との申し入れがあったという。そこで、佐竹義宣《よしのぶ》は、家老らを集めて評定を開いたところ、盂蘭盆を利用して、佐竹氏らの油断を誘う、北条の策略ではないかとの声が出た。義宣は、この意見を重く見て、全軍に警戒を厳重にするよう指示した。そして、次のような事件が起こったのである。

同日義宣公、目付之者共ニ被仰渡ケルハ、暮以後陣屋ノ前ヲ通ル者、譬樵夫、草刈タリ共、搦捕テ披露可仕由被仰渡、然ル所ニ暮方ニ御陣屋ノ前ヲ草ヲ荷イテ両人通ル、御目付、是ヲ咎ル処ニ、御方《（味方）》ノ者成由ヲ申ス、主人之名ヲ尋ケルニ答ナシ、則搦捕テ披露ス、義宣公ニ令問給フ所ニ、北条方之忍ノ者ニハ無之ト貫《（陳カ）》持申ス、義宣公仰ニ曰ク、荷《ニナイ》タル草ノ内ヲ見セ給ヘハ、二尺二三寸之刀ト火打道具アリ、依之有ノ儘ニ北条方ノ忍ノ者也ト白状申ス、即佐竹中務ヘ被預、十七日朝、氏政ノ陣所近ニテ首ヲ刎獄門ニ掛ラル、

佐竹義宣は、目付の人々を召し出し、今日の暮以後、味方の陣屋の前を通過する者は、たとえ樵夫《しょうふ》や草刈りであろうと、ただちに捕縛し報告せよ、と命令した。このことから、境目の村町の住人ならば、合戦場でも通行は認められていたことになる（恐らく半手の村と双方から認定されていたのだろう）。しかし、北条氏の奇襲を警戒した義宣は、その慣例を破り、通行する者を誰彼構わず捕縛せよと指示したのである。ただし、注目されるのは、暮以後の通行人であり、昼間のそれはまったく対象となっていない。やはり、宵以後に動き回る人々が警戒の対象だったことがわかるだろう。

果たして、夕暮れに、佐竹方の陣屋の前を、草の荷物を担いだ二人が通りかかった。目付は、ただちに彼らを誰何《すいか》したところ、ともに「味方の者です」と返答したという。そこで、佐竹方の目付が「では、お前の主人はいったい誰か」と名を問うたところ、まったく答えられなかったので、ただちに捕縛し、義宣に報告した。

義宣は、自ら二人の農夫を問いただすと、彼らは「自分たちは、北条方の忍びなどではありません」と答えた。そこで義宣は、彼らの背負っていた草の荷物を調べるよう指示した。すると、草の中に、二尺三寸ほどの刀と、火打の道具が見つかった。とうとう観念した彼ら

は、自分たちが北条方の忍の者であることを白状したのだった。北条の忍び二人は、佐竹中務大輔義久に預けられ、十七日朝、北条の陣所近くで処刑され、その頸《くび》は獄門に掛けられたという。捕えられた忍びの運命は、実に苛酷だったことがわかるだろう。

生け捕りにされた、忍びや雑兵らのその後の運命がいかなるものであったかは、残念ながら定かでない。しかし、ただでは済まなかったであろう。処刑されたか、戦時捕虜は人買い商人に売られることも多かったので、売却されたかのどちらかであろう。

三　足軽と忍び

足軽としての忍び

戦国大名は、多数の忍びを雇用し、これを自らの直参としたうえで、重臣に預けたり、各地の城砦に配備した。そして、敵地の諜報《ちょうほう》活動、偵察はもちろん、草、伏、かまりなどの待ち伏せ戦法、敵城や陣所への潜入、夜討、放火などを担った。

その数は、既述のように、武田信玄が上野厩橋に侵攻した際には三〇〇人、元亀二年（一五七一）に駿河興国寺城の乗っ取りにも数百人の忍びを擁していたといい、真田昌幸は、天正壬午の乱の時に五〇〇人を北条方に向けて放ったという。慶長五年の第二次上田合戦でも、真田は「大かまり」と呼ばれるほど、多数の忍びを擁していた。

　では、彼らは、戦国大名の軍隊において、いかなる位置づけを与えられていたのであろうか。これまで紹介してきた、様々な史料のなかに、「すつは共」のことを「敵之足軽」と言い換えている事例がみられる（戦真関連一五八号）。これは、透波だけでなく、「野臥《のぶせり》《のぶし》」も足軽の範疇《はんちゅう》に含まれるという考え方が、伊達氏などにはあったことは既述の通りである。また、北条氏が擁した風魔一党も、足軽であり、それゆえに最前線に配置されたことは、『北条五代記』が伝えている。

　また、伊賀惣国一揆掟書をみると、他国に赴き、城の乗っ取りなどを行う活動をしていた伊賀者とは、足軽であったことが明記されており、忍びは足軽に区分されていたことが、ここでも確認できる。

　このことから、戦国大名の軍隊において、忍びは足軽に編成され、常に最前線の戦場や城砦に配備されていたと考えられる。では、忍びの多彩な呼称（草、かまり、伏、透波、乱波、目付、突破、嗅物聞、遠見、間見など）と、足軽との関係性をどのように捉《とら》えるべきか。それは、『北条五代記』に「過し夜は、しのびに行、今朝はくさより帰りたるなどゝいひし」とあるように、大名より命じられた任務の内容による呼称の相違に他ならない。忍びはほんらい、大名の軍事編成上では、足軽に位置づけられていた。だが、合戦時や平時の運用方法は、他の足軽とは違い、夜間の活動が主であった。ここが忍びと侍身分や通常の足軽たちとの相違であった。中世において、夜の世界はアウトロー（悪党）の支配する世界であり、その世界に習熟している足軽としての忍びは、その時間帯がまさに出番であったわけだ。彼らのことを、上杉謙信が「夜技鍛錬之者」、結城政勝が「一筋ある物」と認識していたのは、戦国の夜を支配する人々だったことによるのだろう。

そして、戦国大名の足軽は、会戦で戦場の先頭に投入される正規軍としての足軽（「昼」の足軽）と、遊撃戦や夜討、野営の陣所警固などを任務とする忍びとしての足軽（「夜」の足軽）に区分されていたと考えられる。

敵の疲弊を任務とする忍び

忍びは、草調儀、伏調儀、かまり、夜討などを行うことで、敵を疲弊させ、兵員と兵粮《ひょうろう》などを消耗させる任務を、専らにしていたことは、事例をみながら紹介してきた。ここでは、敵の城砦の在城衆、在番衆の疲弊を目的とした、忍びの活動を紹介しておきたい。各地の城砦、とりわけ最前線では、敵方の忍びにいつ襲撃されるかわからない緊張感に包まれていた。

北条氏政は、武蔵岩付城の警備について、次のような助言をしている（戦房一三〇二号）。

一、岩付之事者、外張ニ番致之、夜廻さへ堅固ニ候へハ、普請等堅固候間、相違無御座

候、然共沼田可相移儀者、尤候間、一札進上之事

岩付城は、外郭の番をしっかりするようにせよ。夜廻《よまわ》り（夜間警固）さえ手堅く行えば、城の造りは堅固なので落城することはない、と述べている。

武田氏でも、最前線の在城衆に対し、北条氏と同じような訓令がしばしば出されている。天正三年（一五七五）十二月、駿河国田中城（藤枝市）に在城する三浦右馬助（駿河衆）、小山田六左衛門尉（甲斐衆）、小原宮内丞（勝頼側近）に出された条目には「一、其城《（田中城）》用心普請等、不捨昼夜肝煎之事 付、忍之用心、専可被申付之事」とある（戦武二五六九号）。在城衆たちは、敵を警戒しながら、常日頃は城普請を実施するのが原則であった。いっぽうで、最も重視すべきは、敵の軍勢よりも、いつ襲撃してくるかわからぬ忍びに対する用心だったのだ。だが、田中城の武田方も、「一、向諏方原出伏兵、稼不可有由断候事」とあるように、徳川方の諏方原城（島田市）に向け、伏兵を放ち、敵兵や荷駄搬入を襲撃することを日課としていたことが知られる。

天正八年五月二十三日、武田氏が上野国名胡桃《なぐるみ》城を守る上野衆海野長門守、同能登守、金子美濃守、渡辺右近允に宛てた在城法度には、「一、請取の曲輪各有相談、御番御普請以下、無油断可被勤仕候、就中曲輪大切候間、夜番肝要可被入念之事」とあり、それぞれが守備を請け負った曲輪《くるわ》について、城番と城普請を行うことが義務づけられていたが、とりわけ重視

されたのは、夜番であった（戦武三三四八号）。これも、忍びの襲撃を警戒したのであろう。

夜間は、周囲がみえない闇であるゆえに、その警戒は緊張感に包まれていたことであろう。永禄四年（一五六一）十月、古河城に在城していた近衛前久《このえさきひさ》は、「今夜、この城を敵が襲撃するとの雑説が流れているとの情報を知った。今夜が重要なので、守備を堅くするようにしてほしい」と、簗田晴助に書状を送っている（戦房一〇六三号）。こうした雑説の出どころは、敵方（北条方）であろうが、「今夜、古河城を襲撃するらしい」という噂の流布は、城方を緊張させ、夜間警固を強化させた。それが繰り返されれば、城方は疲弊するだろう。ましてや、警戒していたものの、結局噂だけで、敵襲がなければ、安堵《あんど》して緊張が緩む。この状況が反復されると、今度は、城方の夜討の噂に対する緊張感が削《そ》がれていく。そこが、忍びたちの狙いだったといえる。緊張感がなくなってきた頃合いを見計らって、忍びは城乗っ取りのための夜討を敢行した。それは、武田の忍びによる、上野厩橋城襲撃で見た通りである。

武田勝頼も、軍法の中で「一、於陣中或火事、或敵成夜懸時節、一切不取合、其場自分之用心等堅申付、可被守旗本之下知之事」と訓戒していた（戦武二四八五号）。勝頼は、陣中で火事が起こったり、敵が夜襲を仕掛けてきたら、一切取り合わず、自分の持ち場を離れず、そこを死守することが重要だ。そのうえで、旗本からの指示を待つようにせよ、と述べている。陣中の火事は、夜襲と一体で、敵の攪乱《かくらん》作戦であって、最も警戒すべきは、それをきっかけに味方が周章狼狽《ろうばい》し、持ち場を離れたりして、陣が崩壊することだったわけだ。敵の疲弊と油断、そして動揺を誘うことこそ、忍びたちの狙いだった。

毒をもって毒を制す

最後に、戦国大名や国衆が、悪党と呼ばれていたアウトローたちを、なぜ雇用し、重用したのかということについて、少しく指摘しておきたい。彼らが、様々なきっかけで、大名領主たちの配下になったことは、すでに指摘した通りである。罪一等を減じられて、配下になった者、扶持《ふち》を目当てに雇われた者などがいた。彼らは、遊撃戦や夜間の戦闘にその能力を存分に発揮した。だが、戦国大名が彼らを雇用したのは、そのためだけだったのだろうか。

大名が、忍びを重用したもう一つの理由を示唆する記事が、『北条五代記』にある。それによると「此乱波、我国に有盗人をよく穿鑿し、尋出して首を切、をのれは他国へ忍び入、山賊・海賊・夜討・強盗して物取事が上手也」と記していた。また軍学者小笠原昨雲は、『軍法侍用集』に「大名の下には、窃盗の者なくては、かなはざる儀なり、大将いかほど軍の上手なりとも、敵と足場とをしらずば、いかでか謀などもなるべきぞや、其上、番所目付用心のためには、しのびを心がけたる人然るべし」（巻六）と指摘していた。

大名に雇用された忍びたちは、領国内で悪事を働く悪党たちを、摘発する任務を負っていたというのだ。北条氏の配下であった風魔一党は、自分の傘下に入らず（北条氏に帰属せず）、窃盗、強盗、殺害、放火などを行う盗賊（悪党）を、その情報力と配下の連中を駆使したネットワークなどで摘発し、これを処刑していたらしい。また、大名の家臣らの不正を調査、摘発することも、忍びの任務であった可能性がある。風間の配下が、北条の在村被官の軍役負担に関する不正疑惑を告発した事例を、先に紹介したが、このことは、それを示唆するものである。また、『軍鑑』によると、武田氏の「目付」は、家臣らの動静を注視し、領国の境目を越えようとする者を監視して、密書のやり取りの摘発に当たっていたと記述されており、勝沼《かつぬま》今井氏や、武田義信・飯富《おぶ》虎昌《とらまさ》らの謀叛計画を察知したのも、彼らであったという。

つまり、忍びとして大名に雇用された悪党は、領内の悪党を摘発、処理するだけでなく、家臣らの動静監視をも担う、領国の治安維持の中核の一つでもあったわけだ。

戦国大名にとって、領国内を荒らしまわる盗賊対策は、頭の痛い問題であった。そのため、盗賊を摘発したり、それを成敗することは、恩賞の対象となっていた。天正十八年（一五九〇）二月六日、簗田助縄《すけつな》（簗田高助の子、晴助の弟）は、家臣戸張筑後守に感状を与えた（戦北三六三九号）。それは、簗田領吉川郷《よしかわ》（埼玉県吉川市）に、盗賊どもがやってきたのを知った戸張が、彼らを討ち果たしたからであった。個々の領主や、土豪たちは、自らの支配領域や本領、知行所の治安維持を目指して、日々努力をしていたが、神出鬼没の盗賊たちに対応することは、なかなか困難であった。そこで頼りにされたのは、悪事の道に精通していた、悪党としての忍びたちだったと考えられる。

また、忍びたちは、領国の出入口の番所などに配置され、国内に入ろうとする人々を監視し、他国の忍びや盗賊たちが入り込もうとするのを、水際で摘発することも、大切な任務であった。悪党出身であるがゆえに、いかに相手が変装をしていたとしても、同類に対して働く勘が物をいって、摘発ができたのであろう。前掲の『軍法侍用集』収録の「義盛百首」の中に、味方の陣中が、敵の忍びによる夜討、潜入を許せば、それは忍びの罪だとの一首があるが、それは領国内での悪党の跋扈も同様であったろう。

忍びは、悪党出身であるがゆえに、その道に精通しており、領国の村や町を荒らしまわる悪党の探索と摘発、さらには、他国からの潜入者摘発が、大名から期待されていた。まさに、「毒をもって毒を制す」というところであろうか。

いっぽう、悪党としての忍びは、当然のことながら、自らの主君の支配する領国で、殺害、略奪、放火、盗みなどは許されなかった。だが、敵国であれば大いに奨励され、それが恩賞加増の査定基準にもなっていた。かくして彼らの矛先は、敵国の村町や城砦、敵兵などに向けられたわけである。悪党を忍びとして戦国大名が召し抱えたのは、軍事的要請という他に、領国の治安維持と安定という意味合いもあったのではなかろうか。

おわりに——戦国の忍びとはどのような人々だったのか

アウトローとしての忍び

本書を、まとめるときがきたようだ。これまで、多くの事例をもとに、戦国時代に活動した忍びの様々な行動と任務を紹介してきた。本書の第一章で、武家故実書や軍記物に描かれる忍びたちの姿は、江戸時代の想像か否かを問いかけたのだったが、振り返ってみると、そのほとんどが、史実と認定できるものだったということができるだろう。

そして、忍びたちの多くが、アウトローとしての悪党出身だったこと、それゆえに仲間として、戦場では頼りになる存在だが、素行不良で、その任務も決して洗練されているとはいえぬものとして、武士からは、蔑視《べっし》の対象とされたことも指摘した。

だが、本書では、少しアウトロー集団としての忍びを強調しすぎたかも知れない。忍びの任務を果たした者の中には、村町から参加した百姓、町人や、「一揆《いっき》」「野臥《のぶせり》」として動員を命じられた人々はもちろん、武士身分でも大名当主から参加を命じられた者も含まれていた。伊賀や甲賀で、忍びだった由緒を持ち、忍術書などを伝える家は、もと侍身分であった者たちであり、アウトロー出身の忍びとは一線を画している。本書では全く触れられなかったが、忍術書とは、侍身分の忍びの兵法（家伝の技術書、「忍道」）であり、アウトローのノウハウとは別物と考えるべきであろう（山田雄司・二〇一九年）。この点は、今後の検討課題である。

すなわち、『武家名目抄』が指摘していたように、忍びとは大きく分けて、①役として動員された百姓、町人、②大名領主が、扶持《ふち》、雇用した人々、によって構成されていた。ただし、前者は村町からの臨時動員、後者は恒常的な足軽編成であったことを忘れてはならない。

そして、全国の戦国大名や国衆が召し抱えていた忍びの総数は、とてつもない人数だったと考えられる。それほど、忍びの供給源は豊富だったと推察され、それは雑兵たちのそれと同一だったと考えられる。飢饉《ききん》と災害の時代を背景に、故郷の村町を捨て、流動化した人々の群れこそが、悪党、雑兵、忍びの供給源だったのである。

大名領国の内と外

戦国期は、忍びの数が、日本史上最も多かった時代であることは間違いない。それは、いうまでもなく戦乱の時代を勝ち抜くためにも、彼らの存在が必要不可欠だったからである。

彼らの活動は、敵地に潜入し、情報を探索したり、偵察をして味方の作戦を優位にすること、最前線（境目）にあって、草、伏、かまりなどを行い、敵兵や使者、荷駄を運ぶ陣夫などを殺害、生け捕りにし、敵の村町での放火や殺害、略奪も頻繁であった。敵兵を一回の襲撃で殺害できるのは、一人、二人の場合が多かったが、それが数か月に及べば、その累計は数百人にも及ぶことがあり、通常の会戦なみの死傷者を敵方に与えることとなった。また、使者を捕縛したり、殺害して密書を奪い取ることで、敵情を知る重要なきっかけともなった。また、夜間に敵の城砦《じょうさい》や陣所に迫ることで、たとえ乗っ取りや放火などができなくても、敵を常に緊張させ、疲弊させることは十分に可能であり、かつ効果的だった。

史料をみていくと、在城衆、在番衆は、昼よりも夜の警固に注意を向けており、日夜心身ともに休まる機会がなかったのではないか、と想像されるほどである。昼間の敵軍接近は、視認できるし、情報も入ってきやすいので、対応することができる。だが、夜間の忍びの襲撃は、闇に紛れているので、視認も困難であり、いつ襲われるか予想がつかないため、常に気を配らねばならず、気苦労が絶えなかったことであろう。

こうしてみると、派手な合戦ばかりがクローズアップされて、あまり注目されないが、敵味方相互が、忍びを放ち、彼らによる待ち伏せ、夜討などがきっかけで発生していた、日常の小競り合いもまた、その死傷者を累計していけば、実に大きな被害を与え続けていたと考えるべきではなかろうか。戦国期の戦争とは、昼の合戦と、夜の忍び合戦の総体だったのである。

そして、忍びは、敵地への夜討、略奪など、悪党出身の特技を生かし、大いに活躍した。それが彼らの戦功となったわけである。いわば、悪党としての本性を、大名によって外に向けられたといえるだろう。

悪党を忍びとして雇うことの意味について、戦国大名や国衆の側から捉《とら》えると、悪党を雇えば雇うほど、野放し状態であった彼らを管理下に置くことができ、犯罪発生率を下げることが期待されていたと考えられる。あとは、被官化の誘いに応じない、残る悪党対策を講じればよいわけである。そして、その悪党対策は、村町からの密告奨励と、忍びたちによる摘発、大名領主による追捕《ついぶ》という方法だった。悪党には、悪党をぶつけることで、問題を解決するのが、戦国大名のやり方となった。

このように、悪党を編成することで、大名は領国内の治安維持と安寧を実現しようとしていたとみられる。悪党たちは、内に潜み、悪事を働く、彼らの仲間に入っていない悪党たちを、その道に精通しているがゆえに、武士たちでは困難だった探索、摘発を実現しえた。そして、悪党たちを捕え、処刑することにより、大名領国の内の安全維持に貢献していたのである。あるいは、その過程で、降参したり、帰順を申し出た悪党を、大名の許可を得て、新たに仲間に加えたこともあるかも知れない。また、戦時以外は国境に潜み、敵地からの潜入者の摘発にも、大いに寄与したのであった。

戦国大名にとって、悪党を忍びとして雇用し、足軽に編成したことで、外に向けての軍事力強化に、内には悪党の減少と、彼らを使った犯罪摘発とを、同時に可能にする意味があったといえるだろう。

そして、戦国大名は、悪党を支配下に編成することで、「昼」の支配から、「夜」の支配に大きく手を伸ばした権力ということができるかも知れない。それまでの権力は、「夜」を支配するアウトローたちを、武士が追捕するという形態を維持してきた。それゆえに、「夜」の世界に精通する彼らを、容易に捕捉《ほそく》できず、治安維持の成果もなかなか挙がらなかった。だが、戦国大名は、悪党たちを忍びとして召し抱えることで、彼らを通じて「夜」の世界の規制に乗り出した本格的な政治権力だったといえるのではなかろうか。この方向性は、江戸幕府にも引き継がれていった。江戸時代、江戸の市中で活動し、犯罪者の摘発に当たっていた「目明し」などがそれに相当するだろう。彼らは、同心や与力配下の雇足軽、手代、小者などであったが、同心を助け、犯罪捜査に邁進《まいしん》する彼らは、実は元犯罪者、無宿人だった。彼らは、捕縛された後に犯罪を悔い、仲間を裏切って訴人をしたり、あるいは密告をして罪一等を減じられた者たちが多かったらしい。これは、戦国大名が悪党たちを、その配下に迎え入れた契機の一つとそっくりである。

江戸幕府は、犯罪者摘発のために目こぼしをして、町方同心・与力の配下として活動させていた目明したちが、再び悪事を働いたり、町人たちに迷惑をかけ、顰蹙《ひんしゅく》を買う事態に最後まで悩まされている。悪をもって悪を制す、という戦国以来のやり方は、うまく機能すればよいが、そうでなければ、政治権力にとってマイナスに働くことにも繋《つな》がったといえよう。

非正規雇用は使い捨て

このように見てくると、戦国の忍びの特徴とは、①諜報《ちょうほう》、索敵、待ち伏せ、暗殺など任務の多様性、②それゆえの呼称の多様性、③人数と規模の膨張、④出身地、階層、職種の多様化、⑤それゆえの、アウトロー出身者の数の多さ、などにまとめられるだろう。そして、彼らはすべて、戦争に勝ち抜くためだけの目的のもと、大名に雇用された人々であり、知行地《ちぎょうち》を拝領し、武士身分として活動する者は、忍び出身の足軽大将ぐらいであって、後は「当座」の扶持をもらう非正規雇用の人々であった。

戦国大名や国衆が、忍びを募集する時、①「当座の扶持」（契約金、支度金）の一時支給、②足軽大将や寄親《よりおや》（指揮官）の下に配属されたことを契機に支給される「同心給」（同心全員を対象に一括支給された知行地）からの配分、③盗人《ぬすびと》などの罪人は、罪一等を減じること、などが提示された。そして、大名の麾下《きか》に編成されると、彼らは味方の地においては、諜報、盗み、放火、略奪などは厳禁され、そうした行為は、敵地において奨励された。ただし、敵地へ行くにも、大名もしくは寄親の許可が必要であった。そして、敵地での乱捕、生捕、放火などが、彼らの戦功基準となり、褒賞が与えられ、さらに略奪物などは彼らの利得として認められたと考えられる。

いっぽうで、敵の待ち伏せや城砦、敵陣への潜入、放火、乗っ取りの活動などは、まさに命懸けの任務であり、それゆえに忍びたちの死傷率は、極めて高かったと推定される。武田信玄が、上野国厩橋城に潜入させた透波二〇〇人は、敵の待ち伏せに遭い、全滅したといい、また日々の最前線では、敵味方の草同士が鉢合わせし、戦闘になることも常態であった。こうした小競り合いが、日々続けば、忍びの数も減少することとなる。小田原合戦を前に、上田憲定が忍びはいくらでも必要だ、と言っていたのは、彼らが常に補充を必要とされる存在、すなわち損耗率が高い人々だったことを窺《うかが》わせる。

これは、最前線で戦う足軽（悴者《かせもの》、若党、中間《ちゆうげん》、小者）らもまた、同様であった。あるいは村町を捨て、あるいは主家を失うか、退身し、社会に流動していた、流浪人、牢人《ろうにん》たちは、身を持ち崩し、悪事に手を染める者が多かった。そうした人々を足軽や忍びとして、常に吸収し続けたのが、戦国合戦だったわけである。そして、戦死したり、傷ついた忍びたちのその後を語る史料は、管見の限り見られない。武士身分ならば、子孫への配慮が史料として残るが、忍びたちにはそれはなかったのだろう。足軽、野臥、忍びは、「当座の扶持」「当意の褒美」や「粮米《ろうまい》」支給を基礎とした非正規雇用に他ならず、戦乱が終息に向かうとともに、その役割を終えねばならなかった。

戦国の忍びの終焉――狡兎死して走狗烹らる

戦国の忍びたちは、その後どうなったのか。このことに、正面から回答できる材料を、私はまだ持ち合わせていない。それゆえ、忍びの終焉《しゅうえん》については、ごくありきたりの一般論でしか見通すことができない。ここでは、わずかな記録を頼りに、彼らのその後を紹介したい。

豊臣秀吉の天下一統、さらに江戸幕府成立によって、戦国争乱は終息した。その結果、大名家臣は、武士身分だけとなり、戦国期に戦いに勝ち抜くため、村町の百姓、町人をも在村被官や野臥、一揆として動員する状態は解消された。在村被官も、主従関係を解消された。それと軌を一にするように、社会に滞留する牢人、渡り奉公人たちを、大名が召し抱えるという構図もまた沈静化をみることとなった。このことは、忍びたちにも及んでくるのは想像に難くない。

まず、伊賀衆のその後について紹介しよう。織田信長に対抗すべく結成された伊賀惣国一揆は、天正七年（一五七九）の織田（北畠《きたばたけ》）信雄《のぶかつ》の侵攻を見事に撃退した。だが、天正九年九月、織田信長の伊賀攻めにより壊滅し、伊賀の国衆クラスは処刑されるか、国を追われることとなった。また、百姓らはなで斬りにされ、伊賀はまさに焦土と化したといわれる（天正伊賀の乱）。いっぽうで、織田に降伏、臣従した村の侍（被官）も少なくなかったという。こうして、生き残った伊賀の忍びは、織田権力に組み込まれたほかは、他国へと散っていったらしい。

伊賀に残った者たちも、天正十三年（一五八五）、豊臣政権から伊賀を与えられた筒井氏により、侍衆は牢人となるか、百姓となるかの選択を迫られ、牢人を選んだ者たちは所領を没収され、ことごとく国外に追放されたという（藤田達生・二〇一八年）。

慶長十九年（一六一四）に勃発《ぼつぱつ》した大坂冬の陣において、「伊賀衆」は、「紀州国衆」とともに、豊臣方として大坂城に籠城《ろうじよう》している（「大坂冬の陣包囲図」〈「伏島家文書」〉、平山・二〇一六年、三〇九頁〉）。すでに、多くの伊賀衆が、徳川氏や諸国大名の配下に組み込まれていた時代に、大坂方として籠城していたもう一つの伊賀衆がいたことは、彼らこそが、傭兵として主を替えながら諸国を渡り歩く、戦国の忍びの最後の姿だったといえるのかも知れない。

次に、甲賀衆について述べよう。天正二年、織田信長に屈服、従属した甲賀衆は、その後、織田軍に従軍して西国を転戦した。そして、豊臣政権が成立すると、引き続き、秀吉に仕え活動した。小牧・長久手合戦の際に、甲賀衆は千人が従軍している（秀吉一一九九・一三〇一号）。ところが、天正十三年、秀吉は紀州雑賀《さいか》攻撃を終えると、太田城の水攻めの時に、甲賀衆の持ち場が決壊した失態の責任を問い、二十人の甲賀衆を改易《かいえき》処分とし、所領を没収、追放とした。さらに同年、甲賀を支配した水口《みなくち》岡山城主中村一氏《なかむらかずうじ》により、他の甲賀の武士たちも、所領を奪われた。こうした一連の事態は、「甲賀ゆれ」などと呼ばれ、永く記憶された。そして「甲賀ゆれ」により、甲賀衆と甲賀郡中惣も解体したと推定されている。

その後、甲賀衆が忍びとして、活動したことがはっきりわかるのは、寛永十四年(一六三七)から同十五年二月まで続いた、島原天草一揆《しまばらあまくさいっき》における原城《はらじょう》潜入などの任務である。そしてこれを最後に、甲賀の忍びの活動は、完全に姿を消すこととなった(鶴田倉造編・一九九四年、藤田和敏・二〇一二年)。

近世大名の中には、伊賀者、甲賀者を家臣として迎え入れた者もいたし(長野栄俊・二〇一八年、井上直哉・二〇一九年)、伊賀衆、甲賀衆の中核は、江戸幕府の御庭番《おにわばん》として登用された(深井雅海・一九九二年)。だが、戦国期に全国で相当の人数を数えたと推定される忍びたちすべてが、召し抱えられ続けたわけではなかったし、そもそも、それは不可能だった。同じ非正規雇用であっても、村や町に住む在村被官(軍役衆)たちは、自らの生業に戻ればよかったが、忍びたちはそうはいかなかったであろう。

ここに、戦国の忍びたちの岐路があったといえる。近世の入口で、忍びは大名領主たちに、仕官し続けることが出来た者たちと、そうでなかった者たちに分かれていった。前者の存在については、近年ようやく研究が始まったところだが、まだその実態は不明確である（磯田道史・二〇一二年、国際忍者学会『忍者研究』一・二号・二〇一八年・二〇一九年）。仕官の維持は、戦国の忍びたちの、体制内化ともいえる現象だった。戦国大名や国衆に、扶持、雇用されていた状態の継続である。

しかし、そこから漏れた人々の方が、むしろ多数だったであろう。武田・北条氏など、著名な戦国大名の多くが、滅亡していった。その遺臣たちの中には、幕府や各地の近世大名へ再仕官が実現した者もいたが、それが出来ずに牢人したまままいつしか消えていった者たちも多くいたのと同じである。武士ですら、再仕官が困難だったのだから、忍びたちはなおさらであったろう。

では、仕官に漏れた忍びたちは、どうしたのか。わずかな消息を伝える記録がある。『見聞集』（『慶長見聞集《けんもんしゅう》』）の「関八州盗人狩の事」に次のような記述がある（『改訂史籍集覧』）。

見しハ昔、関東に盗人多く有て、諸国に横行し、人の財産をうはひとり、民をなやまし、旅人のいしやうをはきとるかれを在々所々にてとらへ、首をきり、はたもの、火あふりになし給へどつきす、然処に下総の国向崎といふ在所のかたはらに甚内といふ大盗人有しか、訴人に出て申けるハ、関東に頭をする大盗人千人も二千人も候へし、是皆いにしへ名を得しいたつら者風魔か一類、らつぱの子孫共也、此者共の有所、残りなく存知たり、案内申へし、盗人かりし給ふへしと云、江戸御奉行衆聞召願ふに幸哉と仰有て、誅伐、追討の為人数をもよほし、向崎甚内を先立、関東国中の盗人を狩給ふ、爰の村、かしこの里、野の末、山のおくに隠れ居たりしを、せこを入て狩出し、あすこへ追いつめ、かしこにせめよせ、ころし給ふ事たとへハいにしへ頼朝公富士のまきかりをなし、数のかせきをころし給へるかことし、関東の盗人、残なくたやし給へハ、世の中静なる所に、向崎甚内ハ盗人かりの大将うけ給はりたる（下略）

これによると、慶長のころ、諸国には盗人が横行し、とりわけ関東には多かったという。江戸幕府は、あちこちで捕縛しては、斬首《ざんしゅ》、磔刑《たっけい》、火《ひ》焙《あぶ》りなどに処し、見せしめとしたものの、盗賊は一向に減らなかった。ところが、下総国向崎（神崎、千葉県神埼《こうざき》町）に甚内という大盗人がいたが、彼が訴人になったという。甚内は、関東を根城に、諸国で悪行をする盗賊は、その昔、名を馳《は》せた風魔の一類など、透波《すっぱ》の子孫たちで、その数は千人あるいは二千人にも及ぶと告げ知らせたという。甚内は、自ら案内人を買って出て、盗人狩りの大将となり、奉行たちを先導し、各地の村々や、野原、果ては山奥に隠れ住む盗賊たちを、次々に捕縛していったという。山に隠れていた盗賊は、勢子《せこ》を入れ、あたかも源頼朝が、富士の巻狩りを行い、大成果を挙げたのと同じやり方で摘発したと記す。かくして、風魔の残党らは、この世から消えさったのだという。

向坂甚内を祀る甚内神社と所縁の甚内橋
〔上〕甚内神社全景　〔右下〕甚内神社の社号標
〔左下〕甚内橋があったことを示す標柱

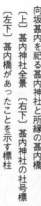

風魔（風間）は、北条氏滅亡後、行方が分からず、徳川氏にも仕官していない。家康には、すでに伊賀者、甲賀者が仕官していたから、風魔を迎え入れる余地などなかったのかも知れない。つまり、北条の透波たちは、幕府や諸大名への仕官が叶《かな》わず、風魔をはじめとする多くの透波は、再び悪党の道へと回帰してしまっていたのであろう。そして、江戸幕府による、近世初期の盗人狩りや、牢人、傾奇者《かぶきもの》対策によって、姿を消していったと考えられる。

ところで、風魔ら透波の残党や子孫らの根絶やしに、功績があった甚内は、その後、増長したため、江戸の奉行衆は、慶長十八年、甚内とその手下の粛清を決定したという。『見聞集』に「大盗人諸人のみせしめとて、向崎をとらへ、首につなさし、馬にのせはたをさゝせ、江戸町を引めくり、浅草原にはりつけにかけ給ふ」とあり、甚内は磔刑に処せられた。一説に、「向崎甚内」は、高坂甚内といい、武田遺臣であったとも伝わる。もし事実なら、彼は武田の透波の残党か、その子孫だったのかも知れない。甚内の伝説は、今も東京都台東《たいとう》区浅《あさ》草橋《くさばし》三丁目に、彼を祀《まつ》る甚内神社と、所縁《ゆかり》の甚内橋址《あと》として記憶されている。

しかし、風魔の残党といい、向崎甚内といい、忍びから再び悪党（盗賊）に回帰し、そして処刑されていった彼らの姿は、戦乱から太平の時代へという移り変わりに対応できなかった悲劇に思えてならない。まさにそれは、「狡兎《こうと》死して走狗《そうく》烹《に》らる」を地で行く、壮絶な結末だったといえるだろう。

かくして、戦国の忍びは、死に絶えていった。そして太平の時代となり、元和年間になると、もはや彼らを記憶する者もほとんどいなくなり、透波、乱波などの言葉すら忘れ去られたと、『北条五代記』は伝えている。人々の記憶から、消え失《う》せたことにより、戦国の忍びは、二度目の死を迎え、その実像は、歴史の闇に覆い隠されていったのである。

あとがき

人生には、往々にして思いがけない出来事が起こる。私にとって、本書こそ、まさに思いがけない出来事の連鎖に導かれるようにして、出来上がったものだという思いが強い。まさか、自分が、戦国の忍びについての著作を手がけ、世に問うことはもちろん、研究に手を染めることになろうとは、二年前までは夢想だにしなかった。

実は、忍びについては、苦い経験がある。二〇一六年放送のNHK大河ドラマ「真田丸」の制作に関わった私のもとに、複数の出版社やテレビ番組の制作会社から、忍者についての問い合わせが相次いだ。真田といえば、忍者がつきものというイメージが強かったこともあり、忍者の特集を企画したいので、相談に乗って欲しいというのだ。しかし、当時の私は、史料で時々目にすることがある「忍の者」(「草」「かまり」「透波《すっぱ》」)と、一般の方々がイメージする「忍者」との間には、大きな乖離《かいり》があることは承知していたが、具体的な実像を説明できるほどの知識を持ち合わせていなかった。とてもではないが、「忍者」好きの人々を満足させるような原稿や映像作りに携わる自信はなく、すべてお断りしていた。なす術がないとは、まさにこのことで、自分の勉強不足を痛感し、悔しかった。その後、真田に関する講演の際にも、しばしば忍びに関する質問を頂戴したが、まともな返答ができず、恥ずかしい思いをした。負けず嫌いの私は、それらの質問にいつかお答えしたいと考えるようになった。

同じころ、俳優の堺雅人氏と、「真田丸」に関する座談会を、私とともに時代考証を担当した黒田基樹氏、丸島和洋氏と行う機会に恵まれた。その冒頭から、話題が「忍者」に及んだ。この時、歴史学者の三人が揃って「忍者はいない」と断言したので、堺氏はかなり衝撃を受けたようだ（この座談会は『文藝春秋』第九十四巻第七号、二〇一六年五月号所収）。それは無理もない。実在の「忍の者」と、一般の方々の「忍者」のイメージがかけ離れ過ぎてしまっており、それを埋める研究も書籍もなかったのだから、歴史学者の考えが、一般の人々に理解されるわけがない。つまり、いわゆる「忍者」のイメージのどこに問題があり、実像とどう違うのかが、具体的に、まったく明らかにされないまま放置されているため、一般の人々は、専門家から、取り残されていることに気づかされた。これは、歴史学の怠慢といわれても仕方ない。この座談会をきっかけに、私は目に留まった、忍びの史料を、意識的にメモしていくようになった。かくて、私の手元には、少しずつではあるが、忍びの事例が蓄積されていった。

大きな転機が訪れたのは、二〇一八年の年末のことだ。国際忍者学会事務局より、二〇一九年度第三回「国際忍者学会」大会（長野県上田大会）での、栄《は》えある基調講演を依頼されたのである。忍者研究の第一人者である山田雄司氏から、直接お誘いを頂いた私は、「戦国時代の忍びの実像」と題して講演を行う決意を固めた。並み居る忍者研究のプロパーの前で講演を行うことに、私は緊張感を覚えつつ、その準備に没頭した。時間ぎりぎりまで、私は戦国期の史料集を、手当たり次第、紐解《ひもと》き続けた。

そして二〇一九年九月十四日、私は国際忍者学会で基調講演を行わせていただいた。その内容は、戦国期の東国にほぼ限られたものであったが、多くの方々から興味深い内容であったとの感想をお寄せいただいた（講演内容は、『忍者研究』第三号、二〇二〇年に掲載予定）。私も、この講演の準備で得た情報の多さに、内心驚きを隠せなかった。戦国の忍びについて、もっと調べたいという意欲が高まった。

そこで、史料の調査範囲をもっと広げ、東北や西国にも手を伸ばしてみた。すると、数多くの史料を収集することが出来た。手ごたえを感じた私は、これらの史料をもとに、戦国の忍びの実像を著書にまとめる決意を固め、忍者関係の書籍を多く手掛ける、ＫＡＤＯＫＡＷＡに相談を持ち掛けた。編集部の大林哲也氏から、伊賀や甲賀も取り上げて欲しいとの要望を受け、調査の範囲と規模をさらに拡大し、時間の許す限り、史料検索を進めた。

こうしてコロナ禍が深刻さを増していた今年の三月末に、ほぼ仕上がったのが、本書である。執筆にあたって、様々な文献の恩恵を受けたが、なかでも折口信夫「ごろつきの話」は、史料を読み進めていくうちに、極めて示唆に富む研究だとあらためて感じた。忍びの多くが、アウトロー出身者だということは、多くの史料から明らかであったが、折口の指摘と一致するところが多く、その先見性に感銘を受けたことをここで特筆しておきたい。

本書で拾い上げた、戦国の忍びの活動の数々をもとに、彼らの実像を現在に置き換えてみると、身の危険を顧みず情報を収集する諜報員《ちょうほういん》、常に最前線に身を置き、敵の城砦《じょうさい》、陣所、村町に潜入して放火や略奪を行ったり、城の乗っ取りや、待ち伏せ戦法などのゲリラ戦などを担う特殊部隊、そして味方の領国で暗躍する悪党や、家臣などの不正や造反を監視、摘発する秘密警察、などの相貌《そうぼう》を併せ持つ集団といえるだろう。これらの事実から、戦国合戦が、昼夜を分かたず、日々夜々、休むことなく展開されていた事実を、私はあらためて認識した。私たちは、あまりにも昼に行われる華やかな戦国合戦だけに、目を向けがちだったことを自省しなければならない。その実態は、夜も含めたもっと複雑極まりないものだったといえるだろう。とりわけ、夜の戦場の主役は、武士ではなく、間違いなく忍びたちであったことを、私はここで再度、強調しておきたい。

だが、本書は、戦国の忍びの研究に、一つの里程標を置いたに過ぎない。私は今後も、史料の検索を続け、本書の内容をより豊かに出来るような戦国期の研究を、積み重ねていきたいと思う。調査、執筆にあたって、多くの方々からご教示を受けた。この場を借りて、感謝申し上げる。また、本書を生み出すために尽力してくれた、KADOKAWA編集部の大林哲也氏と、自身も忍者研究者である井上直哉氏に謝辞を捧《ささ》げたい。

二〇二〇年七月二十四日

平山　優

参考文献一覧

史料集（凡例に掲載したものを除く）

『陰徳太平記』上下巻（マツノ書店、二〇〇〇年）
『関八州古戦録』（中丸和伯校注、人物往来社、一九六七年）
『甲陽軍鑑大成』全七巻（汲古書院、一九九四年～九八年）
『埼玉県史料叢書12 中世新出重要史料二』埼玉県教育委員会、二〇一四年
『正忍記』新人物往来社、一九九六年
『戦国武士の心得―「軍法侍用集」の研究』（古川哲史監修、魚住孝至・羽賀久人校注、ぺりかん社、二〇〇一年）
『仙台叢書』第三巻、第十七巻、第十八巻（仙台叢書刊行会、一九二三年～二六年）
『武田史料集』（清水茂夫・服部治則校注、人物往来社、一九六七年）
『伊達史料集』上下巻（小林清治校注、人物往来社、一九六七年）
『伊達政宗言行録　木村宇右衛門覚書』小井川百合子編、新人物往来社、一九九七年
『博多・筑前史料豊前覚書』文献出版、一九八〇年
『中国史料集』（米原正義校注、人物往来社、一九六六年）

『中世政治社会思想』上下（日本思想大系、岩波書店、一九七二年・一九八一年）
『中世法制史料集』第一巻鎌倉幕府法（岩波書店、一九五五年）
『中世法制史料集』第二巻室町幕府法（岩波書店、一九五七年）
『中世法制史料集』第三巻武家家法Ⅰ（岩波書店、一九六五年）
『中世法制史料集』別巻、御成敗式目注釈書集要（岩波書店、一九七八年）
『日本武道全集』第四巻（砲術・水術・忍術）、人物往来社、一九六六年
『完本忍秘伝』国書刊行会、二〇一九年
『萩藩閥閲録』全六巻、山口県文書館、一九六七～七一年
『福島県史』通史編一、原始・古代・中世
『北条史料集』（萩原龍夫校注、人物往来社、一九六六年）
『校注本藩名士小伝』柴辻俊六他翻刻・校訂、丸島和洋校注・解題、高志書院、二〇一七年
『三河物語・葉隠』（日本思想大系、岩波書店、一九七四年）
『毛利史料集』（三坂圭治校注、人物往来社、一九六六年）
『完本万川集海』国書刊行会、二〇一五年
『八代日記』熊本中世史研究会編、青潮社、一九八〇年
『米沢市史』原始・古代・中世編
『米沢市史』資料篇1古代・中世史料

編著書

網野善彦・石井進・笠松宏至・勝俣鎮夫『中世の罪と罰』東京大学出版会、一九八三年（講談社学術文庫版・二〇一九年）
粟野俊之『最上義光』日本史史料研究会研究叢書13、日本史史料研究会、二〇一七年
安野眞幸『日本中世市場論―制度の歴史分析』名古屋大学出版会、二〇一八年
池享『知将毛利元就 国人領主から戦国大名へ』新日本出版社、二〇〇九年
石岡久夫『日本兵法史』上下、雄山閣、一九七二年
石田善人『中世村落と仏教』思文閣出版、一九九六年
磯田道史『歴史の愉しみ方―忍者・合戦・幕末史に学ぶ』中公新書、二〇一二年
市沢哲編『太平記を読む』吉川弘文館、二〇〇八年
今福匡『上杉謙信』星海社新書、二〇一八年
奥瀬平七郎『忍術 その歴史と忍者』人物往来社、一九六七年
奥野高広『足利義昭』人物叢書、吉川弘文館、一九六〇年
折口信夫『折口信夫全集』第三巻、古代研究（民俗学篇2）、中公文庫、一九七五年
小和田哲男『近江浅井氏』戦国史叢書6、新人物往来社、一九七三年
加増啓二『戦国期東武蔵の戦乱と信仰』岩田書院、二〇一三年
葛飾区郷土と天文の博物館編『葛西城とその周辺』たけしま出版、二〇〇一年
神奈川県立歴史博物館『桜井家文書―戦国武士がみた戦争と平和』同館、二〇一九年

河合正治『安芸毛利一族』新人物往来社、一九八四年
黒田日出男『『甲陽軍鑑』の史料論―武田信玄の国家構想』校倉書房、二〇一五年
黒田基樹編『北条氏年表』高志書院、二〇一三年
黒田基樹『真田昌幸』小学館、二〇一五年
黒田基樹『今川氏親と伊勢宗瑞　戦国大名誕生の条件』平凡社、二〇一九年①
黒田基樹『戦国大名・伊勢宗瑞』角川選書、二〇一九年②
公益財団法人福島県文化振興財団編『直江兼続と関ヶ原』戎光祥出版、二〇一四年
呉座勇一『日本中世の領主一揆』思文閣出版、二〇一四年①
呉座勇一『戦争の日本中世史』新潮選書、二〇一四年②
呉座勇一『応仁の乱』中公新書、二〇一六年
小林一岳・則竹雄一編『戦争I　中世戦争論の現在』青木書店、二〇〇四年
小林清治『小林清治著作集1　戦国大名伊達氏の領国支配』岩田書院、二〇一七年
小山龍太郎『真説・日本忍者列伝』荒地出版社、一九六四年
小山龍太郎『真説・忍者と忍法』久保書店、一九六五年
齋藤慎一『戦国時代の終焉』中公新書、二〇〇五年、吉川弘文館復刊、二〇一八年
酒井憲二『甲陽軍鑑大成』研究篇、汲古書院、一九九五年
佐藤和彦先生退官記念論文集刊行委員会編『相剋の中世』東京堂出版、二〇〇〇年
佐藤和彦編『中世の内乱と社会』東京堂出版、二〇〇七年

清水市教育委員会『薩埵山陣場跡―その現況遺構確認等分布調査報告書』同会、二〇〇二年
高尾善希『忍者の末裔 江戸城に勤めた伊賀者たち』KADOKAWA、二〇一七年
高橋典幸編『戦争と平和』生活と文化の歴史学5、竹林舎、二〇一四年
竹井英文編『最上義光』シリーズ・織豊大名の研究6、戎光祥出版、二〇一七年
田村栄太郎『考証忍者物語』雄山閣、一九八八年
千葉真弓『あやしい政宗伝説』風の時編集部、二〇一九年
鶴田倉造編『原史料で綴る天草島原の乱』本渡市、一九九四年
寺井毅『尼子氏の城郭と合戦』図説日本の城郭シリーズ10、戎光祥出版、二〇一八年
戸部新十郎『虚像の英雄―忍者と盗賊』日本書籍、一九七八年
戸部新十郎『忍者と忍術』毎日新聞社、一九九六年
冨田勝治『羽生城と木戸氏』中世武士選書3、戎光祥出版、二〇一〇年
中島篤巳『忍者の兵法』角川ソフィア文庫、二〇一七年
中根正人『常陸大掾氏と中世後期の東国』岩田書院、二〇一九年
西田友広『悪党召し捕りの中世』吉川弘文館、二〇一七年
長谷川裕子『中近世移行期における村の生存と土豪』校倉書房、二〇〇九年
長谷川裕子『戦国期の地域権力と惣国一揆』岩田書院、二〇一六年
早島大祐『足軽の誕生―室町時代の光と影』朝日選書、二〇一二年
平山優『山本勘助』講談社現代新書、二〇〇六年

平山優『真田三代』PHP新書、二〇一一年①
平山優『武田遺領をめぐる動乱と秀吉の野望』戎光祥出版、二〇一一年②
平山優『長篠合戦と武田勝頼』敗者の日本史9、吉川弘文館、二〇一四年
平山優『増補改訂版天正壬午の乱』戎光祥出版、二〇一五年
平山優『真田信之』PHP新書、二〇一六年
平山優『武田氏滅亡』角川選書、二〇一七年
深井雅海『江戸城御庭番』中公新書、一九九二年、吉川弘文館復刊、二〇一八年
藤木久志『村と領主の戦国世界』東京大学出版会、一九九七年
藤木久志『戦国の村を行く』朝日選書579、一九九七年
藤木久志『飢餓と戦争の戦国を行く』朝日選書687、二〇〇一年、吉川弘文館復刊、二〇一八年
藤木久志・黒田基樹編『定本・北条氏康』高志書院、二〇〇四年
藤木久志『土一揆と城の戦国を行く』朝日選書808、二〇〇六年
藤木久志『戦う村の民俗を行く』朝日選書843、二〇〇八年
藤木久志『新版 雑兵たちの戦場―中世の傭兵と奴隷狩り』朝日選書777、二〇〇五年、初版は一九九五年
藤木久志編『日本中世気象災害史年表稿』高志書院、二〇〇七年
藤木久志編『京郊圏の中世社会』高志書院、二〇一一年
藤田和敏『〈甲賀忍者〉の実像』歴史文化ライブラリー335、吉川弘文館、二〇一二年

藤本正行『忍術秘伝・忍者トリック作戦』学研、一九七五年
二木謙一『中世武家儀礼の研究』吉川弘文館、一九八五年
松好貞夫『太閤と百姓』岩波新書、一九五七年
丸島和洋『真田四代と信繁』平凡社新書、二〇一五年
丸島和洋『真田一族と家臣団のすべて』新人物文庫、KADOKAWA、二〇一六年
三坂圭治『毛利元就』日本の武将32、人物往来社、一九六六年
峰岸純夫編『日本中世史の再発見』吉川弘文館、二〇〇三年
宮崎惇『秘録・戦国忍者伝』桃園書房、一九七四年
盛本昌広『境界争いと戦国諜報戦』歴史新書y、洋泉社、二〇一四年
杜山悠『忍者の系譜』創元社、一九七二年
山北篤『概説忍者・忍術』新紀元社、二〇〇四年
山口武夫編『真田忍者と中之条町』中之条町教育委員会、一九八五年
山口正之『忍者の生活』生活史叢書2、雄山閣、一九六九年
山田雄司『忍者の歴史』角川選書、二〇一六年
山田雄司監修『そろそろ本当の忍者の話をしよう』ギャンビット、二〇一八年
山田雄司監修『戦国忍びの作法』ジー・ビー、二〇一九年
山田雄司『忍者の精神』角川選書、二〇一九年
山田雄司編・三重大学国際忍者研究センター著『忍者学講義』中央公論新社、二〇二〇年

吉丸雄哉・山田雄司編『忍者の誕生』勉誠出版、二〇一七年
吉丸雄哉・山田雄司・尾西康充編著『忍者文芸研究読本』笠間書院、二〇一四年
米原正義『出雲尼子一族』新人物往来社、一九八一年
渡邊大門編『戦国史の俗説を覆す』柏書房、二〇一六年
綿谷雪・山田忠史編『増補大改訂武芸流派大事典』東京コピイ出版部、一九七八年

論文

荒垣恒明「戦国合戦における待ち伏せ戦術について―忍びと草・草調義の実態」（峰岸純夫編・二〇〇三年所収）
荒垣恒明「戦場における傭兵」（藤木久志・黒田基樹編・二〇〇四年所収）
荒垣恒明「忍者とは実在するのか」（渡邊大門編・二〇一六年所収）
粟野俊之「戦国大名最上氏の成立過程―元亀・天正初年の内訌をめぐって―」（竹井英文編、二〇一七年所収、初出は一九八〇年）
安野眞幸「『相良氏法度』の研究（二）―「スッパ・ラッパ」考―」（『弘前大学教養部文化紀要』四〇号、一九九四年）
飯森富夫「野伏と戦場」（小林一岳・則竹雄一編・二〇〇四年所収）
石田善人「甲賀郡中惣と伊賀惣国一揆について」（同著・一九九六年所収、初出は一九六二年）
石田善人「甲賀郡中惣と大原同名中惣について」（同著・一九九六年所収、初出は一九七六年）

稲本紀昭「室町・戦国期の伊賀国」(『国立歴史民俗博物館研究報告』十七、一九八八年)
井上直哉「徳島藩伊賀者の基礎的研究」(『忍者研究』第二号、二〇一九年)
遠藤ゆり子「『伊達天正日記』所収「野臥日記」の一考察—政宗による民衆の軍事動員を考えるために」(『市史せんだい』二七号、二〇一七年)
及川亘「中世の戦争と商人」(高橋典幸編・二〇一四年所収)
折口信夫「ごろつきの話」(同著・一九七五年所収、初出は一九二八年)
笠松宏至「夜討ち」(前掲『中世の罪と罰』所収、初出は一九八三年)
加増啓二「戦国期江戸および周辺地域の在地領主と寄子・同心の軍団編成について—本田文書と永禄年間の葛西要害争奪戦をめぐって」(同著・二〇一三年所収、初出は一九九三年)
黒田基樹「風間出羽守のこと」(黒田基樹編・二〇一三年所収)
呉座勇一「南北朝期の戦術と在地領主」(高橋典幸編・二〇一四年所収)
小島晃「足軽と応仁・文明の乱」(佐藤和彦先生退官記念論文集刊行委員会編・二〇〇〇年所収)
小林清治「戦国大名下級家臣団の存在形態—伊達家名懸衆の研究」(同著・二〇一七年所収、初出は一九六五年)
小林清治「『伊達天正日記』解題」(小林清治校注『伊達史料集』下巻、一九六七年所収)
設楽薫「室町幕府評定衆摂津之親の日記『長禄四年記』の研究」(『東京大学史料編纂所研究紀要』三号、一九九二年)
下沢敦「風摩『北条五代記』「関東の乱波智略の事」について」(『共栄学園短期大学研究紀要』二〇号、二

〇〇四年）
高橋圭次「伊達氏の野臥動員と寄居―川俣町寄居館跡の検討」（『福島県史研究』八四号、二〇〇七年）
高橋典幸「太平記にみる内乱期の合戦」（市沢哲編・二〇〇八年所収）
中根正人「「南方三十三館」謀殺事件考」（同著・二〇一九年所収、初出は二〇一六年）
中根正人「戦国初期の常陸南部」「戦国初期の大掾氏」「十六世紀前半の常陸真壁氏」（ともに同著・二〇一九年所収）
長野栄俊「福井藩の忍者に関する基礎的研究」（『忍者研究』第一号、二〇一八年）
西ヶ谷恭弘「戦国城郭の忍者警備」（『戦国史研究』十六号、一九八八年）
則竹雄一「戦国期足軽考―北条領国を中心に」（佐藤和彦編・二〇〇七年所収）
長谷川裕子「戦国期における紛争裁定と惣国一揆―甲賀郡中惣を事例に」（同著・二〇一六年所収、初出は二〇〇二年）
長谷川裕子「土豪同名中の形成・構図とその機能」（同著・二〇〇九年所収、初出は二〇〇二年）
長谷川裕子「惣国一揆権力の平和維持と軍事行動」（同著・二〇一六年所収、初出は二〇一一年）
長谷川裕子「戦国時代の戦場と足軽・傭兵―非常勤兵士の実像」（高橋典幸編・二〇一四年所収）
平山優・柴裕之・丸島和洋「新発見の「金子元治氏所蔵坂本家文書」について」上（『武田氏研究』三九号、二〇〇九年）
藤木久志「村の動員」（同著・一九九七年所収、初出は一九九三年）
藤田達生「伊賀者・甲賀者考」（『忍者研究』第一号、二〇一八年）

二木謙一「室町幕府侍所所司代多賀高忠」（同著・一九八五年所収、初出は一九七四年）
村井章介「朝鮮史料にあらわれた『忍び』」（『古文書研究』四三号、一九九六年）
吉丸雄哉「望月千代女伝の虚妄」（吉丸雄哉・山田雄司編・二〇一七年所収）

「大坂冬の陣図屏風」デジタル想定復元
制作　凸版印刷株式会社
監修　千田嘉博（奈良大学）、東京藝術大学、徳川美術館、佐多芳彦（立正大学）
協力　大阪城天守閣、京都市立芸術大学芸術資料館、東京国立博物館

地図・表作成
小林美和子

平山　優（ひらやま・ゆう）
1964年、東京都生まれ。立教大学大学院文学研究科博士前期課程史学専攻（日本史）修了。専攻は日本中世史。山梨県埋蔵文化財センター文化財主事、山梨県史編さん室主査、山梨大学非常勤講師、山梨県立博物館副主幹を経て、山梨県立中央高等学校教諭。2016年放送の大河ドラマ「真田丸」の時代考証を担当。著書に、『真田信繁　幸村と呼ばれた男の真実』『武田氏滅亡』『戦国大名と国衆』（角川選書）、『天正壬午の乱　増補改訂版』『武田信虎　覆される「悪逆無道」説』（戎光祥出版）、『真田三代』『真田信之 父の知略に勝った決断力』（PHP新書）などがある。

戦国《せんごく》の忍《しの》び

平山《ひらやま》　優《ゆう》

2020年 9月 10日　初版発行
2024年 10月 25日　10版発行

◆◇◇

発行者　山下直久
発　行　株式会社KADOKAWA
〒102-8177　東京都千代田区富士見2-13-3
電話　0570-002-301（ナビダイヤル）
装 丁 者　緒方修一（ラーフイン・ワークショップ）
ロゴデザイン　good design company
オビデザイン　Zapp!　白金正之
印 刷 所　株式会社KADOKAWA
製 本 所　株式会社KADOKAWA

角川新書

ISBN978-4-04-082359-1 C0221